中国石油大学（华东）远程与继续教育系列教材

会计学

ACCOUNTING

主　编　付代红
副主编　杨　坤

中国石油大学出版社
CHINA UNIVERSITY OF PETROLEUM PRESS
山东·青岛

图书在版编目(CIP)数据

会计学 / 付代红主编 . -- 青岛: 中国石油大学出版社，2017.12（2020.6 重印）

ISBN 978-7-5636-5820-6

Ⅰ.①会… Ⅱ.①付… Ⅲ.①会计学－教材 Ⅳ.①F230

中国版本图书馆 CIP 数据核字(2017)第 326169 号

书　　名：会计学
　　　　　KUAIJIXUE
主　　编：付代红

责任编辑：隋芳　高颖　王金丽（电话 0532-86983568）
封面设计：悟本设计

出 版 者：中国石油大学出版社
　　　　　（地址：山东省青岛市黄岛区长江西路 66 号　邮编：266580）
网　　址：http://cbs.upc.edu.cn
电子邮箱：shiyoujiaoyu@126.com
排 版 者：青岛友一广告传媒有限公司
印 刷 者：沂南县汇丰印刷有限公司
发 行 者：中国石油大学出版社（电话 0532-86981531，86983437）
开　　本：787 mm × 1 092 mm　1/16
印　　张：15
字　　数：337 千字
版 印 次：2018 年 1 月第 1 版　2020 年 6 月第 2 次印刷
书　　号：ISBN 978-7-5636-5820-6
印　　数：2 001—5 000 册
定　　价：31. 00 元

前言

Preface

“经济越发展，会计越重要。”随着我国社会主义市场经济的逐步发展和企业管理变革的逐步深化，会计在企业管理和经济决策中的重要性日益凸显出来。选一本合适的会计学教材，学一些有用的会计学知识，俨然成为众多管理者生活的一部分。与此同时，很多高校将“会计学”作为经济管理类学生的专业基础课列入教学大纲，要求学生特别是非会计专业的学生掌握基本的会计学知识和阅读财务报表的技能。

本教材是专门为我国高等院校非会计专业学生编写的教材，不仅可以作为非会计专业学生的学习教材，而且可以作为从事经济管理工作的非会计人员的培训教材。作为非会计专业学生学习会计学课程的入门教材，本教材内容涵盖了会计基本理论、企业基本经济业务的会计处理、会计信息生成过程及财务报表阅读等相关内容。

根据非会计专业学生的培养目标，本教材与会计专业教材有着显著的区别。非会计专业学生学习会计知识的目的是理解会计信息，利用会计知识来从事经济管理工作，是站在管理的角度学习会计知识。因此，为非会计专业学生开设会计学课程的目标是让学生掌握会计的基本原理和基本方法，了解会计信息的加工过程，理解会计指标的经济含义，能够从财务报表中解读出有用信息。基于这一目的，本教材在编写时，只注重讲解会计的基本原理、会计处理中各项政策和方法的选择，不求细而全，但愿少而精，力求深入浅出、通俗易懂。考虑到会计学是一门技术性很强的学科，具有很强的操作性，为帮助学生更好地理解和掌握各个章节的重要知识点，本教材在每章前设置了“学习目标”和“导入案例”，在每章后设置了“课后思考题”“业务练习题”和“案例分析题”，帮助学生进行课前预习和课后复习。会计学也是一门相对抽象的学科，内容较为枯燥，为了帮助学生灵活运用相关的会计知识，本教材在每个章节中间设置了“同步讨论”和“拓展阅读”等环节，引导和启发学生用会计知识来解决常见的经济和管理问题。

本教材由付代红担任主编，杨坤担任副主编。付代红负责全书写作大纲的拟定、编写组织以及统稿工作,并编写第二、三、六、七、九章;杨坤负责第一、四、五、八、十章的编写工作。

本教材在内容和编写思路方面都是一次尝试,由于水平有限,书中错误和疏漏之处在所难免,欢迎广大读者和同行专家批评指正。

作　者

2017年12月

目 录

Contents

第一章

总 论

学习目标

1. 掌握会计的含义、基本职能、目标。
2. 掌握会计要素、会计要素之间的平衡关系。
3. 掌握会计的四个基本假设,理解权责发生制与收付实现制的区别。
4. 理解会计信息质量的要求。
5. 掌握会计信息基本处理方法的内容。

导入案例

吕不韦的“野心”

有一次,吕不韦问父亲:“耕田所得的利润是成本的几倍?”吕父答:“10倍。”又问:“我采购金银珠宝,然后销售出去所得的利润是成本的几倍?”吕父答:“100倍。”再问:“如果扶立一个国家的君王,借此掌握国家政权,其利润是成本的几倍?”吕父答:“不可胜计矣!”

案例思考

1. 什么是利润?利润是怎样来的?
2. 什么是成本?成本应该如何理解?
3. 何为“计”?什么又是会计?

第一节　会计的含义、职能与目标

一、会计的含义

会计在我国的发展历史悠久。西周设置了会计机构“司会”，主管国家的“百物财用”，并对官吏政绩进行考核。秦国以法律形式对会计管理做出明确规定。从“会计”一词的起源看，汉代许慎的《说文解字》认为，“会”是集合，一点一滴都不要漏掉，有增益的意思；“计”是计算，“直言曰计”，要如实反映情况。清代学者焦循在《孟子正义》中对“会”和“计”做过概括性的解释：“零星算之为计，总合算之为会。”这说明会计既要进行连续的个别核算，又要将个别核算加以综合，进行系统、全面的核算。

现代会计产生的标志是1494年意大利数学家卢卡•帕乔利（Luca Pacioli）所著《算术、几何、比与比例概要》的问世。这本书在“计算和记录要论”中系统地介绍了意大利威尼斯地区采用的复式簿记方法，标志着会计从单式簿记时期进入复式簿记时期，成为会计发展史上的里程碑。

在实际工作中，人们可以将会计理解为一种经济管理工作，也可以将会计理解为从事会计工作的人员，如张会计、王会计，还可以将会计理解为一门学科，如会计学。《现代汉语词典》中对“会计”有两种解释：① 监督和管理财务的工作，主要内容有填制各种记账凭证、处理账务、编制各种有关报表等；② 担任会计工作的人员。

从现代经济管理的意义上看，会计是以货币作为主要计量单位，运用一系列专门方法，对企事业单位经济活动进行连续、系统、全面、综合的核算和监督，并在此基础上对经济活动进行分析、预测和控制，以提高经济效益的一种管理活动。

拓展阅读

会计发展的历史

物质财富的生产是人类社会生存发展的基础。对物质财富生产过程的管理，则是人类社会发展的一种内在要求。最大限度地开发利用现有的资源，以满足日益增长的消费需要，是人类社会各项活动的共同目标，会计正是为了满足这一要求而产生的。但是，并非人类社会生产实践初期就产生了会计行为和会计思想。在人类社会生产、生活水平极端低下，人类生存受到严重威胁的情况下，不可能产生会计行为和会计思想。“结绳记事”“刻木求日”“垒石计数”是最初的会计手段。这些原始的计量方式，适应了当时社会生产力的发展水平，较好地满足了早期人类社会狩猎、捕鱼、采集、牧养、取种、物物交换以及论功行赏的需要。但是，在原始社会里，会计只是“生产职能的附带部分”，没有成为一项专门的工作。只有当社会生产力发展到一定阶段时，会计才逐渐从生产职能中分离出来，形成特殊的、专门的独立职能，成为专职人员从事的一项经济管理工作。人类社会只是在奴隶社会的晚期，随着社会剩余产品的增多，才在劳动者之外产生了专门用来记录、报告劳动过程和劳动结果的人员。这一阶层的出现，标志着会计萌芽的产生。随着资本主义的产生，各种商业活动开始活跃起来，为适应经营管理的需要，产生了复式簿记方法，并运用于地中海沿岸的威尼斯、热那亚和佛罗伦萨。1494 年，数学家卢卡•帕乔利的《算术、几何、比与比例概要》问世。在这本书中，以“计算和记录要论”为题，系统地介绍了流行在意大利威尼斯一带的复式簿记方法，标志着会计从单式簿记时期进入复式簿记时期，成为会计发展史上的里程碑。

我国古代“会计”一词的含义可分为狭义和广义两种。狭义的会计是指计算、记录，与现在所说的记账、算账近似；广义的会计除了包括计算、记录等核算与理财的经济内容外，还包括管理与考核的内容。会计在漫长、曲折的发展过程中，其内涵与外延不断丰富。我国会计理论界对会计的含义有不同的理解，代表性的观点有“管理工具论”“管理活动论”和“信息系统论”。管理工具论认为，会计是一种经营管理工具，它是为管理服务的，会计本身只侧重于会计的核算或反映。管理活动论认为，会计不仅是管理经济的工具，它本身就具有管理的职能，是人们从事管理的一种活动。信息系统论认为，会计是为提高企业和各单位生产经营活动的经济效益、加强经济管理而建立的一个以提供财务信息为主的经济信息系统。美国会计学会将会计定义为“确认、计量和传达经济信息的过程，以使信息使用者做出明智的判断和决策”。随着经济的不断发展，现代会计分化为财务会计和管理会计，会计方法不断创新，会计信息的处理手段从手工操作逐渐向信息化过渡，会计理论空前繁荣，会计的含义也远远超出了原有的定义。

二、会计的职能

会计的职能是指会计从事经济管理活动所具有的功能或者能够发挥的作用。对会计具备哪些职能，人们存在争议，但对会计的两项基本职能——核算和监督，人们的认识是一致的。《中华人民共和国会计法》第五条规定：“会计机构、会计人员依照本法规定进行会计核算，实行会计监督。”

会计核算职能是指会计以货币作为主要计量单位，通过确认、计量、记录、报告等环节，对会计主体从事的经济活动进行记账、算账、报账，为会计信息使用者提供会计信息。会计核算包括确认、计量、记录和报告四个基本环节。确认是指将符合会计要素定义和确认标准的项目纳入财务报表项目。计量是指以货币为单位，将发生的经济业务列示在报表项目中，确定列示的金额。记录是通过会计专业方法，按照计量的金额将发生的经济业务在会计凭证、会计账簿等载体上进行登记。报告是指通过编制会计报告向会计信息使用者提供会计信息。

会计监督职能是指会计人员在进行会计核算的同时，通过预测、决策、控制、分析、考核、评价等方法，对会计主体从事经济活动的真实性、合法性和合理性进行审查，使经济活动按照规定的目标运行，实现企业经济管理的目的。会计监督包括参与经济决策、预测经济活动、监督经济过程、考核经营业绩等方面。参与经济决策是指会计机构和会计人员配合企业管理层和有关部门，根据会计信息和其他资料，提出最优经济方案，编制经济计划，提出如何完成计划的措施。预测经济活动是指会计机构和会计人员利用会计信息，预测企业经济活动，并根据预测情况，协同有关部门制定经济定额和规章制度，建立内部牵制制度，组织资金运用，加强成本管理，做好预算工作。监督经济过程是指会计机构和会计人员对经济活动和账务进行审核、检查，对贪污、盗窃、走私、行贿等犯罪行为予以揭发、制止，对不执行财务计划、弄虚作假、挥霍浪费、扩大开支范围、提高开支标准以及其他违反财经纪律的行为予以抵制和检举。考核经营业绩是指会计机构和会计人员对企业、部门和职工的经营业绩进行考核，结合经济责任，提供考核指标和考核信息，奖优罚劣。

拓展阅读

会计是一项技术还是一门艺术?

大多数人对会计学的认识是从对会计这种职业的感性认识开始的。在普通人心中，会计是一种什么职业呢?

长期以来，在影视作品中，会计人的职业形象常常被刻画得泾渭分明：要么是头戴瓜皮帽、手拿破算盘、鼻梁上戴着一副深度近视眼镜，浑身上下近乎“娄阿鼠”，专为资本家和地主老财盘剥工人、农民血汗而操劳的“账房先生”；要么是一身正气、两袖清风，全心全意为企业、时时刻刻为员工的企业“内当家”。显然，这种脸谱化的会计人形象塑造有失偏颇，会计人群体的形象是丰富多彩的，不能用某种呆板的模式简单演绎和诠释。

从历史上会计的衍生与演绎进程看，中国清代就有“零星算之为计，总合算之为会”的著名论断，这是古人对会计的认识。当今社会，对会计的属性各有说辞。有人说，会计是一项技术，技术意味着有固定的程序和手法，其成果是具有实际效用的东西，一般可大量复制；也有人说，会计是一门艺术，艺术强调个人独创性活动，其成果能给人以审美愉悦，并且无法被复制。

如果说会计不是技术，那么数以千计的会计人，不论是理论研究者的劳动，或者是实务工作者的辛苦，就失去了庄重，缺少了精致；如果说会计不是艺术，则会计的魅力——估计和判断——就荡然无存。当然，如果会计离魔术的距离越来越近，这将是极其可怕和危险的。因此，会计是初始于技术、升华于艺术的兼容体，是技术与艺术的综合体。

随着会计在技术与艺术之间的变迁，会计人自然需要与时俱进，不能“僵化、撒谎、失衡、犯险”，这就是会计人常说的“四怕”警言。一怕僵化。千年会计文明史本身就是不断创新和变革的历史，会计学海纳百川，发芽于账簿之间，开放在报表之上。会计人应别无选择地做一名“学”者，终生学习、终生享用。二怕撒谎。会计虽不是严格意义上的科学，但毕竟是一门规则明确、逻辑严密的学科。你可以是技术或艺术的会计，但不能是魔术的会计。朱镕基“不做假账”的谆谆告诫，让会计人铭记在心。三怕失衡。会计的生命力在于借贷的永恒平衡，“有借必有贷，借贷必相等”是会计的灵魂。“借”与“贷”并存，犹如王府豪宅门前的石狮，尊贵神圣，不可侵犯；账实相符，犹如河边的树木与水中的倒影，俨然对称，闪烁着会计之美。短暂的失衡偶尔也存在，稍加归集分配或者追溯调整，更紧密的均衡关系就又搭建起来。至于账外账、小金库这种舞弊伎俩，说白了只是某些人玩弄的阴谋诡计。四怕犯险。会计人不能在触及会计底线的钢丝上做危险动作，最明智的选择是赶快从高空回到平地，在泥土上留下扎实的脚印。

诚然，会计有时需要灵活机动。比如，资产价值的测试、会计估计的选择，都依赖于会计的职业判断，很难说哪一种方案就是“正确的”，这就是会计的艺术性与技术性的真谛所在。

三、会计的目标

会计目标是会计工作应当达到的目的，是指导会计工作、评价会计准则的指南针。会计职能说明会计工作能够做什么，会计目标说明会计工作应当做什么。《企业会计准则——基本准则》第四条指出，财务会计报告的目标是向财务会计报告使用者提供与企业财务状况、经营成果和现金流量等有关的会计信息，反映企业管理层受托责任履行情况，有助于财务会计报告使用者做出经济决策。会计的目标包括：

（一）向会计信息使用者提供决策有用信息

会计信息使用者是指所有与企业存在利益关系的群体，包括投资者、债权人、供应商、客户、管理者、企业员工、政府机构、会计师事务所等。企业从事会计工作的主要目标是满足会计信息使用者的信息需要，帮助会计信息使用者做出科学的经济决策。因此，向会计信息使用者提供决策有用的会计信息是会计工作的基本目标，如果企业提供的财务会计报告对会计信息使用者的决策没有价值，财务会计报告就失去了编制的意义。

（二）反映企业管理层受托责任的履行情况

在企业所有权和经营权分离的情况下，企业管理层受委托人之托对企业及其各项资产进行经营管理，负有受托责任，即企业管理层所经营管理的各项资产基本上为所有者投入的资本，或者是企业向债权人借入的资金形成的，管理层有责任妥善保管，并合理有效地运营这些资产。企业的所有者、债权人需要了解企业经营管理状况，以便评价企业管理层受托责任的履行情况，决定是否需要调整投资决策或信贷政策，是否需要加强企业内部控制，是否需要更换管理层等。因此，会计的目标是反映企业管理层受托责任的履行情况，而履行情况有助于评价企业经营管理的业绩和资源使用的有效性。

拓展阅读

会计信息使用者

会计信息并不是所有人都需要,也并非每个人都愿意花一定的时间去研究和分析,只有那些与企业存在利益关系的主体才会去分析企业的会计报告,了解企业的会计信息。会计信息使用者是指所有与企业存在利益关系的人,包括投资者、债权人、供应商、客户、管理者、企业员工、政府机构等。

(1)投资者。投资者为了分析和掌握投资风险,预期投资收益,比较不同的投资方案,需要获得企业的会计信息,通过分析会计信息做出有利的投资决策。

(2)债权人。债权人通过分析企业的会计信息,了解企业的偿债能力,确认企业的资信度,决定是否采取更合理有效的结算方式,避免今后双方交易造成不必要的坏账损失,影响企业的经济效益。

(3)供应商和客户。企业上下游的原材料供应商和客户是企业价值链上重要的两端,需要根据企业的会计信息判断其是否能够持续经营,据此决定自身的产品销售政策或购买方案。

(4)管理者。管理者对企业日常经营活动进行控制和管理,需要借助会计信息制定重大的投资、筹资和经营决策,进行财务预测和预算,提高企业的经济效益。

(5)企业员工。如果企业经营管理不善,则会给员工的就业和报酬带来不利影响。企业员工需要了解会计信息,掌握企业的盈利和发展情况。

(6)政府机构。政府作为一个宏观调控部门,为了对社会经济的发展实施宏观调节和控制,制定并实施法律法规,掌握社会资源的配置情况,需要定期地获得企业的会计信息,分析社会经济发展动态,制定相关的调控政策。

第二节　会计要素和会计等式

会计对象是会计主体以货币表现的经济活动,是会计核算和监督的内容。对会计主体的经济活动从价值量上进行核算和监督,是会计的主要职能。根据会计对象的特点,将其分为资产、负债、所有者权益、收入、费用、利润等要素。各类要素的特点不同,但都具备一个共同的特征,即货币表现。企业经济活动如图 1-1 所示。

会计要素是从会计的角度解释构成企业经济活动的必要因素,是根据交易或事项对可确定的财务会计对象的分类或概括。

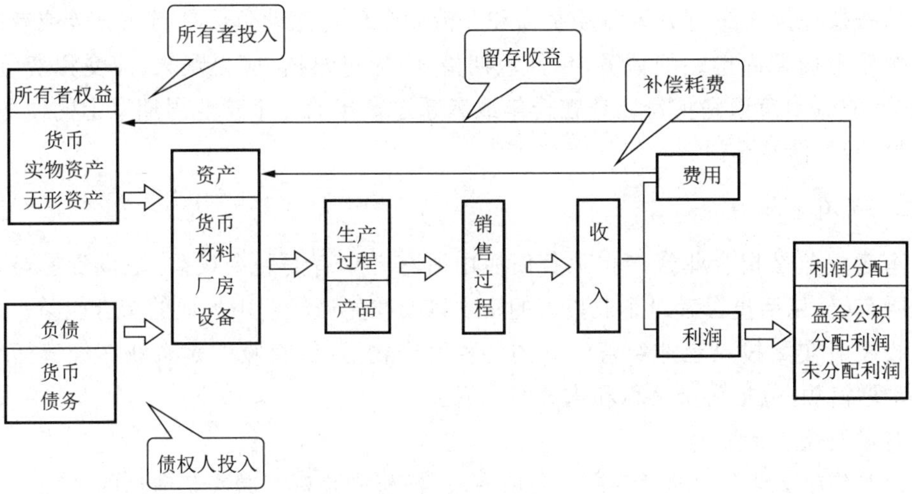

图 1-1 企业经济活动图示

一、会计要素

（一）资 产

资产是指过去交易或事项形成的并由企业拥有或者控制的，预期会给企业带来经济利益的资源。资产具有三个特征：

（1）资产是由过去的交易或事项所形成的。资产必须是现时资产，而不是预期资产，资产是由过去已经发生的交易或事项所产生的结果。至于未来交易或事项以及未发生的交易或事项可能产生的结果，不属于资产，不得作为资产确认。

（2）资产是由企业拥有或控制的。一项资源作为企业的资产予以确认，企业应拥有其所有权，可以按照企业的意愿使用或处置。对一些特殊方式形成的资产，如融资租入固定资产，企业虽然对其不拥有所有权，但能够实际控制，也应将其作为企业的资产予以确认。

（3）资产预期会给企业带来经济利益。资产的形态各异，但预期能给企业带来经济利益，因此资产必须具有交换价值和使用价值，能够可靠地用货币计量。

（二）负 债

负债是指过去交易或事项形成的，预期会导致经济利益流出企业的现时义务。负债具有如下特征：

（1）负债是企业的现时义务。负债作为企业承担的一种义务，是由企业过去交易或事项形成的、现已承担的义务。如短期借款是因为企业接受了银行的短期贷款形成的负债，如果企业没有接受银行贷款，就不会发生短期借款这项负债；应付账款是企业赊购商品、原材料等形成的，在购买行为未发生之前，这项应付账款就不存在。

（2）负债的清偿预期会导致经济利益流出企业。无论负债以何种形式出现，作为一种现时义务，最终偿还债务会导致经济利益流出企业。经济利益的流出表现为交付资产、提供劳务或将部分股权转让给债权人等。

负债按偿还期长短可分为流动负债和非流动负债。流动负债是指在一年或者超过一年的一个营业周期内偿还的债务，包括短期借款、应付票据、应付账款、应交税费、应付职工薪酬等；非流动负债是指偿还期在一年或者超过一年的一个营业周期以上的债务，包括长期借款、应付债券等。

（三）所有者权益

所有者权益是指企业资产扣除负债后由所有者享有的剩余权益，是投资者对企业净资产的所有权，包括投资者对企业投入的资本以及在生产经营中形成的留存收益。投入资本就是投资者实际投入企业经营活动的各种财产物资；留存收益是企业在经营活动中积累的资本增值额，包括盈余公积和未分配利润。

所有者权益的特征为：

（1）所有者仅对企业的净资产享有所有权，净资产是资产减去负债后的余额。

（2）所有者权益具有非独立性，所有者权益不像资产、负债要素那样可以单独确认，所有者权益的确认、计量需要依赖资产和负债的确认、计量。

（四）收　入

收入是指企业在日常经济活动中发生的、会导致所有者权益增加的、与所有者投入资本无关的经济利益的总流入。收入是与费用相对应的概念。企业取得收入意味着增加了资产或者减少了负债，或者二者兼而有之。无论是增加资产还是减少负债，都表明经济利益流入企业。由于经济利益流入企业，形成利润，利润分配后最终会增加所有者权益，因此，对企业而言，收入是补偿费用、取得盈利的源泉，是企业经营活动取得的经营成果。

收入的特征表现为：

（1）收入是企业在日常经济活动中产生的经济利益流入。偶然活动产生的经济利益流入只能形成利得，如罚没所得、捐赠所得，不是这里所讲的收入。

（2）收入会导致所有者权益增加。收入产生利润，利润留存企业导致所有者权益增加，与投资者投入资本导致所有者权益增加是不同的。

（3）收入是与所有者投入资本无关的经济利益的总流入。在日常活动中，企业销售产品或提供劳务能够形成实实在在的经济利益，如果只是带来名义上的经济利益，就不能确认为收入。如企业进行公益性捐赠，获得了良好的社会声誉，不能确认为收入。此外，经济利益的流入有时是所有者投入资本导致的，这种经济利益的流入不能确认为收入，应确认为所有者权益。

（五）费　用

费用是指企业在日常经济活动中发生的、会导致所有者权益减少的、与向所有者分配利润无关的经济利益的总流出。费用是与收入相对应的概念，是企业为取得收入而付出的代价，如企业销售商品取得了 30 万元收入，为了获得 30 万元的收入，需要投入厂房、机器设备、原材料、人工等，形成了 25 万元的费用。费用有多种表现形式，但本质是资产的转化形式，是企业资产的消耗。例如，上述 25 万元的商品销售成本，在销售之前以库存商品的形式存在，一旦商品销售实现，25万元就转化为费用，用于补偿商品生产环节的各项耗费。收入和费用存在配比关系，配比的方式有直接配比和间接配比两种。例如，销售商品形成主营业务收入，应与销售商品的成本即主营业务成本直接配比；企业发生的管理费用、销售费用、财务费用作为期间费用，应在会计期间与收入进行间接配比。

费用的特征表现为：

（1）费用是企业在日常经济活动中形成的。将费用界定为日常经济活动所形成的，目的是将费用与损失相区分。企业非日常经济活动所形成的经济利益的流出，如罚款不能确认为费用，应当计入损失。

（2）费用会导致所有者权益减少。与费用相关的经济利益流出消耗了企业的资源，导致资产减少或负债增加，从而使所有者权益减少。费用是企业为取得收入付出的代价，费用会导致利润减少，利润减少会导致所有者权益减少。

（3）费用是与向所有者分配利润无关的经济利益总流出。费用的发生会使经济利益流出企业，导致企业资产减少或者负债增加，表现为现金流出企业、存货消耗、固定资产和无形资产损耗等。企业向所有者分配利润也会导致经济利益流出企业，这种经济利益流出不应确认为费用。

（六）利 润

利润是指企业在一定会计期间内的经营成果。通常情况下，企业实现了利润，业绩提升，所有者权益增加；企业发生了亏损，业绩下滑，所有者权益减少。利润是评价企业经营管理业绩的一项重要指标，是会计信息使用者利用会计信息进行决策的重要参考依据。利润是收入减去费用后的净额。利润留存于企业，形成留存收益，包括盈余公积和未分配利润两部分。留存收益是所有者权益的重要组成部分，因此利润会导致所有者权益增加。

利润要素具有非独立性，这个特征和所有者权益类似。收入和费用的确认、计量具有明确的标准，需要单独加以确认、计量。利润是收入弥补费用后的净额，因此利润不能单独确认、计量，需要依赖收入、费用的确认和计量。

同步讨论

大林从大学毕业几年后想开一家公司，自己的积蓄有8万元，从亲友那儿借来10万元，购买几台设备花了11万元，剩下7万元当作流动资金。

大林的公司第一个月购进货物成本2万元，发生人工费、杂费等0.8万元，货物全部卖出后收到现金2万元，尚有1.8万元的货款未收回。

请问大林的公司资产、负债、所有者权益、收入、费用、利润各是多少？

二、会计等式

资产、负债、所有者权益这三个会计要素可以形成一个会计等式：

$$资产 = 负债 + 所有者权益$$

资产、负债、所有者权益是相互依存的，有一定数额的资产，必然有相应数额的负债和所有者权益，反之亦然。在数量上，企业的资产必然与负债和所有者权益的总额相等。在任何情况下，资产与负债和所有者权益都保持着数额相等的关系，因此将该会计等式称为会计恒等式。

会计恒等式将资产、负债、所有者权益三个会计要素用数学符号联系起来，清晰地反映了三者之间的关系。会计恒等式是复式记账的理论基础，是编制资产负债表的理论基础。在任何一个时点上，资产与负债和所有者权益之间都保持数额相等的平衡关系，经济业务的发生不会破坏会计恒等式。

收入、费用、利润这三个会计要素可以形成一个会计等式：

$$收入 - 费用 = 利润$$

企业实现的收入弥补费用后的余额形成利润。企业的投资者享有全部利润，分配的利润作为投资者出资的报酬返还给投资者，提取的盈余公积和未分配利润作为投资者投资的增值，以留存收益的形式增加所有者权益。

拓展阅读

企业管理的指南：收入 − 费用 = 利润

成功的企业经营者实际上只需要做两件事情：第一是销售，增加企业的收入；第二是控制成本，尽量降低企业的成本费用。一个简单的会计等式，蕴含着管理学的最高境界。

企业发生的经济业务对会计恒等式产生的影响分为四种类型：

（1）经济业务发生引起会计恒等式左右两边等额增加，即资产增加，负债和所有者权益也同时等额增加，会计恒等式成立。

（2）经济业务发生引起会计恒等式左右两边等额减少，即资产减少，负债和所有者权益也同时等额减少，会计恒等式成立。

（3）经济业务发生引起会计恒等式左边资产项目此增彼减，且增减变动的金额相等，即某个资产项目增加了，另一个资产项目等额减少，会计恒等式成立。

（4）经济业务发生引起会计恒等式右边各项目此增彼减，且增减变动的金额相等，即负债内部项目之间、所有者权益内部项目之间或者负债项目与所有者权益项目之间此增彼减，会计恒等式成立。

上述四种类型基本概括了各类经济业务变化的结果，经过变化后的资产负债表左右两边依然保持着平衡关系，据此得出结论：企业生产经营过程中发生的经济业务都不会破坏会计恒等式。

【例 1-1】天安公司 2×16 年 12 月 31 日拥有资产 300 万元，其中库存现金 3 万元、银行存款 30 万元、应收账款 22 万元、存货 40 万元、固定资产 205 万元。该企业投资者投入资本 140 万元、短期借款 20 万元、应付账款 47 万元、长期借款 80 万元、利润形成的盈余公积 13 万元。表 1-1 反映了资产、负债、所有者权益之间的平衡关系。

表 1-1 资产负债表(简表)

编制单位:天安公司 2×16 年 12 月 31 日 单位:万元

资 产	金 额	负债及所有者权益	金 额
库存现金	3	短期借款	20
银行存款	30	应付账款	47
应收账款	22	长期借款	80
存 货	40	实收资本	140
固定资产	205	盈余公积	13
合 计	300	合 计	300

在例 1-1 中，资产总额 300 万元，与负债加所有者权益的金额相等，反映了资产负债表日(2×16 年 12 月 31 日)企业会计要素之间的平衡关系，这是一种静态的关系。企业在生产经营过程中发生经济业务，会引起各会计要素数额上的增减变动，或某个会计要素内部项目的增减变动，这些变动不会破坏会计恒等式。下面根据表 1-1 的资料举例说明。

天安公司 2×17 年 1 月发生了如下经济业务:

(1) 购买一台不需要安装的设备，价值 10 万元，款项尚未支付。这项经济业务对资产负债表的影响如表 1-2 所示，会计恒等式左右两边都增加了 10 万元，会计恒等式依然成立。

表 1-2 资产负债表(简表)

编制单位:天安公司 2×17 年 1 月 31 日 单位:万元

资 产	金 额	负债及所有者权益	金 额
库存现金	3	短期借款	20
银行存款	30	应付账款	47 + 10 = 57
应收账款	22	长期借款	80
存 货	40	实收资本	140
固定资产	205 + 10 = 215	盈余公积	13
合 计	310	合 计	310

(2) 用银行存款偿还短期借款 5 万元。这项经济业务对资产负债表的影响如表 1-3 所示，会计恒等式左右两边都减少了 25 万元，会计恒等式依然成立。

表 1-3　　资产负债表（简表）

编制单位：天安公司　　2×17 年 1 月 31 日　　单位：万元

资　产	金　额	负债及所有者权益	金　额
库存现金	3	短期借款	20 − 5 = 15
银行存款	30 − 5 = 25	应付账款	57
应收账款	22	长期借款	80
存　货	40	实收资本	140
固定资产	215	盈余公积	13
合　计	305	合　计	305

（3）用银行存款购买原材料 6 万元。这项经济业务对资产负债表的影响如表 1-4 所示，该企业的资产项目此增彼减的金额相等，资产项目总额没有变化，会计恒等式依然成立。

表 1-4　　资产负债表（简表）

编制单位：天安公司　　2×17 年 1 月 31 日　　单位：万元

资　产	金　额	负债及所有者权益	金　额
库存现金	3	短期借款	15
银行存款	25 − 6 = 19	应付账款	57
应收账款	22	长期借款	80
存　货	40 + 6 = 46	实收资本	140
固定资产	215	盈余公积	13
合　计	305	合　计	305

（4）用盈余公积转增资本 10 万元。这项经济业务对资产负债表的影响如表 1-5 所示，该企业的所有者权益项目此增彼减的金额相等，所有者权益项目总额没有变化，会计恒等式依然成立。

表 1-5　　资产负债表（简表）

编制单位：天安公司　　2×17 年 1 月 31 日　　单位：万元

资　产	金　额	负债及所有者权益	金　额
库存现金	3	短期借款	15
银行存款	19	应付账款	57
应收账款	22	长期借款	80
存　货	46	实收资本	140 + 10 = 150
固定资产	215	盈余公积	13 − 10 = 3
合　计	305	合　计	305

同步讨论

向爸爸借了500元,向妈妈借了500元,买双皮鞋用了970元,剩下30元。还爸爸10元,还妈妈10元,自己剩下了10元。还欠爸爸490元,欠妈妈490元,合计980元,再加上自己的10元是990元。还有10元去哪里了呢?

第三节 会计基本假设和会计记账基础

一、会计基本假设

会计核算的对象是资金运动,经济活动的复杂性决定了资金运动是一个复杂的过程。因此,面对复杂的资金运动,会计核算必须设置一些基本假设,如确定会计核算的空间范围,会计为谁记账,企业的资金运动能否持续不断地进行下去,会计应该在什么时候记账、算账、报账,会计核算过程中应采取什么计量手段等,这些都是进行会计核算工作的基本前提。

会计核算的基本假设是企业会计确认、计量和报告的前提,是对会计核算所处时间、空间等做出的合理设定。企业在组织会计核算时,应遵循的会计基本假设包括会计主体、持续经营、会计分期和货币计量。

拓展阅读

关于会计基本假设的专家评说

会计学者朱国璋在我国台湾地区出版的《近代会计理论之介绍》一书中指出:基本假定,为会计理论系统内之最高层次……基本假定内所指之事项,必为目下既成之事实,构成会计理论之基础;此种假定,其有效性为众所周知,毋庸置疑,但亦无法予以证实,惟如一旦发现某项假定不确实时,则吾人即可否定其有效性,因而取消其基本假定之资格;基本假定根据环境而产生,一旦环境变迁(包括社会、经济及法律等因素之变迁,会计资料用途之变迁等),基本假定必随之而变动;各项假定,应相互配合,成一整体,不可彼此矛盾;各项假定均应各自独立,不为其他假定所笼罩。(以上摘自:葛家澍,刘峰.会计学导论.2版.上海:立信会计出版社,1999.)

根据外部经济环境对会计信息系统提出的客观规定性,会计基本假设就相当于几何学中的"公理",目前人们尚无法证明它,但这些"命题"为"真"的恰当性,很容易为人们所理解,并且依据这些基本前提可以推导出相当于"定理"的会计基本原则的正确性。如果没有这些基本前提,或这些基本前提所规定的内容是不成立的,那么现代会计的一系列原则、方法都必须重新构建。(以上摘自:葛家澍.财务会计理论方法准则探讨.北京:中国财政经济出版社,2002.)

(一)会计主体

会计主体是指企业会计确认、计量、记录、报告的空间范围。会计主体基本假设是指会计核算应当以企业发生的各项经济业务为对象,记录和反映企业的各项经济活动。也就是说,会计核算反映一个特定企业的经济业务,只记本企业的账。尽管企业的经济活动总是与其他企业、单位或个人的经济活动相联系,但会计核算的范围仅限于该企业,不包括企业所有者,也不包括其他企业的经济活动。会计主体的基本假设明确了会计核算的空间范围,划定了会计工作的空间维度。明确了会计主体的基本假设,才能划定会计需要处理的各项交易或事项的空间范围,才能将会计主体的经济活动与会计主体所有者的经济活动区分开来。在会计工作中,只有那些影响特定会计主体经济利益的各项交易或事项才能加以确认、计量、记录、报告,那些不影响特定会计主体经济利益的各项交易或事项不能加以确认、计量、记录、报告。

会计主体与法律主体(法人)不是同一概念。一般来说,作为一个法律主体,经济上必然是独立的,因此法律主体必然是会计主体,但会计主体不一定是法律主体。会计主体可以是一个有法人资格的企业,也可以是若干个企业通过控股关系组织起来的集团公司,还可以是企业下属的二级核算单位。例如,从法律上看,由自然人创办的独资及合伙企业不具备法人资格,企业的资产和负债在法律上被视为业主或合伙人的资产和负债,但在会计核算上,必须将企业视为一个独立的会计主体,以便将会计主体的经济活动与会计主体所有者的经济活动区分开来。

同步讨论

归国华侨张先生以其个人资金在青岛市投资成立了三家一人有限责任公司,总投资2 600万元,分别经营贸易、房地产和投资三种业务。由于房地产公司业务扩展,张先生打算以个人名义向银行申请一笔500万元的贷款,并向银行提交了一份个人财产调查表,以三家公司所拥有的权益2 600万元作为担保。银行信贷员认为张先生提供的2 600万元的权益并非他的个人财产,如果贷款给张先生,这项债权就没有保障,因此银行拒绝了张先生的申请。

张先生感到非常意外和不快,于是向银行行长申述:“三家公司都是我以个人资金独资成立的,都是我的个人财产,用三家公司的权益2 600万元做担保,贷款500万元,实际上有5倍多的保障,怎么能说贷款没有保障呢?”

如果你是银行行长,请给张先生一个满意的答复。

（二）持续经营

持续经营是指在可预见的未来，企业将会按当前的规模和状态持续经营下去，不会停业，也不会大规模地削减业务。会计主体的基本假设是一种空间界定，持续经营的基本假设是一种时间界定。"可预见的未来"通常是指企业足以收回资产成本的经营期间。既然要继续经营下去，企业拥有的各项资产就会在正常的经营过程中耗用、出售或转换，承担的债务也会在正常的经营过程中清偿，经营成果就会不断形成。企业组织会计核算工作，首先必须明确核算的主体，即解决为谁核算的问题，其次必须明确时间范围，即确认核算主体是持续不断经营的，这样才能确定资产、负债、收入、费用等要素的会计核算方法。

在持续经营的假设下，企业的资产和负债才能区分流动的和非流动的；企业收入和费用的确认才能采用权责发生制；企业才有必要确立会计分期假设，将收入和费用配比，划分收益性支出和资本性支出；采用历史成本作为资产的计量属性，认为资产在未来的经营活动中可以给企业带来经济效益，固定资产的价值才能够按照使用年限的长短以折旧的方式分期转为费用。对企业而言，一旦持续经营的假设不成立，一系列的会计准则和会计方法就丧失了存在的基础。

在市场经济条件下，任何企业都存在着清算的可能，因此企业应定期对持续经营的基本假设进行分析和判断。如果判断企业已经不能持续经营，应当改变会计核算的原则和方法。如果企业已经无法持续经营还坚持采用持续经营的会计核算方法，就不能客观地反映企业的财务状况、经营成果，会误导会计信息使用者的决策。

（三）会计分期

会计分期是将企业持续经营的生产经营活动期间划分为若干连续的、长短相同的期间。会计分期的基本假设是从持续经营的假设中引申出来的，是持续经营的客观要求。

企业的经营活动从时间上看是持续不断的，通过划分会计期间，分期结算盈亏，按期编制财务报告，及时地向会计信息使用者提供反映企业财务状况、经营成果、现金流量的会计信息，为会计信息使用者的决策提供有用的信息。有的经济活动会横跨多个会计期间，但是与企业有利益关系的单位或个人需要在一个期间结束之后掌握企业的财务状况、经营成果和现金流量等信息，不可能等到全部经营过程结束之后再清算企业的经营成果。因此，划分会计期间是由持续经营的假设和及时提供会计信息的要求决定的。

会计分期的基本假设是对会计工作时间范围的具体划分，主要是确定会计年度。中外各国采用的会计年度一般与本国的财政年度相同，我国以日历年度作为会计年度，从每年的 1 月 1 日至 12 月 31 日为一个会计年度。会计年度确定后，一般按日历确定会计半年度、会计季度和会计月度，凡是短于一个完整的会计年度的报告期间均称为中期。

会计分期的假设与持续经营的假设联系紧密、相辅相成，会计分期是对持续经营假设的延伸和补充。会计分期假设有着重要的意义，正是有了会计分期，才产生了本期与非本期的区别，产生了收付实现制和权责发生制、划分收益性支出和资本性支出、收入和费用配比等要求。只有正确地划分会计期间，才能准确地提供会计信息，才能进行会计信息的对比。

（四）货币计量

货币计量是指会计主体进行会计确认、计量、记录、报告时以货币作为计量单位，反映会计主体的财务状况、经营成果和现金流量。企业使用的计量单位较多，为了全面、综合地反映企业的生产经营活动，会计核算客观上需要一种统一的计量单位作为计量尺度。货币作为商品的一般等价物，能用以计量一切资产、负债、所有者权益和收入、费用、利润，也便于综合。因此，会计必须以货币计量为前提。企业采用的其他计量单位，如存货数量、定额工时等，在会计核算中也要使用，但不占主要地位。

我国的会计核算规定以人民币作为记账本位币。业务收支以外币为主的企业，可以选定某种外币作为记账本位币，但编制的会计报表应当折算为人民币反映。货币本身也有价值，货币的价值是通过货币的购买力或物价水平表现出来的，但在市场经济条件下，货币的价值也在变动，币值不稳定，甚至有些国家出现恶劣的通货膨胀，对货币计量的假设提出了挑战。因此，在确定货币计量的假设时，必须同时确定币值稳定的假设，即假设币值是稳定的，不会出现较大的波动或前后波动能够被抵消。如果国家发生恶性通货膨胀，就需要采用特殊的会计原则（如物价变动会计）处理有关的经济业务。

二、会计记账基础

会计分期的基本假设确立了会计核算的时间范围。在一个确定的会计期间，收入的实现、费用的发生和相关款项的收支存在以下几种可能：① 本期获得收入同时收款，本期发生费用同时付款；② 本期获得收入但未收款，本期发生费用但未付款；③ 本期收款但未获得收入，本期付款但未发生费用。

对第一种情况，由于收入和费用归属期间与款项实际收支期间一致，因而将其确认为该期间的收入和费用是没有问题的。在第二、第三种情况下，是否将其确认为该期间的收入和费用有两种会计记账基础可供选择，即权责发生制和收付实现制。

（一）权责发生制

权责发生制是指以应收、应付为标准确认本期收入和费用的一种会计处理基础，又称应计制。按照权责发生制的要求，凡是符合收入确认标准的本期收入，无论款项是否收到，均作为本期收入处理；凡是符合费用确认标准的本期费用，不论款项是否支付，均作为本期费用处理。在权责发生制下，第一、第二种情况应确认收入和费用，第三种情况不应确认收入和费用。

权责发生制确认本期收入和费用以应收、应付作为标准，因此采用权责发生制，可以正确反映各个会计期间实现的收入、为实现收入应负担的费用，可以将当期的收入与费用配比，确定当期的经营成果。

（二）收付实现制

收付实现制也称实收实付制，是指收入和费用按照款项的收付日期确定其归属期。按照收付实现制的要求，凡是本期实际收到的款项，无论是否归属于本期，都作为本期的收入；凡是本期实际支付的款项，无论是否归属于本期，都作为本期的费用。在收付实现制下，第一、第三种情况应确认收入和费用，第二种情况不应确认收入和费用。

采用收付实现制，按照款项收付日期确定其归属期，不存在对账簿记录进行期末账项调整的问题，会计处理简便，但其确认收入、费用的方法不符合配比原则，不能正确地核算各期的经营成果。采用权责发生制，可以正确地反映本期收入和费用，真实地反映企业的财务状况和经营成果，因此《企业会计准则——基本准则》规定企业应当以权责发生制为基础进行会计确认、计量和报告。应当指出，权责发生制是编制资产负债表和利润表等的确认基础，另一个重要的报表——现金流量表，其现金流量是按照收付实现制进行确认的。

【例 1-2】天安公司 2×16 年 7 月发生下列经济业务：

① 销售产品 4 000 元，货款存入银行；

② 销售产品 10 000 元，货款尚未收到；

③ 预付 7～12 月的租金 6 000 元；

④ 本月应计提短期借款利息 1 000 元；

⑤ 收到上月应收的销售款 4 000 元；

⑥ 收到乙公司预付下月货款 8 000 元。

要求：分别按照权责发生制和收付实现制计算天安公司 7 月份的收入和费用（表 1-6）。

表 1-6　　天安公司收入与费用确认对比

单位：元

业务号	权责发生制		收付实现制	
	收　入	费　用	收　入	费　用
1	4 000		4 000	
2	10 000			
3		1 000		6 000
4		1 000		
5			4 000	
6			8 000	
利　润	12 000		10 000	

第四节　会计信息质量要求

会计信息质量要求是对企业所提供的会计信息质量的基本要求，是会计信息对其使用者的决策有用所应具备的基本特征。根据《企业会计准则——基本准则》的规定，会计信息质量特征包括可靠性、相关性、可理解性、可比性、实质重于形式、重要性、谨慎性和及时性等。其中,可靠性、相关性、可理解性和可比性是会计信息的首要质量要求,是企业财务报告中所提供会计信息应具备的基本质量特征;实质重于形式、重要性、谨慎性和及时性是会计信息的次级质量要求,是对可靠性、相关性、可理解性和可比性等首要质量要求的补充和完善,对某些特殊交易或者事项进行处理时,要根据这些要求把握其会计处理原则。此外,及时性是会计信息相关性和可靠性的制约因素,企业需要在相关性和可靠性之间寻求一种平衡,及时地披露会计信息。

一、可靠性

可靠性要求企业应当以实际发生的交易或者事项为依据进行确认、计量和报告,如实反映符合确认和计量要求的各项会计要素及其他相关信息,保证会计信息真实可靠、内容完整。为了贯彻可靠性的要求,企业应当做到:

(1)企业应当以实际发生的交易或事项为依据进行会计处理,将符合会计要素定义及其确认条件的资产、负债、所有者权益、收入、费用和利润等如实反映在财务报表中,不得根据虚构的、没有发生的或者尚未发生的交易或者事项进行确认、计量和报告。

(2)企业应当在符合重要性和成本效益原则的前提下,保证会计信息的完整性,其中包括编制的报表及其附注内容等应当保持完整,不能随意遗漏或者减少应予披露的信息,与会计信息使用者决策相关的会计信息都应当充分披露。

二、相关性

相关性要求企业提供的会计信息应当与会计信息使用者的经济决策需要相关,有助于会计信息使用者对企业过去、现在或未来的情况做出评价或预测。会计信息是否有用,是否具有价值,关键是看其与使用者的决策需要是否相关,是否有助于决策或者提高决策效率。相关的会计信息有助于会计信息使用者评价企业过去的决策,证实或者修正过去的有关预测,因而具有反馈价值。相关的会计信息还具有预测价值,有助于会计信息使用者根据会计信息预测企业未来的财务状况、经营成果和现金流量。

会计信息质量的相关性要求,需要企业在确认、计量和报告会计信息的过程中,充分考虑会计信息使用者的决策需要。相关性是以可靠性为基础的,两者之间并不矛盾,不应将两者对立起来。也就是说,应在可靠性前提下,尽可能地提高会计信息的相关性,满足会计信息使用者的决策需要。

三、可理解性

可理解性要求企业提供的会计信息应当清晰明了,便于会计信息使用者理解和使用。企业提供会计信息的目的在于使用,要使会计信息使用者有效地使用会计信息,必须使其了解会计信息的内涵,弄懂会计信息的内容,这就要求会计信息应当清晰明了、易于理解。

会计信息毕竟是一种专业性较强的信息产品,在强调会计信息可理解性要求的同时,应假定会计信息使用者具有一定的会计专业知识,并且愿意付出努力去研究这些信息。对于某些复杂的信息，如交易本身较为复杂或者会计处理较为复杂，但其与使用者的经济决策相关，企业应当在财务报告中予以充分披露。

四、可比性

可比性要求企业提供的会计信息应当具有可比性。可比性包括横向可比性和纵向可比性，横向可比性要求不同企业在相同会计期间的会计信息具有可比性，纵向可比性要求同一企业在不同会计期间的会计信息具有可比性。

横向可比性有助于会计信息使用者评价不同企业的财务状况、经营成果和现金流量等情况。横向可比性要求不同企业在相同会计期间发生相同或者相似的交易或者事项，应当采用规定的会计政策，确保会计信息口径一致、相互可比，使不同企业按照一致的确认、计量和报告要求提供有关会计信息。

纵向可比性有助于会计信息使用者了解某企业的财务状况、经营成果和现金流量的变化趋势，比较该企业在不同时期的会计信息，全面、客观地评价过去、预测未来，从而做出决策。纵向可比性要求同一企业不同时期发生的相同或者相似的交易或者事项，应当采用一致的会计政策，不得随意变更。

但是，满足会计信息可比性要求，并非表明企业不得变更会计政策，如果按照规定或者在会计政策变更后可以提供更可靠、更相关的会计信息，可以变更会计政策。有关会计政策变更的情况，企业应当在附注中予以说明。

五、实质重于形式

实质重于形式要求企业应当按照交易或者事项的经济实质进行会计确认、计量和报告，不仅仅以交易或者事项的法律形式为依据。实质是指交易或事项的经济实质，形式是指会计核算依据的法律形式。会计核算时应按照交易或事项的经济实质进行核算，而不能按照其法律形式进行核算，如果企业仅以交易或事项的法律形式进行会计处理，容易导致会计信息失真。

在会计实务中，交易或事项的法律形式并不总能完全真实地反映其实质内容。所以，会计信息要反映其交易或事项，必须根据交易或者事项的经济实质进行判断，并据此进行会计处理。例如，企业按照销售合同销售商品的同时签订了售后回购协议，虽然从法律形式上看实现了收入，但是企业没有将商品所有权上的主要风险和报酬转移给购货方，没有满足收入确认的各项条件，即使签订了商品销售合同或者已将商品交付给购货方，也不应确认销售收入。再如，企业为占领市场免费赠送商品，其实质是一种促销手段，按照实质重于形式的原则核算，应将企业免费提供的商品作为销售费用入账。

六、重要性

重要性要求企业提供的会计信息应当反映与企业财务状况、经营成果和现金流量有关的所有重要交易或事项。重要性没有统一的标准，需要根据会计人员的职业判断确定。

重要性的确定标准通常有两个方面：一是质的方面，如果某一交易或事项漏报或错报会影响会计信息使用者的决策，说明这项会计信息具有重要性；二是量的方面，如果某一交易或事项的数量占该类数量的一定比例，就具有重要性。例如，对一家全年营业收入 300 万元的中小企业而言，一笔销售业务收入 60 万元，这笔业务就具有重要性。

按照重要性的要求，对于重要的经济业务，企业应单独核算、分项反映，力求准确，并在财务报告中做重点说明；对于不重要的经济业务，企业在不影响真实性的情况下，可适当简化会计核算或合并反映。

七、谨慎性

谨慎性又称稳健性，要求企业对交易或者事项进行会计确认、计量和报告应当保持应有的谨慎，不应高估资产或者收益、低估负债或者费用。按照谨慎性的要求，企业在处理不确定性经济业务时，应持谨慎态度。一项经济业务有多种处理方法可供选择时，选择的方法不能夸大资产，也不能虚增利润。企业在进行会计核算时，应当合理预计可能发生的损失和费用，不应预计可能发生的收入，不能过高估计资产的价值。

谨慎性的要求体现在会计核算的全过程。例如，要求企业在资产负债表日判断企业的资产是否存在减值迹象，如果资产存在减值迹象，应当估计其可收回金额，计提资产减值准备。再如，企业对某些固定资产采用加速折旧法计提折旧，在固定资产使用前期多提折旧，在固定资产使用后期少提折旧，在收入一定的情况下，通过前期多计提折旧方式减少利润，早日在账面上收回投资，减轻企业承担的设备陈旧的风险，是谨慎性要求的体现。

谨慎性要求对企业的经营风险合理估计，对防范风险起到预警作用，有利于企业做出正确的经营决策，有利于保护投资者和债权人的利益，有利于提高企业的市场竞争力。但是，企业不能滥用谨慎性原则，随意计提各项秘密准备。例如，企业应当计提坏账准备、存货跌价准备等减值准备，但在实际执行时，有些企业滥用会计政策，在前一年大量计提减值准备，待后一年度再予以转回。这种“洗大澡”的行为属于滥用谨慎性，计提秘密准备，是会计准则所不允许的。

八、及时性

及时性要求企业对于已经发生的交易或者事项应当及时进行会计确认、计量和报告，不得提前或者延后。由于会计分期的存在，企业如果不能及时提供会计信息，即使是可靠的、相关的会计信息，也可能会失去时效性，从而降低会计信息的相关性。为了保证提供的会计信息及时，企业应及时地收集、整理各种原始凭证，及时按照规定对发生的交易或事项进行会计处理，及时传递会计信息。

在实务中，为了及时提供会计信息，可能需要在有关交易或者事项的信息全部获得之前进行会计处理，这样可能会产生冲突，如果满足了会计信息及时性的要求，那么可能会影响会计信息的可靠性；反之，如果企业等到与交易或者事项有关的全部信息获得之后再进行会计处理，这样的信息披露可能存在时效性问题，降低了会计信息使用者的决策有用性。这就需要在及时性和可靠性之间做出权衡，尽可能满足会计信息使用者的决策需要。

同步讨论

某会计师事务所是由张新、李达合伙创建的，最近发生了下列经济业务，并由会计做了相应的处理。要求根据以下资料，分析该事务所的会计处理是否正确，如果存在错误，主要是违背了哪项会计假设或会计信息质量要求。

（1）6月10日，张新从事务所出纳处拿了380元现金给自己的孩子购买玩具，会计将380元记为事务所的办公费支出，理由是：张新是事务所的合伙人，事务所的钱也有张新的一部分。

（2）6月20日，事务所收到某外资企业支付的业务咨询费2 000美元，会计没有将其折算为人民币反映，而直接记到美元账户中。

（3）6月30日，计提固定资产折旧，采用年数总和法，而本月前计提折旧均采用直线法。

（4）6月30日，事务所购买了一台计算机，价值12 000元，为了少计利润、少缴税，将12 000元一次性全部记入当期管理费用。

（5）6月30日，收到达成公司预付审计费用20万元，会计将其作为6月份的收入处理。

（6）6月30日，在事务所编制的对外报表中显示“应收账款”60 000元，但没有“坏账准备”项目。

（7）6月30日，预付下季度报刊费300元，会计将其作为6月份的管理费用处理。

（8）7月1日，会计将1月1日至6月30日的收入、费用汇总后计算出半年的利润，并编制了中期财务报表。

第五节　会计的基本程序与会计循环

一、会计的基本程序

（一）会计确认

所谓会计确认，是指依据一定的标准，辨认哪些数据可以输入、何时输入会计信息系统以及如何进行报告的过程。会计确认包括会计记录的确认和编制会计报表的确认。著名会计学家葛家澍教授在其《会计学导论》中对会计确认所下的定义是：“所谓会计确认，是指通过一定的标准，辨认应予输入会计信息系统的经济数据，确定这些数据应加以记录的会计对象的要素，进一步还要确定已记录和加工的信息是否全部列入会计报表和如何列入会计报表。”美国财务会计准则委员会在第五号财务会计概念公告（Statement of Financial Accounting Concepts，SFAC No. 5）中将“确认”定义为：把一个事项作为一项资产、负债、收入和费用等正式加以记录和列入财务报表的过程。

1. **初始确认和再次确认**

从对会计信息的处理过程来看，会计确认包括初始确认和再次确认两个环节（也有观点认为，会计确认可分为初始确认、后续确认和终止确认，但这种观点侧重的是从会计确认对象的角度进行划分）。

初始确认是指在一项交易或事项发生之后，明确其所涉及的会计要素，编制和审核会计凭证，然后登记相关会计账簿，对其所涉及的会计要素变动以文字和货币的形式反映出来的过程。初始确认是对交易或事项进行正式的会计记录的行为，关注的是企业发生的交易或事项是否应该被记录，应在何时、以多少金额、通过哪些会计要素在会计账簿中予以记录的问题。

再次确认是指对会计核算系统输出的经过加工的会计信息进行确认。例如，发生在一定期间的材料费用、工资费用在不同产品之间进行分配，形成产品的成本；一些资产的价值在不同会计期间转化为费用。这个过程也是通过会计人员的职业判断进行的，经过初始确认的原始数据，借助会计核算方法转化为账簿资料，为了便于管理者使用，账簿资料还须依据管理者的需要继续进行加工、浓缩、提炼或加以扩充、重新归类、组合，这就是再次确认。再次确认实际上是对已经进入会计信息系统的信息再提纯、再加工，以保证其真实性和正确性，满足会计信息使用者的需要。

2. **会计要素的确认**

（1）资产要素的确认。

企业对资产要素进行确认时，必须按三个标准衡量：

① 符合资产的定义。如果不符合资产的定义，就不能将其确认为资产。

② 与该资源有关的经济利益很可能流入企业。如果一项支出已经发生，但在当前会计期间及以后会计期间都不会形成经济利益流入企业，则这项支出不能作为资产。

③ 该资源的成本或价值能够可靠地计量。凡是作为资产的，必须能够可靠地计量其成本或价值，若不能准确地计量，但能进行合理的估计，也可以确认为资产。

（2）负债要素的确认。

企业对负债要素进行确认时，应按以下标准判断：

① 符合负债的定义。如果不符合负债的定义，就不能作为负债加以确认。

② 与该义务有关的经济利益很可能流出企业。偿还一项债务，企业必须支付资产或提供劳务，导致经济利益流出企业。

③ 未来流出的经济利益的金额能够可靠地计量。作为负债，一般有到期偿还的确切金额，即使没有确切的金额，也能合理地估计偿还金额。

（3）所有者权益要素的确认。

所有者权益体现的是所有者在企业中的剩余权益，因此所有者权益的确认主要依赖于其他会计要素，尤其是资产和负债的确认；所有者权益金额的确认也主要取决于资产和负债的计量。例如，企业接受投资者投入的资产，在该资产符合企业资产确认条件时，就相应地符合了所有者权益的确认条件；当该资产的价值能够可靠地计量时，所有者权益的金额也就可以确定。

同步讨论

根据会计要素的确认条件，讨论并回答以下问题：

（1）天安公司投入400万元研发一项新技术，目前尚处于探索阶段，400万元的研发支出能否被确认为资产？

（2）天安公司拥有一批高素质的业务骨干，50%的业务量都是由业务骨干完成的，能否将这些业务骨干确认为资产？

（3）天安公司拖欠银行600万元贷款，到期无力偿还，银行提起诉讼，要求天安公司偿还本金600万元、利息60万元、罚息80万元，公司一旦败诉，尚需承担诉讼费3万元。法院尚未判决，这笔罚息和诉讼费能否被天安公司确认为负债？

（4）收入要素的确认。

收入是企业补偿费用、取得盈利的源泉。在确认收入时，应按以下标准进行判断：

① 符合收入的定义。如果不符合收入的定义，就不能确认为收入。

② 与收入相关的经济利益很可能流入企业。

③ 经济利益流入企业的结果会导致资产增加或负债减少。

④ 经济利益流入金额能够可靠地计量。

（5）费用要素的确认。

在确认费用时，应按以下标准进行判断：

① 符合费用的定义。如果不符合费用的定义，就不能确认为费用。

② 与费用相关的经济利益很可能流出企业。

③ 经济利益流出企业的结果会导致资产减少或负债增加。

④ 经济利益流出金额能够可靠地计量。

（6）利润要素的确认。

利润反映的是收入减去费用后的净额，因此，利润的确认主要依赖于收入和费用的确认，其金额的确定也主要取决于收入、费用金额的计量。

同步讨论

根据会计要素的确认条件，讨论并回答以下问题：

（1）天安公司销售一批商品给长新公司，长新公司已根据天安公司开出的发票账单支付了货款，取得了提货单，但尚未提货，天安公司能否确认收入？

（2）天安公司为推销一种新产品，承诺凡购买新产品的客户均有一个月的试用期，在试用期内如果对产品效果不满意，天安公司无条件给予退货。该种新产品已交付买方，货款已收讫，天安公司在试用期能否确认收入？

（3）天安公司决定研发一项新技术，在研发阶段，发生研究费用500 000元，这项支出应该作为费用列支还是确认为资产？一种意见认为，如果这项新技术研发成功，将来会给企业带来经济利益，因此应将其作为资产入账；而另一种意见认为，能否带来或者能够带来多少经济利益有很大的不确定性，不符合资产的确认条件，因此应当在发生时将其确认为费用，计入当期损益。根据费用的确认条件，你认为应如何处理？

（二）会计计量

会计计量是在会计确认的过程中，根据被计量对象的计量属性，选择运用一定的计量基础和计量单位，确定应记录项目金额的会计处理过程。会计确认离不开会计计量，只有经过计量，应输入的数据才能被正式记录，输出的数据才能最终列入财务报表。会计确认和会计计量密不可分，未经会计确认，就不能进行会计计量，如果某种信息无法进行会计计量，会计确认也无法进行。会计核算的全过程离不开会计计量。初始确认的经济信息通过计量、汇总、比较、衡量与分配等复杂的计量方法，在相关凭证、账簿中进行归集，并使之系统化、条理化，再次确认的经济信息通过传递、输出、汇总等计量方法，在财务报表中进行确定。从这个意义上看，会计核算的过程就是会计计量的过程。

会计计量属性又称为计量基础，是指所用量度的经济属性，即按什么标准、从什么角度来计量，是从不同的会计角度反映会计要素金额的确认基础，包括历史成本、重置成本、可变现净值等。

1. 历史成本

历史成本按照形成某项会计要素时所付出的实际成本进行计量。在历史成本计量下，资产按照购置时支付的现金或者现金等价物的金额，或者按照购置资产时所付出对价的公允价值进行计量；负债按照因承担现时义务而实际收到的款项或者资产的金额，或者承担现时义务的合同金额，或者按照日常活动中为偿还负债预期需要支付的现金或者现金等价物的金额计量。

采用历史成本计量属性具有可靠、简便、容易采集数据、符合会计核算真实性等优点。在市场经济条件下，历史成本也存在一定的缺陷。如果历史成本属性采用的时间与会计信息使用者进行预测、决策的时间间隔较长，这段时间内经济环境变化较大，如物价波动剧烈，历史成本就无法真实地反映会计要素的实际价值，可能使会计信息使用者做出错误的决策。

2. 重置成本

重置成本又称现行成本，是指当前市场经济条件下重新取得同样一项资产所需支付的现金或现金等价物的金额。在重置成本计量下，资产按照现在购买相同或者相似资产所需支付的现金或者现金等价物的金额计量；负债按照现在偿还该项债务所需支付的现金或者现金等价物的金额计量。

重置成本可以反映现在形成某一会计要素应付出的代价，但这种计价方法可操作性比较差。在社会生产力飞速发展的今天，随着时间的推移，很难找到两个不同时期相同或者类似的资产。在实务中，重置成本可用于盘盈固定资产的计量等。

3. 可变现净值

可变现净值是指在正常生产经营过程中，以预计售价减去进一步加工成本和预计销售费用以及相关税费后的净值。在可变现净值计量下，资产按照其正常对外销售所能收到现金或者现金等价物的金额扣减该资产至完工时估计将要发生的成本、估计的销售费用以及相关税费后的金额计量。

可变现净值虽然在操作上有一定的难度，但可以真实地反映资产的价值。可变现净值通常用于存货资产减值情况下的后续计量。

4. 现 值

现值是指对未来现金流量以恰当的折现率进行折现后的价值，是考虑货币时间价值的一种计量属性。在现值计量下，资产按照预计从其持续使用和最终处置中所产生的未来净现金流入量的折现金额计量；负债按照预计期限内需要偿还的未来净现金流出量的折现金额计量。

现值可以反映资产所带来的经济利益流入的金额，或者偿还债务相关的经济利益流出的金额，但受主观因素影响较多。现值通常用于非流动资产可收回金额和以摊余成本计量的金融资产价值的确定等。例如，在确定固定资产、无形资产的可收回金额时，通常需要计算资产预计未来现金流量的现值；对于持有至到期投资、贷款等以摊余成本计量的金融资产，通常需要使用实际利率法将这些资产在预期存续期间或适用的更短期间内的未来现金流量折现，再通过相应的调整确定其摊余成本。

5. 公允价值

公允价值是指在公平交易中，熟悉情况的交易双方自愿进行资产交换或者债务清偿的金额。在公允价值计量下，资产和负债按照在公平交易中，熟悉情况的交易双方自愿进行资产交换或者债务清偿的金额计量。公允价值可以真实地反映资产、负债的价值，但由于公允价值要求市场必须是成熟的，也存在不易操作的问题。公允价值主要用于交易性金融资产、可供出售金融资产的计量等。

【例 1-3】天安公司 2×16 年 1 月 1 日购买一台设备，预计使用 10 年，截至 2×18 年 12 月 31 日，该设备具有的计量属性如表 1-7 所示。

表 1-7　　设备计量属性表

内　容	金额／元	计量属性
2×16 年 1 月 1 日用银行存款 100 000 元购入	100 000	历史成本
2×18 年 12 月 31 日，如果重新购买一台已使用 3 年的设备，预计支付 80 000 元	80 000	重置成本
2×18 年 12 月 31 日，如果将该设备出售，预计售价为 80 000 元，出售时支付各项费用 5 000 元	75 000	可变现净值

续表

内　容	金额/元	计量属性
该设备可以继续使用7年，预计每年带来的收益为15 000元，将未来的收益折算为2×18年12月31日的价值为78 000元，折现率为$(P/A, 8\%, 7)=5.2$	78 000	现　值
该设备在类似的市场上，双方自愿交易的价格为80 000元	80 000	公允价值

计量属性的选择取决于会计信息使用者的需要。不同的会计信息使用者对会计信息的需求不同，因此计量属性的选择也存在差异。《企业会计准则——基本准则》规定，企业对会计要素进行计量时，一般应采用历史成本。采用重置成本、可变现净值、现值、公允价值计量的，应当保证所确定的会计要素金额能够取得并可靠计量。以历史成本作为计量属性比较可靠、简便，符合会计核算真实性等原则，但历史成本存在缺陷，因此企业也采用其他计量属性，如存货价值的确定采用历史成本，如果存货价格波动较大导致可变现净值较低，也可以采用其他计量属性，按照成本与可变现净值孰低计量。

拓展阅读

历史成本与公允价值的对话

话说有一天历史成本遇上了公允价值，那真是仇人相见，分外眼红。历史成本："为什么你要动我资产的账面价值，你已成造假工具了，你的目的就是通过改写财报的数据来迎合泡沫经济。"公允价值当然不服，说："谁叫你让财报中的资产价值偏离真实、公允，你损害了相关性原则。"历史成本："你懂会计吗？我对于资产的增值以及带来的变动收益都作了附注披露，你想了解可以查看啊，为什么要动报表？"公允价值："老兄，我重视公司未来的现金流和价值，提升了会计信息的相关性，有什么错？"历史成本："你以为你叫公允价值，你的价值就是合理、公允的吗？你大多数时候的价值难以获得，你增加多少都搞不清楚，说公允其实并不公允，实际上你不但损害了会计信息的可靠性，而且使相关性受到了损害。你只有在真正被处置时，才知道自己的价值。"

（三）会计记录

会计要素的确认和计量只是解决了企业发生的经济交易或事项能否、何时及如何进入会计信息系统的问题，而会计确认和计量的结果必须以适当的方式在会计信息系统中加以记录、核算，形成系统、连续、全面、综合的会计核算数据资料，并通过会计再次确认的程序，将这些数据资料编入企业的财务报表，形成有助于使用者做出决策的会计信息。所以，在对企业发生的交易或事项进行会计确认和计量后，必须将这些经济交易或事项在账户中进行记录、核算。

会计记录是指对经过会计确认、会计计量的经济业务，采用一定方法记录下来的过程。它主要包括以下专门方法：① 设置会计科目及账户；② 复式记账；③ 填制与审核凭证；④ 登记账簿。相关内容将在以后章节中进行具体介绍。

（四）会计报告

会计报告即财务会计报告，是指企业对外提供的反映企业某一特定日期财务状况和某一会计期间经营成果、现金流量的文件，是以账簿记录为依据，采用表格和文字形式把会计所形成的财务信息传递给信息使用者的手段。通过会计记录生成的信息量多又很分散，必须压缩信息的数量、提高其质量，使其形成相互联系的财务指标体系，这样才便于信息使用者使用。会计信息必须以一定的方式和格式传递给信息使用者，会计报告就是要把按照各种会计核算方法确认、计量、记录的资产、负债、所有者权益、收入、费用和利润的数据编制成财务报表，向使用者提供有关部门财务状况和经营成果的信息。

财务会计报告包括会计报表、会计报表附注和财务情况说明书。

会计报表是指企业以一定的会计方法和程序由会计账簿的数据整理得出，以表格的形式反映企业财务状况、经营成果和现金流量的书面文件，是财务会计报告的主体和核心。企业会计报表按其反映的内容不同，分为资产负债表、利润表、现金流量表、所有者权益（股东权益）变动表。其中，相关附表是反映企业财务状况、经营成果和现金流量的补充报表，主要包括利润分配表以及国家统一会计制度规定的其他附表。

会计报表附注是为便于会计报表使用者理解会计报表的内容而对会计报表的编制基础、编制依据、编制原则和方法及主要项目等所作的解释。会计报表附注是财务会计报告的一个重要组成部分，它有利于增强会计信息的可理解性，提高会计信息的可比性和突出重要的会计信息。

二、会计循环

企业将一定时期发生的所有经济业务，依据一定的步骤和方法，通过填制和审核会计凭证，登记会计账簿加以记录、分类、汇总直至编制会计报表，在连续的会计期间，这些工作周而复始地不断循环进行，而这一会计信息生成过程的不断循环就被称为会计循环。会计循环的基本步骤如图 1-2 所示。

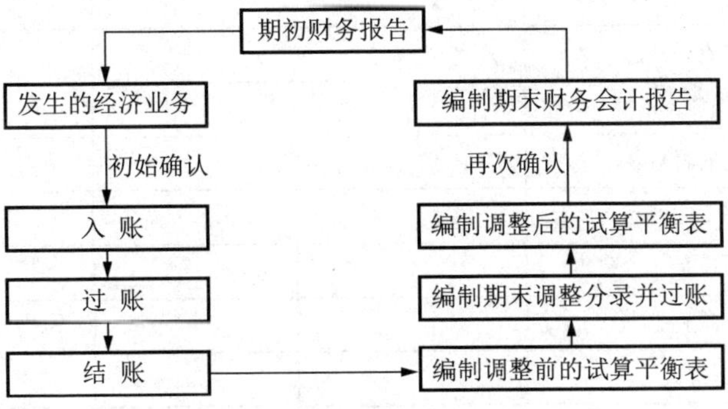

图 1-2 会计循环示意图

(1) 初始确认。以能否用货币计量为标准分析发生的经济业务,将能够以货币计量的经济业务纳入会计核算系统,并确定经济业务的发生对会计要素的具体影响。

(2) 入账。通过审核原始凭证分析具体的经济业务,编制会计分录,填制记账凭证或登记日记账,将能够以货币表现的经济业务记录到会计信息的载体上。

(3) 过账。根据已编制的记账凭证和日记账登记分类账,以便分类反映各会计要素。

(4) 结账。将各种收入账户和费用账户余额转到有关账户中,结清收入和费用账户,结算出本期的经营成果。

(5) 编制调整前的试算平衡表。根据账簿中记载的余额、发生额等编制试算平衡表,以检验账簿记录的正确性。

(6) 编制期末调整分录并过账。依据权责发生制对分类账户的有关记录进行调整,以便正确计算当期损益;对未入账的经济业务编制调整分录,以使各账户反映最新的情况。

(7) 编制调整后的试算平衡表。由于编制了期末调整分录并过账,需要再次编制试算平衡表,再次检验账簿记录的正确性。

(8) 编制期末财务会计报告。根据调整后的试算平衡表编制正式的资产负债表和利润表。

课后思考题

1. 会计要素有哪些?简述各会计要素之间的关系。
2. 会计基本假设包括哪些内容?
3. 收付实现制与权责发生制的区别是什么?请举例说明。
4. 举例说明会计实务中实质重于形式和谨慎性原则的具体应用。
5. 会计信息的使用者有哪些?他们是怎样使用会计信息的?

业务练习题

1. 判断以下内容属于何种会计要素,并在表1-8相应的会计要素下标"√"。

表1-8 会计要素判断表

项 目	资 产	负 债	所有者权益
生产用机器设备			
投资者投入的资本			
应付给供应单位的材料款			
生产车间里未完工的产品			
应交未交的税金			
采购员暂借的差旅费			
应收的产品销货款			

2. 天利公司发生下列经济业务:

① 从银行取得短期借款 100 000 元；
② 用银行存款偿还 D 企业债务 20 000 元；
③ 赊购一台计算机，价款 6 000 元；
④ 股东对公司追加投资 250 000 元，款项已存入银行；
⑤ 用银行存款购进一台设备，价值 80 000 元；
⑥ 收回 E 企业一笔应收账款 11 700 元。

要求：指出上述经济业务对公司资产、负债、所有者权益的影响。

3. 天利公司 12 月份发生如下经济业务：
① 用银行存款预付明年财产保险费 7 200 元；
② 通过银行收到上月销货款 60 000 元；
③ 销售产品 18 000 元，货款尚未收到；
④ 收到购货单位预付货款 30 000 元，存入银行；
⑤ 本月水电费 1 800 元，因资金周转困难暂未支付；
⑥ 销售产品 40 000 元，货款已存入银行；
⑦ 支付上月房租费 1 500 元；
⑧ 以银行存款支付本月广告费 2 000 元；
⑨ 计算本月固定资产折旧费 3 000 元；
⑩ 预提本月应负担的银行借款利息 600 元。

要求：分别采用权责发生制和收付实现制计算 12 月份的收入、费用和利润。

案例分析题

王大姐和李大华是一前一后从财经院校毕业的老会计，一直在一家大型企业从事财会工作。公司财务处兵强马壮，10 多个人分成了资金组、材料组、成本组和综合组。40 岁开外的王大姐面容清瘦，总给人一种朴实友善、和蔼可亲的感觉，年轻的会计人员经常能够得到她的业务指点。年近 40 的李大华则不同，他善于察言观色，把握时机，酒桌功夫更胜一筹，被大家戏称为“李大滑”。

秋后的一天，财务处开会，平日里难得一见的总经理也大驾光临。大家心里有些忐忑不安，不知财务处发生了什么大事。只听总经理首先宣布了一项决定：财务处副处长的职位一直空缺，现决定从处里提拔合适人选。大家一听，便有人看好资历最老、业务水平最高的王大姐，嚷嚷着谁要是当了副处长一定要请客。总经理咳嗽一声又说：“还有一件事，你们也晓得，就是我们公司新产品投入批量生产，但最近原材料价格猛涨，公司的流动资金周转出现困难，所以公司准备以这个项目的名义向工商银行申请贷款 700 万元。我们和行长接洽了两次，但银行看了公司的会计报告后认为新产品项目盈利能力不足，特别是目前还处于亏损状态，因此一直没有松口。大家都是财会方面的行家里手，要一起想想办法，把这个月的报表做得漂亮点，帮助公司顺利争取到贷款，渡过难关。你们讨论吧！”总经理说完就匆匆走了。

总经理走后，同事们大眼瞪小眼，半天都不吱声，处长只好点将：“大李，你是成本组组长,你先谈谈看。”李大华吐了口烟圈,慢条斯理地说:“公司这次开发出的新产品技术含量并不高,我们做了个成本分析,原材料占单位成本五成多,要降低成本、实现盈利,必须把材料成本压下来。”处长不耐烦地说:“你这不是废话吗?材料成本不但压不下来,现在还一个劲地往上涨呢。”李大华笑了笑说:“我也想到了这个问题,前几个月进的一批原材料比现价低了30%多,公司一直实行加权平均法结算材料成本,我算了下账,如果现在改为先进先出法,下个月利润表中的新产品不但不会亏损,而且略有……”李大华话还没有说完,就被王大姐打断了:“你学过会计没有?”李大华眨了眨眼说:“当然学过,王大姐你这不是明知故问吗?”王大姐再也不笑眯眯了,一拍桌上的一摞报表说:“既然学过,亏你想得出,今天想申请贷款就搞先进先出法,明天想申请减免税,就搞加权平均法,像玩魔术一样,会计一致性原则还要不要?”从来没看到王大姐发脾气,众人吃惊地看着她。李大华嘟嘟囔囔地说:“公司的困难就摆在面前,总经理的意思大家又不是不明白,这也是没有办法的事。”王大姐喝了一口茶,又恢复了笑眯眯的样子:“会计应该一是一、二是二啊,否则总有一天会露馅。前些年咱们公司浮夸虚报产量引火烧身的教训已经够深了,不能好了伤疤忘了痛啊。其实我也靠公司发的工资养家糊口,我又何尝不希望公司越办越好呢?可喝酒有酒德,下棋有棋德,会计人更应该坚持会计的职业操守,干我们这一行的最起码要做到客观、真实、守信。公司是遇到了困难,再没有办法也比以前大家弄虚作假造成的后果好。”大家听了王大姐的话都沉默了。处长一支接一支地抽着烟,最后摆了摆手,宣布散会,下次再讨论。

由于王大姐的坚持,利润表中的新产品仍然是亏损状态,银行自然不同意发放贷款。后来,新产品也因为产销不对路下了马,倒是李大华当上了副处长,不过众人的心里却多了一份对王大姐的敬意。面对着升迁的诱惑和无形的压力,王大姐竟然挺直腰板,顽强地坚守着职业道德的底线。两年后,王大姐离开了这家企业,到其他公司谋求发展了。

生活和工作还在不断延续,在这种延续中,其实沉淀了很多有价值的东西,身处日益喧嚣和浮躁的现实中,真正感受和领悟其中的情与理,方显“客观、真实、守信”的重要。国有国魂,军有军魂,会计也理应拥有会计之魂,诚信就是会计之魂。

要求:根据上述案例,你认为王大姐与李大华作为企业的会计人员,应该如何处理这类问题?在会计工作中,经常会发生各种原则性与灵活性的矛盾,你认为应该如何协调?

第二章

账户和复式记账

学习目标

1. 在理解会计科目和账户的概念、设置、体系和分类的基础上，比较熟练地掌握与应用会计等式、账户结构、企业常用的会计科目以及分类账户与明细账户的平行记账。

2. 在理解复式记账法、借贷复式记账法和“有借必有贷，借贷必相等”的基础上，学会编制会计分录，比较熟练地对借贷记账进行试算平衡。

导入案例

会计男求婚记

图 2-1 用四格漫画的形式，从会计账务处理的角度幽默地反映了当下男青年结婚的巨大经济压力。

图 2-1　会计男求婚记

案例思考

1. 张会计的分录中体现了怎样的会计思维？
2. “固定资产”“应付账款”“长期应付款”分别属于哪项会计要素？
3. 张会计采用的是哪种记账方法？

第一节　会计科目

一、会计科目的概念与作用

1. 会计科目的概念

会计科目是会计中的一项重要制度，由主管会计工作的财政部门制定。例如，财政部制定的于 2007 年 1 月 1 日开始实施的《企业会计准则——应用指南》附录“会计科目和主要账务处理”中规定了企业使用的会计科目。会计科目既是一项会计制度，又是会计方法体系中一种重要的方法。在企事业单位，会因组织经济活动或完成一定工作任务而发生各种经济业务，会计机构、会计人员需要处理这些纷繁复杂的经济业务，对其进行核算和监督。会计处理经济业务的方法之一是设置会计科目。

会计科目简称科目，是对会计要素的具体内容进行分类核算的标志或项目。对会计对象进行分类可得到不同的会计要素，包括资产、负债、所有者权益、收入、费用和利润，对会计要素进行进一步分类，可得到会计科目。例如，将与现金有关的业务归为一类，设置“库存现金”会计科目；将与银行存款有关的业务归为一类，设置“银行存款”会计科目；企业的机器设备、房屋和建筑物都是劳动资料，使用时间较长，价值较大，把它们归为一类，设置“固定资产”会计科目；将国家、其他法人单位、企业职工和外国投资者等投入企业资本的经济业务归为一类，设置“实收资本”会计科目等。

拓展阅读

房子在会计上的称呼

生活中一般称“房子”这类资产为“房产”，但在会计上就比较复杂。究竟叫什么，要看它的具体用途。比如建造的房子，完工前叫“在建工程”。完工后，如自用，叫“固定资产”；如拿来销售，叫“库存商品”；如拿来出租，则叫“投资性房地产”。

2. 会计科目的作用

会计科目的设置对会计的核算与管理有着重要的作用：

（1）会计科目是反映资金运动的重要手段。一个会计科目反映一类经济业务，各个会计科目从不同方面反映资金运动的总体。通过某个会计科目提供的资料，可以认识资金运动的某个方面;通过全部会计科目提供的资料,可以全面了解整个资金运动的情况。

(2) 会计科目是组织会计核算的依据。作为基本的会计制度,会计科目规定了会计的核算范围、具体内容、核算方法、编制会计分录方法、明细核算和登记账簿的要求等。要根据会计科目的规定组织会计核算。

(3) 会计科目是进行会计管理的手段。会计科目的有关规定是对日常经济活动进行控制的标准,会计科目提供的资料是进行监督、分析和考核的依据,也是编制财务预算的依据。

(4) 会计科目是加强国民经济核算的工具。会计科目作为统一的会计制度,规定了会计科目的名称、内容和核算方法,保证了与统计、计划指标口径的一致。会计科目所提供的资料,便于企业编制财务会计报告,便于汇总反映与监督部门、地区和全国的资金运动,有利于编制部门、地区和国家的财务预算及加强国民经济核算。

二、会计科目的设置

设置会计科目,是指确定会计科目的数量、名称,每个科目所包含的内容,记录和核算的方法与要求,各科目之间的联系等。设置会计科目是以企业、事业、机关和其他单位即会计实体为主体,反映企业、事业、机关和其他单位的资金运动。企业、事业、机关和其他单位的资金运动是设置会计科目的客观基础。设置会计科目要遵循集中统一、依据政策和财经制度、全面反映资金运动、有利于组织会计核算、有利于加强单位的经济管理、有利于群众参加经济核算等原则。

为满足全面、多层次地反映经营活动,保证核算正确,加强内部管理的需要,会计科目采用分级设置:

(1) 一级会计科目的设置。一级会计科目亦称总分类科目、总账科目,是依据会计科目的设置原则,按照各单位资金运动的经济内容性质进行分类而设置的科目。它提供总括指标,说明经济活动的总分类情况。

(2) 二级会计科目的设置。二级会计科目亦称明细分类科目,是在一级会计科目之下,根据需要对该科目所反映的经济业务进行分类而设置的科目。二级会计科目提供明细分类指标,说明经济活动的较详细的分类情况。

(3) 细目的设置。各单位根据需要,在一级会计科目或二级会计科目之下,按该科目所反映经济业务的性质,设置细目(明细项目)进行明细核算。明细项目提供具体资料,说明经济活动的具体情况。

三、会计科目体系

企业、事业、机关和其他单位设置的会计科目,是全面、系统地反映本单位财务状况和经营成果的会计科目体系,是各个科目相互联系、相互制约的有机整体。

企业、事业、机关和其他单位设置多少个会计科目,要根据本单位的规模、经营业务数量和管理与核算要求来确定。《企业会计准则——应用指南》附录中一般企业可使用的会计科目如表 2-1 所示。

表 2-1　　企业会计科目表

顺序号	会计科目	顺序号	会计科目
一、资产类		44	预收账款
1	库存现金	45	应付职工薪酬
2	银行存款	46	应交税费
3	其他货币资金	47	应付利息
4	交易性金融资产	48	应付股利
5	应收票据	49	其他应付款
6	应收账款	50	递延收益
7	预付账款	51	长期借款
8	应收股利	52	应付债券
9	应收利息	53	长期应付款
10	其他应收款	54	未确认融资费用
11	坏账准备	55	专项应付款
12	材料采购	56	预计负债
13	在途物资	57	递延所得税负债
14	原材料	三、所有者权益类	
15	材料成本差异	58	实收资本
16	库存商品	59	资本公积
17	发出商品	60	盈余公积
18	商品进销差价	61	本年利润
19	委托加工物资	62	利润分配
20	周转材料	63	库存股
21	融资租赁资产	四、成本类	
22	存货跌价准备	64	生产成本
23	持有至到期投资	65	制造费用
24	持有至到期投资减值准备	66	劳务成本
25	长期股权投资	67	研发支出
26	长期股权投资减值准备	68	工程施工
27	长期应收款	69	工程结算
28	固定资产	70	机械作业
29	累计折旧	五、损益类	
30	固定资产减值准备	71	主营业务收入
31	在建工程	72	租赁收入
32	工程物资	73	其他业务收入
33	固定资产清理	74	投资收益
34	无形资产	75	营业外收入
35	累计摊销	76	主营业务成本
36	无形资产减值准备	77	其他业务成本
37	商　誉	78	税金及附加
38	长期待摊费用	79	销售费用
39	递延所得税资产	80	管理费用
40	待处理财产损溢	81	财务费用
二、负债类		82	资产减值损失
41	短期借款	83	营业外支出
42	应付票据	84	所得税费用
43	应付账款	85	以前年度损益调整

拓展阅读

趣解会计科目

报表上的会计科目都是钱，它们都是钱的名字，钱一天到晚跑来跑去，而且变来变去，在不同的地方有不同的形式，自然在不同的地方就有不同的名字。首先，从源头开始，也就是从资产负债表的右边开始。

一、钱的来源

企业经营所需的资金从哪里来？

1. 负债类

负债类就是欠着别人的款项，即用别人的钱经营。

短期借款：从银行或其他金融机构借来的款项，期限在1年以下，要不怎么叫短期呢？

长期借款：从银行或其他金融机构借来的款项，期限在1年以上，包括1年期借款。

应付账款：购买商品或服务应该支付却还没有支付的款项，欠着别人的钱不给，相当于拿别人的钱给自己用，而且还不用付利息。

预收账款：有的企业很牛，要先付钱再给货，所以又多了一部分经营的资金。

应交税费：和应付账款一样，应该交的税金还没有交，欠着国家的，但是国家的欠不了多久，有一个纳税申报期限，超过这个期限就会受到惩罚，但在这个期限内企业还是可以用这笔资金的。

应付职工薪酬：应该支付却还没支付给员工的薪金和报酬，现在很多企业有拖欠员工工资的现象，因为这相当于无利息的借款。

其他应付款：其他应该支付还没支付的款项。中国人总是喜欢用“其他”，找不到具体名目的时候，就放在“其他”里面。

2. 所有者权益类

所有者权益类即股东自己投入的钱。

实收资本：股东自己投入注册资本的那部分钱。

资本公积：假如3个人商量一起注册一家公司，注册资本为150万元，那么实收资本为150万元。甲出现金50万元，乙也出现金50万元，丙出1套房屋，也算50万元，3人各占1/3股份，而丙出的这套房屋市场价值为55万元，这多出的5万元就为资本公积。即实际留在企业里的资金是155万元，其中150万元注册资本，5万元资本公积。

盈余公积：企业经营，赚了钱、交了税后就全是股东的了，股东可以把这部分钱分掉，用于个人花费，但是国家规定不允许全分，必须留出10%放在企业里继续经营，这就是盈余公积。也就是说你的盈利若有余，就要积累起来，全分了、吃光花光，企业就永远都长不大，说不定还会破产，这就叫不进则退。

未分配利润：扣除了盈余公积剩下的利润是可以分的，但是在没有分之前，还是留在企业里继续经营；如果永远不分，那就永远都留在企业。

3. 收入类

主营业务收入:企业主要业务的收入,就像你的主要收入工资一样。

其他业务收入:企业其他业务的收入,就像你兼职取得的收入一样。

营业外收入:企业的偶然所得,就像你突然有一天买彩票中了大奖一样。

二、钱的去向

钱从资产负债表的右边来了,那又去了哪里呢?

1. 资产类

库存现金:一部分钱放在柜子里就叫库存现金。

银行存款:一部分钱存在银行就叫银行存款。

原材料:一部分钱买了用于生产的材料就变成了原材料。

固定资产:一部分钱买了机器设备这类大宗物品的就变成了固定资产。

应收账款:一部分钱买了商品又把商品卖了出去,款却还没收回来,就变成了应收账款,即转了两个圈,先变成商品,然后又变成了应收账款。

无形资产:一部分钱买了商标、专利等,这部分钱就变成了无形资产,因为商标、专利这些东西是看不见、摸不着的。

预付账款:一部分钱用于购买那些很牛的企业的商品,这样的企业需要先付钱、后给货,在付钱后、给货前这一部分款项就是预付账款。

2. 成本费用及损益类

生产成本:生产产品要消耗原材料、损耗固定资产,还要付工人工资,所有的这些加起来就是生产成本,即资产负债表左边的原材料减少了,固定资产的价值也减少了,现金也减少了,都跑到利润表的成本里去了。

制造费用:企业生产车间的所有花费,如车间的水费、电费,车间管理人员的工资等,这些加起来就是制造费用。

销售费用:销售过程中发生的费用,一般叫销售费用。

财务费用:一般是给银行的手续费和利息。

管理费用:管理过程中发生的不属于上述各项的费用,一般叫管理费用。

主营业务成本:企业主要业务发生的成本。

其他业务成本:企业其他业务发生的成本。

营业外支出:既然有偶然所得,就有意外之失,这就是人生无常,有得必有失。

第二节　会计账户

一、账户的含义

在会计工作中,要设置各种账户进行会计核算。账户是根据会计科目,按照会计管理与核算的要求,在账簿中开设的记账单元,是对各项经济业务进行分类、系统、连续记录的载体。所以，设置会计科目以后，还必须根据规定的会计科目开设一系列反映不同经济内容的账户，用来对各项经济业务进行分类记录。

账户是反映会计对象具体内容的形式。会计对象是资金运动，资金运动的具体内容是通过在账簿中设置许多账户来反映的。例如，在总分类账中设置“库存现金”“银行存款”“固定资产”“原材料”“长期待摊费用”“库存商品”和“利润分配”等账户，以便具体地反映企业的资金使用在哪些方面。

账户在会计核算中具有重要作用：① 核算经济业务。通过每个账户记录每笔经济业务和每类经济业务所引起资金数量的增减变化，按制度规定计算资金的取得、使用、耗费、收回和分配。② 存储会计信息。在手工记录的条件下，账户记录经济业务引起资金的增减变化，既反映资金的总分类情况，又反映资金的明细分类情况；既反映每一笔经济业务的情况，又反映一定时期全部经济业务的情况；既反映资产、负债和所有者权益的增加和减少情况，又反映其变化的结果情况，从而使每个账户存储有丰富的会计信息。③ 提供会计信息。根据每个账户存储的会计信息，按照企业管理的需要和有关规定，向有关方面提供关于财务状况和经营成果的全面、系统、总括的会计信息，或某一方面的明细分类的会计信息，或某种具体的、明细的会计信息，以便借助这些会计信息认识企业的财务状况、经营成果和加强企业管理。

会计科目与账户是两个既有区别又有联系的不同概念。其共同点在于：都要对经济业务进行分类，都说明一定经济业务的内容。其不同点在于：会计科目只是经济业务分类核算的项目或标志，只是说明一定经济业务的内容；账户则具体记录经济业务内容，可以提供具体的数据资料，具有登记增减变化的不同结构。简单而言，会计科目就是账户的名称。

拓展阅读

药房抽屉与会计账户

去过中药房的人都会有很深的印象，那就是中药房的柜台后有很多的抽屉，抽屉上面都有标签。中药房为什么有那么多抽屉？那是为了分类摆放药材。抽屉上的标签写的什么？标签上写的是药材名称。如果没有抽屉，药材胡乱堆放，没有分类，要找药材非常麻烦；如果仅有抽屉，上面没有标签，不写药名，那就不知道抽屉里放的什么药，要找一种需要的药材同样非常麻烦。

在会计核算中，设置会计科目和会计账户的目的与中药房设置抽屉与抽屉上面的标签相类似。会计账户如同抽屉，是为了分类“摆放”会计信息；而会计科目如同抽屉上面的标签，是为写明会计信息的名称。如果仅有会计科目，而没有会计账户，就如同中药房仅有药名的标签而没有抽屉一样，会计信息无法分类“摆放”；如果仅有会计账户，而没有会计科目，也如同中药房仅有抽屉而没有药名的标签一样，无法知道会计账户中“摆放”的是什么会计信息。

二、账户的结构

为了正确地反映账户的具体内容，账户要有一定的结构，即反映其内容的组成要素。企业发生经济业务后，引起的资金变化不外乎增加和减少两种情况及其变动结果，因而形成账户的基本结构。

账户一般可以划分为左、右两方，每一方再根据实际需要分成若干栏次，用来分类登记经济业务及其会计要素的增加与减少以及增减变动的结果。账户的格式设计一般应包括以下内容（表 2-2）：

表 2-2　　账户格式示例

账户名称（会计科目）

年		凭证		摘要	借方	贷方	借或贷	余额
月	日	字	号					

（1）账户名称，即会计科目。通过会计科目可以了解该账户记录的是哪一类经济业务。

（2）日期，即登记账簿的时间。将账户的日期与实际发生经济业务的日期进行核对，可以分析会计处理是否及时。

（3）凭证编号，即账户记录的来源和依据。通过凭证编号可以查找相应的记账依据。

（4）摘要，即对经济业务的简单说明。将摘要与账户中相关内容进行核对，可以分析会计处理的准确性。

（5）增加、减少的金额以及余额，即金额栏。这是账户中的主要内容，是将实际发生的交易或事项转换为会计语言的标志。通过金额可以再现过去的交易或事项。

账户的金额栏中记录的主要内容是期初余额、本期增加额、本期减少额及期末余额。本期增加额和减少额是指在一定的会计期间内（月、季或年），账户在增加（借方）和减少（贷方）栏分别登记的增加金额合计数和减少金额合计数，又可以称为本期增加发生额和本期减少发生额。本期增加发生额和本期减少发生额相抵后的差额就是本期的期末余额。如果将本期的期末余额转入下一期，就是下一期的期初余额。上述四项金额的关系可以用下列公式来表示：

本期期末余额 = 期初余额 + 本期增加发生额 − 本期减少发生额

为了方便，在教学中经常用简化的丁字账户（又称 T 形账户）来说明账户结构，分为左方和右方两部分，反映经济业务引起资金变化的增加和减少两种情况，如图 2-2 所示。

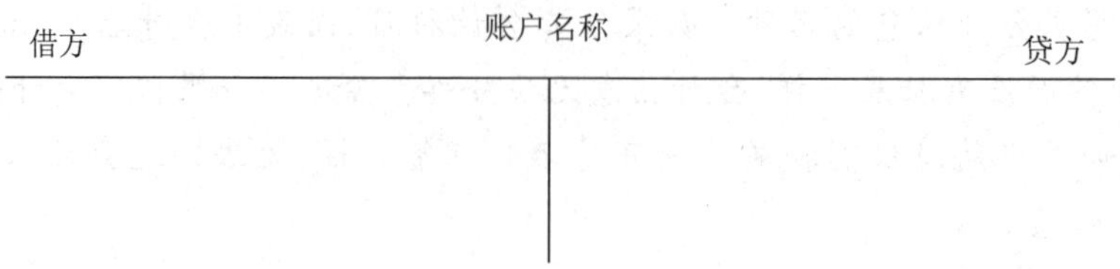

图 2-2　丁字账户的结构

采用借贷记账法时,账户的左方为借方(增加或减少),右方为贷方(减少或增加),并分别反映其余额。

三、账户的分类

每个账户只能记录企业经济活动的某个方面,不可能对企业的全部经济业务加以记录。而企业的经济活动作为一个整体,需要一个相互联系的账户体系加以反映。账户分类就是研究这个账户体系中各账户之间存在的共性,寻求其规律,探明每个账户在账户体系中的地位和作用,以便加深对账户的认识,更好地运用账户对企业的经济业务进行反映。科学地进行账户的分类有助于科学地进行管理。按不同的标准对账户分类,可以从不同角度认识账户,并把全部账户划分为各个类别。由于账户是根据会计科目开设的,因此账户的分类标准同样适用于会计科目的分类。

(一)账户按会计要素分类

"资产 = 负债 + 所有者权益"这一会计恒等式表明了会计核算的基本平衡关系,是会计核算的基础,制约和决定着整个会计核算工作。账户按会计要素分类就是按账户所核算的经济内容与各会计要素的联系进行分类。企业进行生产经营活动,首先要拥有一定的场地、设备,同时也需要一定的周转资金,这些由企业拥有或控制的、可以用货币计量的经济资源为资产。为反映资产的增减变动及结存情况,需要设置一类账户,通过账户的发生额反映资产的增减变动情况,通过账户的余额反映资产的结存情况。企业资产主要来源于债权人和所有者的投资。债权人提供的、需以企业未来资产或劳务偿付的债务为负债。为反映债权人提供资金及其偿还等情况,需要设置一类账户,通过账户的发生额反映负债的形成和偿付情况,通过账户的余额反映尚未偿还的债务情况。所有者权益是企业总资产减去负债后的余额,在企业创建之时,是投资者投入企业的资本;在企业进行生产经营活动取得盈利以后,所有者权益就是投入资本与留存收益之和。为反映投入资本和留存收益的增减变动及其结果,需要设置一类账户,通过账户的发生额反映投入资本和留存收益的增减变动情况,通过账户的余额反映投入资本变动后的结果和留存收益的实际数额。

企业从不同渠道取得各项资产后,将其投入生产经营活动,进行生产经营活动,生产出产品。为反映产品的制造成本,需要设置成本类账户,通过账户的发生额反映生产产品发生的各项费用以及计算完工产品的制造成本,通过账户余额反映尚未完成生产过程的在产品的成本。

生产完工的产品销售后取得各项收入,同时企业要进行生产经营活动必然相应地发生一些耗费,企业取得的各项收入在补偿生产经营活动中已消耗的各项支出后形成了利润。为反映企业收入的取得、费用的发生和利润的形成,需要设置损益类账户,其中一类损益类账户反映企业的收入情况,另一类损益类账户反映企业的费用情况。通过两类账户发生额的结转,结算出企业的利润形成情况。

投资者享有实现的全部利润,利润形成后分出利润剩余部分,以留存收益的形式增加所有者权益,并入所有者权益要素,不再单独分为一类。

账户按其反映的经济内容的不同可分为六类：资产类账户、负债类账户、所有者权益类账户、收入类账户、费用类账户和利润类账户。这种分类实质上就是按照会计要素进行的分类。

（1）资产类账户按资产的流动性分为反映流动资产的账户和反映非流动资产的账户。反映流动资产的有"库存现金""银行存款""原材料""生产成本""制造费用""应收账款""库存商品"等账户；反映非流动资产的有"长期股权投资""长期应收款""固定资产""无形资产"等账户。

习惯上，人们常常把资产类账户中几个用于反映资产的加工、开发等形成过程的账户称作成本类账户。成本类账户按成本的内容和性质的不同可分为反映制造成本的账户（"生产成本""制造费用"等）、反映劳务成本的账户（"劳务成本"）等。

（2）负债类账户按负债的偿还期限分为反映流动负债的账户和反映非流动负债的账户。反映流动负债的有"短期借款""应付账款""应付职工薪酬""应交税费"等账户；反映非流动负债的有"长期借款""应付债券""长期应付款"等账户。

此外，还有一类比较特殊的共同类账户。共同类账户是既有资产性质又有负债性质的账户，即需要根据其余额的方向来判断究竟属于企业的资产还是负债的账户。在借贷记账法下，若其余额在借方，则为资产；若余额在贷方，则为负债。共同类账户中如"衍生工具""套期工具"等账户将在高级会计课程中学习，本教材不作教学要求；金融企业所使用的"清算资金往来""货币兑换"等账户一般在金融企业会计课程中学习，本教材也不作教学要求。

（3）所有者权益类账户按照所有者权益的形成和性质可分为反映资本的账户和反映留存收益的账户。反映资本的有"实收资本"（或"股本"）和"资本公积"等账户；反映留存收益的有"盈余公积""未分配利润"等账户。

其中，有些资产类、负债类和所有者权益类账户存在抵减账户。抵减账户又称备抵账户，是指用来抵减被调整账户余额，以确定被调整账户实质数额而设置的独立账户。常见的备抵账户如"坏账准备""存货跌价准备""累计折旧""固定资产减值准备""累计摊销""无形资产减值准备""库存股"等账户。备抵账户与被调整账户的对应关系如表2-3所示。

表 2-3　　备抵账户与被调整账户的对应关系

被调整账户	备抵账户	财务报表列报项目
应收账款	坏账准备	应收账款
库存商品等存货	存货跌价准备	存　货
固定资产	累计折旧、固定资产减值准备	固定资产
无形资产	累计摊销、无形资产减值准备	无形资产
长期股权投资	长期股权投资减值准备	长期股权投资
长期应收款	未实现融资收益	长期应收款
长期应付款	未确认融资费用	长期应付款

由于财务报表中的报表项目均按照账面价值即净值列报，因此上述被调整账户与备抵账户的关系如下：

被调整账户的账面余额－备抵账户的账面余额＝被调整账户的净值（账面价值）

（4）收入类账户。反映收入的有“主营业务收入”“其他业务收入”“投资收益”“营业外收入”等账户。

（5）费用类账户。反映费用的有“主营业务成本”“其他业务成本”“税金及附加”“销售费用”“财务费用”“营业外支出”等账户。

（6）利润类账户。反映利润的有“本年利润”等账户。

习惯上，人们常把收入类、费用类、利润类账户合称为损益类账户。本教材为了保持与会计要素分类的一致性，便于读者理解，将账户分为资产、负债、所有者权益、收入、费用、利润六类。

（二）账户按提供指标的详细程度分类

企业经营管理所需要的会计核算资料是多方面的，不仅要求会计核算能够提供一些总括的指标，如通过“原材料”账户核算提供有关材料增减变动及结存情况的总括资料，通过“应收账款”账户核算提供企业全部应收账款的形成、收回及结果的总括资料，而且要求会计核算能够提供一些详细的指标，如通过对材料的核算提供某一类、某一品种材料的增减变动及结存情况，通过对应收账款的核算提供具体应收款的单位或个人及应收金额。为满足各方面的要求，上述各类账户还需要进一步细分，形成不同层次的账户，提供各类经济活动的详细资料。账户按提供指标的详细程度可以分为总分类账户和明细分类账户。

（1）总分类账户是对企业经济活动的具体内容进行总括核算的账户，它能够提供某一具体内容的总括核算指标。依据表2-1所开设的账户均为总分类账户，亦称总账账户、一级账户。在我国，为了保证会计核算口径规范一致并具有可比性，保证会计核算资料能在一个部门、一个行业、一个地区乃至全国范围内进行综合汇总、分析，且为了便于企业编制会计凭证、汇总资料和编制会计报表，总分类账户的名称、核算内容及使用方法通常是统一制定的。每个企业都要根据本企业业务的特点和统一制定的账户名称设置若干总分类账户。

（2）明细分类账户是对企业某一经济业务进行明细核算的账户，它能够提供某一具体经济业务的明细核算指标。在实际工作中，除少数总分类账户，如“累计折旧”“本年利润”等不必设置明细分类账户外，大多数总分类账户都需要设置明细分类账户，如在“原材料”总分类账户下按照材料的类别、品种或规格设置明细分类账户，在“应收账款”总分类账户下按照购买单位的名称设置明细分类账户。

明细分类账户是依据企业经济业务的具体内容设置的，它所提供的明细核算资料主要是满足企业内部经营管理的需要。各企业的经济业务具体内容不同，经营管理的水平不一致，明细分类账户的名称、核算内容及使用方法也就不能统一规定，只能由企业根据经营管理的实际需要和经济业务的具体内容自行规定，如企业可以根据债权人的名称设置

"应收账款"中资产类账户的明细分类账户。

如果某一总分类账户所属的明细分类账户较多，为了便于控制，还可增设二级账户。二级账户是介于总分类账户和明细分类账户之间的账户，它也是由企业根据经营管理的实际需要和经济业务的具体内容自行确定的。例如，企业的材料类别、品种较多，可在"原材料"总分类账户下，按材料的类别设置"原料及主要材料""燃料""辅助材料"等二级账户，在二级账户下再按材料的品种设置"圆钢""碳钢""角钢"等明细分类账户。总分类账户和明细分类账户的关系如图 2-3 所示。

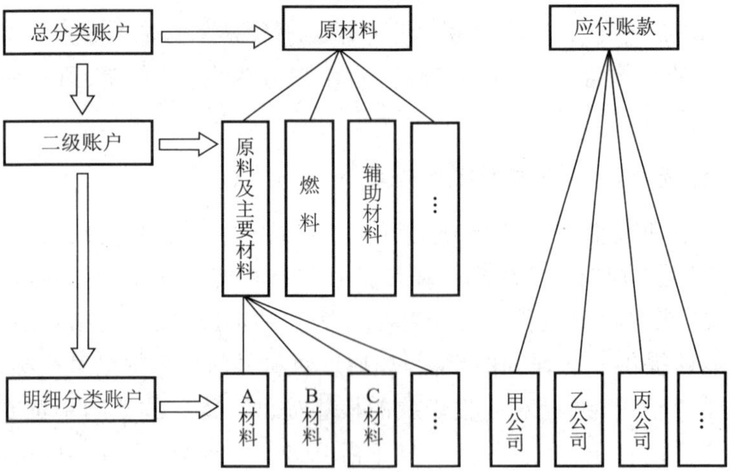

图 2-3　总分类账户和明细分类账户关系图

将账户按提供指标的详细程度分类，目的在于把握不同层次账户提供核算指标的规律性，以便准确运用各级账户，提供全方位的核算指标，满足经营管理的不同需要。

第三节　复式记账

一、会计事项

企业的资金运动在经营活动中表现为各种经济业务，企业的经济业务是在企业经营活动过程中发生的经济事项。由会计机构和会计人员处理的经济业务叫会计事项。经济业务发生后，要由有关人员按规定手续及时办理。经济业务是经营活动的具体反映，是可预见、可控制、可计量和可检查的，如企业采购材料的采购经济业务，从银行提取现金的现金业务。只有正确处理每笔经济业务，才能使经营活动顺利进行。

企业经营活动中会发生各种经济业务。经济业务按其性质分为资产业务、负债业务、所有者权益业务、收入业务和费用业务等；按经营过程分为采购业务、生产业务和销售业务等；按结算方式分为现金业务、银行转账业务和应收应付业务等。明确经济业务的种类，便于采取复式记账进行相应的会计处理。

二、复式记账原理

记账方法是用来反映会计对象的。会计对象是资金运动，资金运动是记账方法的客观基础，只有依据资金运动的特征来制定一种科学的记账方法，才能正确地反映资金运动。资金运动的理论是复式记账的原理，资金运动理论要反映资金运动的过程及其规律。

企业的资金运动表现为筹集资金、使用资金和收回资金的过程。

（1）企业的资金通过筹集方式取得。资金筹集有两种方式：一种是投资者投入的资金，包括国家投入资本金、法人投入资本金、个人投入资本金以及外商投入资本金等，投资者投入的资金按投入形态可分为货币投资、实物投资、证券投资、无形资产投资等；另一种是向债权人借入的资金，包括长期负债和流动负债。

（2）企业筹集的资金可使用到各个方面：① 用于生产过程。用于生产过程的资金叫生产资金，它是劳动资料和劳动对象占用的资金，包括固定资产（固定资金）、材料（储备资金）和在产品（生产资金）等。② 用于流通过程。用于流通过程的资金叫流通资金，它是劳动产品等占用的资金，包括产成品（成品资金）、库存现金和银行存款（货币资金）、结算过程中的各种应收和暂付款项（结算资金）等。

（3）企业生产的产品按销售价格向购买单位办理货款结算，收回货币资金。在产品销售过程中，企业出售产品所取得的营业收入在补偿已售产品的营业成本后，即为企业的纯收入。企业的纯收入在扣减应缴纳的税金及管理费用、财物费用、销售费用后，为企业的产品销售利润或亏损。企业产品销售利润或亏损加减营业外收支后，形成企业的最终财务成果。企业实现的利润按国家的规定进行分配：缴纳所得税，税后利润按一定比例提取盈余公积金，向投资者分配利润等。

企业资金的筹集、使用和收回表现为资金的循环与周转。企业的生产经营活动是以生产过程为中心的供应过程、生产过程和销售过程的统一。随着企业生产经营活动的进行，企业的经营资金将依次通过供应、生产和销售过程表现为各种不同的形态。资金从货币资金形态开始，经过供、产、销三个过程，依次由货币形态转化为储备资金形态、生产资金形态和成品资金形态，又回到货币资金形态，形成资金循环。随着企业生产经营过程的不断进行，资金周而复始地循环形成资金周转。

企业的资金运动具有明显的特征：资金运动具有质的规定性，反映资金运动的各种具体经济业务都具有固有的性质和特征，使该种经济业务能区别于另一种经济业务；资金运动具有量的规定性，反映资金运动的各种具体经济业务都以其数量来反映存在和变化的规模、程度和速度等，相对于原有基础的数量变化总表现为数量的增加或减少；资金运动的各种因素相互联系，反映资金运动的各种具体经济业务发生的原因不在于它外部所显示的数量上的增加或减少，而在于它内部的矛盾性，即相互联系的各种因素；资金运动的数量变化是有规律的，反映资金运动的各种具体经济业务尽管频繁、复杂，但所体现的资金运动的数量变化是有规律的；资金运动同其他事物一样，采取相对静止的状态和显著变动的状态，从一定时点来看，总表现为相对静止状态。

依据资金运动理论建立复式记账法。复式记账法是一项经济业务需要从两个方面按相同的金额记入相对应的两个或两个以上账户的记账方法。采用复式记账法，能全面地揭示资金运动数量变化的规律。

复式记账法按记账符号的不同有借贷记账法、增减记账法和收付记账法等。各种复式记账法的基本内容是相同的，因记账符号不同而各具特点。当前，国际上普遍采用借贷复式记账法。

复式记账法在会计的发展史上具有划时代的意义，会计之所以能从简单的记录和计算方法发展成为一门科学，复式记账法的产生起了奠基的作用。复式记账法的历史功绩绝不限于记账方法的本身，而在于推动着现代会计方法体系的形成，它是会计核算方法的核心。

复式记账法对于完整、系统地反映企业、事业等单位的资金运动，建立严密的核算体系，具有重要意义。复式记账法可以如实地反映经济活动的来龙去脉，同时对于防止和检查会计数据的错漏亦有重要作用。

拓展阅读

复式簿记的产生与会计的发展

根据现有的史料，复式簿记最初叫意大利式借贷簿记法，是为了适应商人的需要在意大利北部各城市自然发展起来的。目前保存下来的意大利最古老的会计账簿是德国史学家西夫金(Sieveking)发现的1211年佛罗伦萨银行家的簿记。在账簿中，按每位客户的姓名开立账户，用借贷上下连续的方式登记与顾客的各笔交易；各账户之间相互联系，可以进行转账。到13世纪末，除人名账户外，又开立了物名账户，进行叙述式的会计记录。进入14世纪，随着定居商人的出现、合作社的扩大以及代理人的产生和城市商业的迅速发展，簿记的方法也有了显著变化。到14世纪下半叶，开始使用在总账的前半部分记借方、后半部分记贷方的方法，并逐步将全部账户改为左借右贷、左右对照式的“两侧型账户”。从此，佛罗伦萨的复式簿记呈现出崭新的局面。

自从物名账户出现以后，人们逐渐感到叙述式会计记录的不便，力求探索发明一种简明的会计记录方式，以取代层次杂乱的叙述式的会计记录。14世纪末到15世纪初是复式簿记的诞生阶段。1494年，意大利传教士卢卡•帕乔利出版了一部了不起的著作——《算术、几何、比与比例概要》。该书第三卷第九部第十一篇“计算和记录要论”全面系统地总结了当时流行的借贷复式记账法，并从理论上给予了必要的阐述。这部著作不仅是意大利数学发展史的光辉篇章，还开创了会计发展史的新纪元，是人类关于复式簿记的最早的文献。这部著作的出版，宣告了中世纪会计的结束、近代会计的开始。正是这部巨著使卢卡•帕乔利在会计史上具有了与但丁在文学史上、贝多芬在音乐史上完全相同的地位，使得帕乔利当之无愧地成为会计史上一位承前启后、继往开来的巨人。1494年是会计发展史上的重要里程碑，从此会计开始以一门真正的、完整的、系统的科学而载入史册。

18世纪末和19世纪初发生了产业革命，世界的贸易中心转移到英国，当时的资本主义国家（特别是英国）生产力得到了空前的发展，由此引起了生产组织和经营形式的重大变革，适应资本主义大企业的经营形式——“股份有限公司”出现了。

股份有限公司的基本特点是资本的所有权和经营权相分离。作为公司外部利害关系人的所有者和公司代表的管理者从不同角度关心企业的财务状况和经营成果，如要求通过会计来保护那些不参加公司管理但又关心公司管理的股东的合法权益。因此，以“自由职业”的身份出现（实际上是为公司股东服务）的“特许”或“注册”会计师产生了，第一个会计师协会——爱丁堡会计师协会也成立了。从此，会计的服务对象得到了扩大，会计的核算内容得到了发展，会计的作用获得了社会的承认。这可以说是会计发展史上的第二个里程碑。

到了20世纪，会计的理论、方法和技术等各个方面都有了突飞猛进的发展。会计由原来的簿记（记账、算账、报账）发展到现代的财务会计，簿记只是会计的记录部分。这一时期，劳伦斯•罗伯特•迪克西（Lawrence Robert Dicksee，1864—1932年，英国著名会计学家，现代会计学理论的奠基人之一）的《高等会计学》（1903年）、乔治•利司尔（George Lisle）的《会计学全书》（1903年）和弗朗西斯•威廉•皮克斯利（Francis William Pixley）的《会计学》（1908年）三大名著出版，奠定了会计学的基础。

20世纪50年代以后，会计的面目又为之一新。一方面，电子计算技术被推广到会计领域，引起并继续促进会计工艺的彻底革命，使会计的性质、职能和作用发生了很大的变化；另一方面，由于“标准成本”“预算控制”理论的应用和“泰罗管理”理念的推广，传统的会计逐渐形成了相对独立的两个分支——“财务会计”和“管理会计”。前者主要为企业外部利害关系人提供财务信息，而后者主要帮助企业内部管理当局进行经营决策。

管理会计的诞生可以说是会计发展史上的第三个里程碑。

三、借贷记账法

借贷记账法是以“借”“贷”为记账符号，记录经济业务的复式记账法。借贷复式记账法产生于公元13世纪的意大利。1494年出版的意大利人帕乔利所著的《算术、几何、比与比例概要》一书，对借贷记账法作了详细介绍，并在理论上加以说明。帕乔利的著作对欧美各国产生了很大影响，传入欧洲大陆形成大陆式会计，传入英国和美国形成英美式会计。日本1868年明治维新后，向英国学习西式簿记。20世纪初清政府派出人员赴日学习，英美式的复式记账法就由日本传入中国。在实际使用中，借贷复式记账法不断得到完善。

（一）理论基础

借贷记账法的对象是会计要素的增减变动过程及其结果，这个过程及其结果可以用公式表示为：

$$\text{资产}=\text{负债}+\text{所有者权益} \quad (1)$$

$$\text{收入}-\text{费用}=\text{利润} \quad (2)$$

$$\text{资产}+\text{利润}=\text{负债}+\text{所有者权益}+(\text{收入}-\text{费用}) \quad (3)$$

$$资产+费用+利润=负债+所有者权益+收入 \tag{4}$$

$$资产-负债-所有者权益=0 \tag{5}$$

$$资产-负债=所有者权益 \tag{6}$$

上述公式称为会计等式,其中公式(1)称为会计恒等式。会计等式主要揭示三个方面的内容:① 会计主体内各会计要素之间的数字平衡关系。有一定数量的资产就必然有相应数量的负债和所有者权益与之对应;反之,有一定数量的负债和所有者权益就一定有相应数量的资产与之对应。② 各会计要素增减变化的相互关系。某一会计要素内部不同项目之间发生转化,一定是该会计要素中一个项目发生增加,而另一个项目发生减少,即该会计要素内部发生不同项目间的此增彼减,不影响会计恒等式。③ 等式有关因素之间是对立统一的关系。资产、负债和所有者权益分列于等式的两边,形成对立统一的关系。以上三个方面的内容贯穿借贷记账法的始终。其中,数量平衡关系要求:每一次记账的借方、贷方金额是平衡的;一定时期账户的借方、贷方的金额是平衡的;所有账户的借方、贷方金额是平衡的。增减变化相互关系要求:在一个账户中进行登记的同时必然要求另一个或多个账户的记录与之对应。对立统一关系要求:按相反方向记账。从一个账户来看是相反方向记账,借方记录增加额,贷方一定记录减少额;反之,借方记录减少额,贷方就一定记录增加额。从等式两边的不同账户来看,资产类账户登记增加额的方向必然与负债和所有者权益类账户登记增加额的方向相反。

会计等式对记账方法的要求决定了借贷记账法的账户结构、记账规则、试算平衡的基本理论,因此说会计等式是借贷记账法的理论基础。

(二)记账符号

借贷记账法以“借”“贷”为记账符号,反映资金运动的数量变化。最早的“借”“贷”二字分别表示债权、债务的增减变动。随着商品经济的发展,借贷记账法得到广泛的运用,记账对象不再局限于债权、债务关系,而是扩大到记录财产物资的增减变化和计算经营损益。“借”“贷”二字原来的经济含义已不能概括经济活动的全部内容,它们逐渐脱离了其自身的含义,转化为纯粹的记账符号。

(三)账户结构

借贷记账法账户的基本结构是:每个账户都分为“借方”和“贷方”,一般来说规定账户的左方为“借方”,账户的右方为“贷方”。在账户的借方记录经济业务,可以称为“借记某科目”;在账户的贷方记录经济业务,可以称为“贷记某科目”。

采用借贷记账法时,账户的借、贷两方必须做相反方向的记录。究竟哪个账户的哪一方用来登记增加额,哪一方用来登记减少额,要看账户反映的经济内容和账户的性质。不同性质的账户,其结构是不同的。

1. 资产类账户

资产类账户的结构是:账户的借方记录资产的增加额,贷方记录资产的减少额。在一个会计期间内,借方记录的合计数称为借方发生额,贷方记录的合计数称为贷方发生额,对每一会计期间的期末借贷方发生额进行比较，其差额称为期末余额。资产类账户的期末余额一般在借方，用公式表示如下：

资产类账户借方期末余额＝借方期初余额＋借方本期发生额－贷方本期发生额

可以用T形账户来表示资产类账户的结构，如图2-4所示。

资产类账户

借方		贷方	
期初余额	×××		
（1）增加额	×××	（1）减少额	×××
（2）增加额	×××	（2）减少额	×××
⋮		⋮	
本期发生额	×××	本期发生额	×××
期末余额	×××		

图2-4　资产类账户的结构

2. 负债及所有者权益类账户

由会计恒等式“资产＝负债＋所有者权益”所决定，负债及所有者权益类账户的结构与资产类账户正好相反，其贷方记录负债及所有者权益的增加额，借方记录负债及所有者权益的减少额，期末余额一般应在贷方。用公式表示如下：

负债及所有者权益类账户贷方期末余额＝贷方期初余额＋贷方本期发生额－借方本期发生额

可以用T形账户来表示负债及所有者权益类账户的结构，如图2-5所示。

负债及所有者权益类账户

借方		贷方	
		期初余额	×××
（1）减少额	×××	（1）增加额	×××
（2）减少额	×××	（2）增加额	×××
⋮		⋮	
本期发生额	×××	本期发生额	×××
		期末余额	×××

图2-5　负债及所有者权益类账户的结构

3. 费用类与收入类账户

企业在生产经营过程中有各种耗费，有费用发生，在费用抵消收入以前，可以将其看作一项资产。因此，费用类账户的结构与资产类账户的结构基本相同，借方记录费用的增加额，贷方记录费用转入抵消收入类账户（减少）的数额。由于借方记录的费用增加额一般要通过贷方转出，因此该类账户通常没有余额，如果因某种情况出现余额，则余额在借方。

可以用T形账户来表示费用类账户的结构，如图2-6所示。

借方　　　　费用类账户　　　　贷方

（1）增加额	×××	转出额	×××
（2）增加额	×××		
⋮			
本期发生额	×××	本期发生额	×××

图2-6　费用类账户的结构

收入类账户的结构与负债及所有者权益类账户的结构基本相同，收入的增加额记入账户的贷方，收入的转出（减少）额则记入账户的借方。由于贷方记录的收入增加额一般要通过借方转出，因此该类账户通常没有期末余额，如果因某种情况出现余额，则余额在贷方。

可以用T形账户来表示收入类账户的结构，如图2-7所示。

借方　　　　收入类账户　　　　贷方

转出额	×××	（1）增加额	×××
		（2）增加额	×××
		⋮	
本期发生额	×××	本期发生额	×××

图2-7　收入类账户的结构

综上所述可以看出，“借”“贷”二字作为记账符号所表示的经济含义是不一样的。“借”字表示资产的增加、费用的增加、负债及所有者权益的减少、收入的转出；“贷”字表示资产的减少、费用的转出、负债及所有者权益的增加、收入的增加。

“借”“贷”作为记账符号，指示着账户记录的方向是左方还是右方。一般来说，各类账户的期末余额与记录增加额的方向相同。因此，根据账户余额所在的方向来判定账户性质成为借贷记账法的一个重要特点。

可以用T形账户来表示全部账户结构，如图2-8所示。

借方　　　　账户名称（会计科目）　　　　贷方

资产增加 费用增加 负债及所有者权益减少 收入转出	资产减少 费用转出 负债及所有者权益增加 收入增加
期末余额：资产类账户余额	期末余额：负债及所有者权益类账户余额

图2-8　借贷记账法下的账户结构

（四）会计分录

对经营活动中的经济业务，要运用账户编制会计分录，进行正确处理并在账簿中进行登记。会计分录是按内容反映一项经济业务的账户，以货币为计量单位，借助记账符号，分别记录其增加或减少数量变化的一种方法。一个会计分录主要包括三个因素：账户及其所属明细账户、记账符号（或叫记账方向）、数量（金额）。

在会计工作中，只有按照相关的法律、法规和制度，熟悉经济业务，才能正确地编制会计分录。编制会计分录实际上是按照会计制度的规定处理经济业务。正确的会计分录是保证整个会计核算工作准确的基础。会计人员对经济业务进行处理时，要细致、正确地编制会计分录。

【例 2-1】从银行提取现金 3 500 元。

借：库存现金　　3 500

　　贷：银行存款　　3 500

【例 2-2】职工徐宏志出差，借现金 3 000 元。

借：其他应收款——徐宏志　　3 000

　　贷：库存现金　　3 000

（五）记账规则

记账规则是编制会计分录和登记账簿应遵守的要求。根据“借”“贷”记账符号的性质和经济业务数量变化的规律，借贷记账规则是“有借必有贷，借贷必相等”，即对发生的每项经济业务都要以相等的金额和借贷相反的方向记入两个或两个以上相互联系的账户，有借方必有贷方，借方与贷方的金额必须相等。

借贷记账法对每项经济业务的记录都按相等的金额同时记入一个科目的借方和一个科目的贷方，或一个科目的借方和几个科目的贷方，或几个科目的借方和一个科目的贷方。

根据资金运动数量变化的四种情况及其相应的借贷记账符号所反映数量变化的性质确定记账规则：资产（资金占用）科目的增加记入借方，减少记入贷方；负债和所有者权益（资金来源）科目的增加记入贷方，减少记入借方；有借必有贷，借贷必相等。

企业的经济业务是多种多样的，有资产业务、负债业务、所有者权益业务、收入业务和费用业务等，经济业务发生引起资金数量的变化也是多种多样的，如图 2 9 所示。

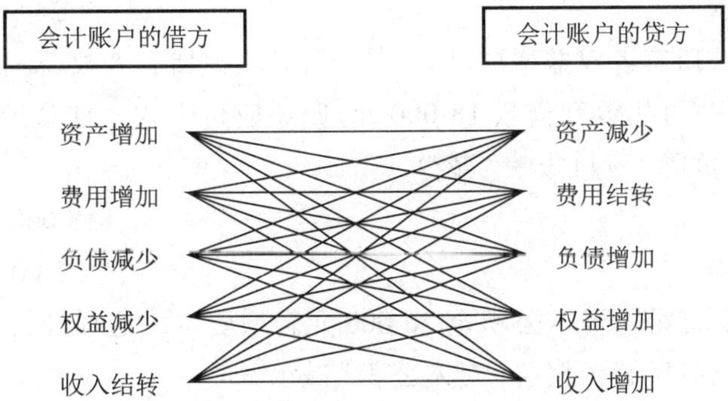

图 2-9　经济业务引起增减运动的情况

图 2-9 表明，各种经济业务的发生可以引起资金数量增加或减少的变化有 25 种之多。但从性质上分析，仍可归为四种类型：

（1）资产增加，同时负债或所有者权益相应增加。

【例 2-3】天安公司从银行借款 25 000 元。这项经济业务使资产“银行存款”增加，同时负债“短期借款”也增加。

借：银行存款　　25 000

　　贷：短期借款　　25 000

【例 2-4】外单位以投资形式向天安公司投入材料 100 000 元。这项经济业务使资产“原材料”增加，同时所有者权益“实收资本”也增加。

借：原材料　　100 000

　　贷：实收资本　　100 000

（2）资产减少，同时负债或所有者权益相应减少。

【例 2-5】天安公司用银行存款归还到期的银行借款 30 000 元。这项经济业务使资产“银行存款”减少，同时负债“短期借款”也减少。

借：短期借款　　30 000

　　贷：银行存款　　30 000

【例 2-6】天安公司用现金 240 元支付某职工困难补助。这项经济业务使资产“库存现金”减少，同时负债“应付职工薪酬”也减少。

借：应付职工薪酬　　240

　　贷：库存现金　　240

（3）一种资产增加，同时另一种资产减少。

【例 2-7】天安公司用银行存款 12 000 元购买材料。这项经济业务使资产“原材料”增加，同时资产“银行存款”减少。

借：原材料　　12 000

　　贷：银行存款　　12 000

【例 2-8】天安公司用银行存款 24 500 元购买生产设备一台。这项经济业务使资产“固定资产”增加，同时资产“银行存款”减少。

借：固定资产　　24 500

　　贷：银行存款　　24 500

（4）一种负债或所有者权益增加，同时另一种负债或所有者权益减少。

【例 2-9】天安公司从银行借款 18 000 元，归还应付账款。这项经济业务使负债“短期借款”增加，同时负债“应付账款”减少。

借：应付账款　　18 000

　　贷：短期借款　　18 000

【例 2-10】天安公司用资本公积金 26 000 元转增资本。这项经济业务使所有者权益“实收资本”增加，同时所有者权益“资本公积”减少。

借：资本公积　　26 000

　贷：实收资本　　26 000

上述四种基本情况所反映的经济业务如图 2-10 所示。

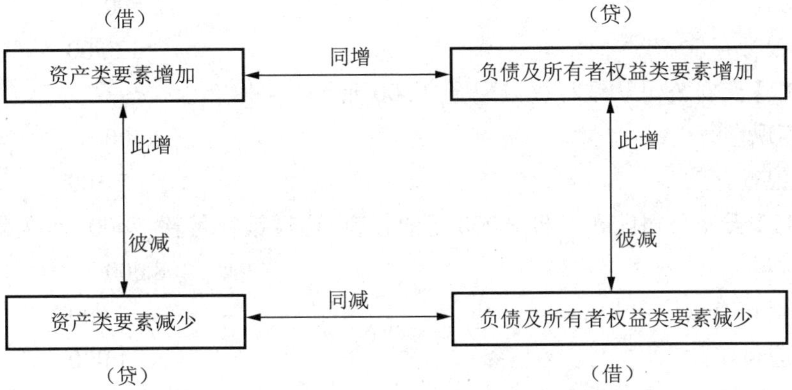

图 2-10　不同类型经济业务发生的账户记录示意图

同步讨论

大家上大学是要交出真金白银的，父母交的学费要记入银行存款的贷方，那么借方应该记入什么账户呢？

（六）试算平衡

试算平衡是根据各会计要素之间的平衡关系来检查各类账户的记录是否正确。

在资金运动中，数量变化的四种情况使得会计要素之间表现为一种基本平衡关系。按其内容，可以用会计等式（会计平衡公式）来反映。根据会计等式，对资金运动从不同方面进行观察，可以采用不同的具体形式进行试算平衡。

1. 对账户期初余额的试算平衡

对一定时期账户的期初余额进行试算平衡，可以依据期初余额平衡公式进行。期初余额平衡公式如下：

全部账户的借方期初余额合计数 = 全部账户的贷方期初余额合计数

通过试算，期初余额相等则是正确的。

2. 对发生额的试算平衡

对一定时期账户的发生额进行试算平衡，可以依据发生额平衡公式进行。其发生额平衡公式如下：

全部账户的本期借方发生额合计数 = 全部账户的本期贷方发生额合计数

对发生额的试算平衡包括：

(1) 检查每笔会计分录的借贷发生额是否平衡。每笔会计分录的借方发生额等于贷方发生额,会计分录才是正确的。

【例 2-11】天安公司用银行存款 12 500 元购买材料,经验收已入库。

借:原材料　　12 500
　贷:银行存款　　12 500

【例 2-12】天安公司从银行提取现金 2 500 元。

借:库存现金　　2 500
　贷:银行存款　　2 500

【例 2-13】天安公司购买一批 8 000 元的材料,通过银行付款 7 000 元,欠款 1 000 元。

借:原材料　　8 000
　贷:银行存款　　7 000
　　应付账款　　1 000

【例 2-14】天安公司用银行存款 6 800 元购买 5 700 元的材料和 1 100 元的办公用品。

借:原材料　　5 700
　管理费用　　1 100
　贷:银行存款　　6 800

(2) 检查一定时期账户的借贷发生额是否平衡。一定时期(每日、5 日、10 日,或周、旬、半个月、1 个月)的会计分录的汇总,所涉及的账户的发生额借方应等于贷方。例如,对上述 12 笔会计分录(例 2-3 ～例 2-14)进行汇总(表 2-4),检查本期发生额是否正确。

表 2-4　　会计科目汇总表

单位:元

账　户	本期发生额	
	借　方	贷　方
库存现金	2 500	240
银行存款	25 000	95 300
原材料	138 200	
固定资产	24 500	
短期借款	30 000	43 000
应付账款	18 000	1 000
应付职工薪酬	240	
实收资本		126 000
资本公积	26 000	
管理费用	1 100	
合　计	265 540	265 540

表 2-4 中,账户的借方发生额等于贷方发生额,表明对全部会计分录的汇总是正确的;

如果账户的借方发生额不等于贷方发生额，则表明汇总会计分录中有错误。

3. **对账户期末余额的试算平衡**

采用期末余额平衡公式检查账户的借贷期末余额是否平衡。其计算公式如下：

账户借方期初余额＋本期借方发生额－本期贷方发生额＝账户贷方期初余额＋本期贷方发生额－本期借方发生额

即

全部账户的借方期末余额合计数＝全部账户的贷方期末余额合计数

会计账户的借方余额等于贷方余额是正确的，反之，则是错误的。

检查账户的借贷余额是否平衡，可通过编制账户余额表进行（表 2-5）。

表 2-5 **账户余额表**

20×× 年 × 月 × 日 单位：元

账 户	期初余额		本期发生额		期末余额	
	借 方	贷 方	借 方	贷 方	借 方	贷 方
库存现金	300		2 500	240	2 560	
银行存款	80 000		25 000	95 300	9 700	
应收账款	2 800				2 800	
原材料	35 000		138 200		173 200	
库存商品	50 800				50 800	
固定资产	510 000		24 500		534 500	
管理费用	3 200		1 100		4 300	
短期借款		40 000	30 000	43 000		53 000
应付账款		25 000	18 000	1 000		8 000
应付职工薪酬		3 500	240			3 260
累计折旧		383 600				383 600
实收资本		180 000		126 000		306 000
资本公积		50 000	26 000			24 000
合 计	682 100	682 100	265 540	265 540	777 860	777 860

课后思考题

1. 简述会计科目与会计账户的关系。
2. 什么是借贷记账法，其记账规则如何？
3. 说明各类账户的结构及记账规则。
4. 为什么“有借必有贷，借贷必相等”？
5. 借贷记账法如何进行试算平衡？

业务练习题

1. 分析表2-6中各项目的性质，在对应的会计要素名称下写明应设置的会计科目名称。

表2-6

序　号	项目内容	资　产	负　债	所有者权益
1	房屋建筑物			
2	库存生产用钢材			
3	由出纳人员保管的现金			
4	存放在开户银行的存款			
5	应收黄山公司的货款			
6	库存完工产成品			
7	从银行借入的半年期的款项			
8	应付美源公司的货款			
9	应交未交的税金			
10	投资者投入的资本			
11	应支付给职工的工资			
12	企业拥有的专利权			
13	预先支付给供应单位的货款			

2. 天利公司2×16年2月各账户的有关资料如表2-7所示。

表2-7　　天利公司相关账户信息

单位：元

账户名称	期初余额		本期发生额		期末余额	
	借　方	贷　方	借　方	贷　方	借　方	贷　方
库存现金	475		2 180		480	
银行存款	1 345			4 230		
应收账款				9 200		
存　货	2 500		860		2 050	
固定资产			2 500		5 200	
短期借款			1 000			
应付账款		4 350	3 700			2 000
实收资本		10 000				10 000
合　计						

要求：根据上述资料，将正确的数字填入适当的空格内。

案例分析题

小甄从某财经大学会计系毕业后被聘任为启明公司的会计员,今天是他来公司上班的第一天。会计科里那些同事们忙得不可开交,一问才知道,大家正忙于月末结账。“我能做些什么?”会计科长看他急于投入工作,也想检验一下他的工作能力,就问:“试算平衡表的编制方法在学校学过了吧?”“学过。”小甄很自然地回答。

“那好吧,趁大家忙别的时候,你先编一下我们公司这个月的试算平衡表。”科长帮他找到了本公司所有的总账账簿,小甄开始投入了工作。不到一个小时,一张《总分类账户发生额及余额试算平衡表》就完整地编制出来了。看到表格上那相互平衡的三组数字,小甄激动的心情难以言表,兴冲冲地向科长交了差。

“呀,昨天车间领材料的单据还没记到账上去呢,这也是这个月的业务啊!”会计员小李说到。还没等小甄缓过神来,会计员小张手里又拿着一些会计凭证凑了过来,对科长说:“这笔账我核对过了,应当记入‘原材料’和‘生产成本’的是10 000元,而不是9 000元。已经入账的那部分数字还得改一下。”

思考:试算平衡表不是已经平衡了吗?怎么还有错账呢?

第三章

会计凭证与会计账簿

学习目标

1. 掌握会计凭证的概念、记账凭证的编制、会计凭证的审核。
2. 了解会计凭证的分类和作用，原始凭证、记账凭证的基本要素。
3. 掌握会计账簿的分类、设置及登记方法。
4. 理解总分类账和明细分类账之间的关系。

导入案例

出售"虚假发票"广告充斥国人生活

在我国很多城市都可以看到各种各样售卖假发票的广告，一些发票制假者还通过电子邮件或手机短信来推销他们的业务。在某些电子商务网站上，假发票售卖者甚至还承诺提供特别折扣以及当日送达的服务。图 3-1 为电子邮件中经常收到的虚假发票推销广告。

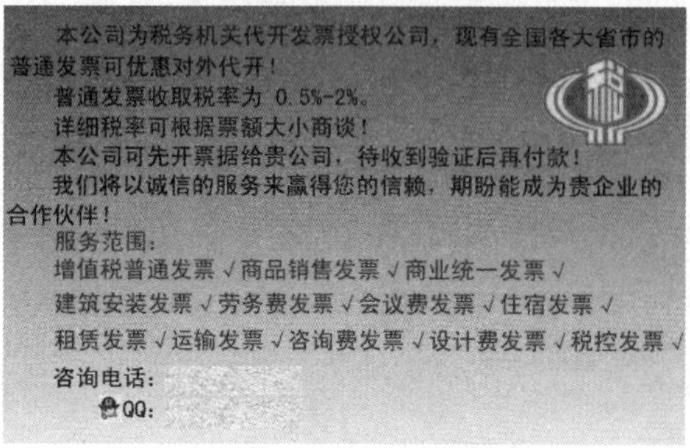

图 3-1　制售虚假发票小广告

案例思考

1. 发票在我国经济社会中起着什么作用？
2. 为什么制售虚假发票的行为如此猖獗？
3. 发票在会计账务处理中扮演什么角色？

第一节 会计凭证

一、会计凭证概述

会计凭证是在会计工作中记录经济业务、明确经济责任的书面证明，是用来登记账簿的依据。上述定义实际上是从以下两个角度进行概括的：其一，从发生经济活动、产生相应经济信息的角度而言，会计主体进行任何一项经济业务都必须办理凭证手续。由执行或完成该项经济业务的有关人员填制或取得会计凭证，详细说明该项经济业务的内容、发生的时间，并在相应会计凭证上签名或盖章，明确经济责任。其二，对需要进行记账的一方来说，取得会计凭证后，要由有关人员进行审核，经审核无误并由审核人员签章后，才可作为记账的依据，编制记账凭证，进行账簿登记，因此填制和审核凭证是会计核算的专门方法之一。

会计凭证的填制和审核对于整个社会的经济发展以及一个具体单位的发展都发挥着重要的作用。它不仅可以如实反映经济业务的内容，有效监督经济业务的合理性和合法性，还可以保证会计资料的真实性、可靠性、合理性，这对于发挥会计在经济管理中的作用具有重要意义。填制和审核会计凭证作为会计核算的一项重要内容，在经济管理中具有以下重要作用：

（1）提供经济信息和会计信息。会计凭证中记载的经济业务可以为有关各方提供经济信息，同时会计人员可以根据会计凭证，对日常大量、分散的各种经济业务进行整理、分类、汇总并进行会计处理，为经济管理提供有用的会计信息。

（2）监督、控制经济活动。通过对会计凭证的审核，可以检查经济业务的发生是否符合有关的法律、制度，是否符合业务经营和财务收支的方针、计划以及预算的规定，以确保经济业务的合理性、合法性和有效性。通过会计核算过程监督经济业务的发生，控制经济业务按照预定的目标进行，是发挥会计管理职能的重要内容。

（3）提供记账依据。会计凭证是记账的依据，通过会计凭证的填制和审核，按一定方法对会计凭证进行整理、分类、汇总，为会计记账提供真实、可靠的依据，并通过会计凭证的及时传递，对经济业务适时地进行记录。

（4）加强内部控制，完善经济责任。经济业务发生后，要取得或填制适当的会计凭证，证明经济业务已经发生或完成，同时要由有关经办人员在凭证上签字、盖章，明确业务责任人。通过会计凭证的填制和审核，使有关责任人员在其职责范围内各司其职、各负其责、相互牵制，加强内部控制。因此，建立会计凭证的填制和审核制度是完善内部控制制度的重要方面，同时借助凭证填制和审核的手续制度还可以进一步完善经济责任制。

二、会计凭证的种类

会计凭证按照填制程序和用途进行分类，可分为原始凭证和记账凭证两大类。

（一）原始凭证

原始凭证是指在经济业务发生时取得或填制的、用以记录经济业务发生或完成情况的、具有法律效力的书面证明。原始凭证是进行会计核算的初始资料和依据，因此原始凭证必须能够证明经济业务已经发生或完成。原始凭证可以按不同的标准进一步进行分类。

1. 按来源不同分为外来原始凭证和自制原始凭证

外来原始凭证是指经济业务发生时，从其他单位或个人取得的原始凭证，如购买材料从外单位取得的发票，银行转来的收款通知单、付款通知单等。发票的一般格式如图 3-2 所示。

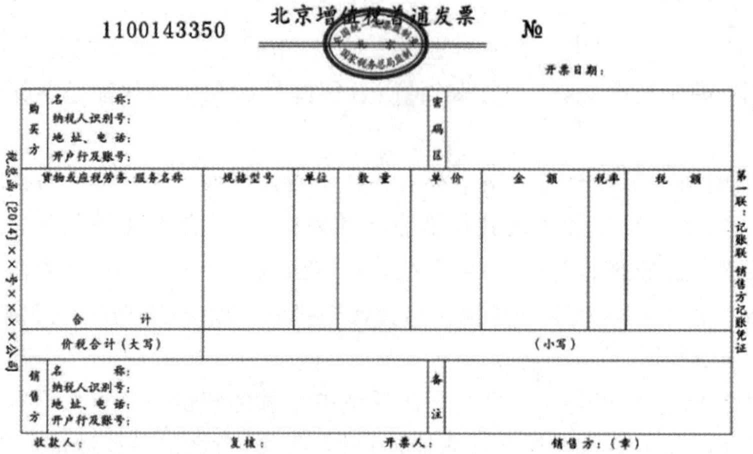
1100143350 北京增值税普通发票 №

开票日期：

购买方	名称： 纳税人识别号： 地址、电话： 开户行及账号：				密码区			
货物或应税劳务、服务名称	规格型号	单位	数量	单价	金额	税率	税额	
合计								
价税合计（大写）	（小写）							
销售方	名称： 纳税人识别号： 地址、电话： 开户行及账号：				备注			

收款人： 复核： 开票人： 销售方：（章）

税总函〔2014〕××号××××公司

第一联：记账联 销售方记账凭证

图 3-2 普通发票（通用机打发票）示意图

自制原始凭证是指本单位内部经办业务的部门和人员在办理经济业务时自行填制的原始凭证，如销售商品时开出的发票、材料验收入库时的入库单、材料领用出库时的领料单等。入库单的一般格式如图 3-3 所示。

2. 按填制次数分为一次凭证和累计凭证

一次凭证是指在经济业务发生时一次填制完成的、用以记录一项或若干项同类经济业务的原始凭证，如发票。累计凭证是指在一定时期内连续多次记载若干项不断重复发生的同类经济业务的原始凭证。累计凭证直到期末方能填制完成，并以其累计数作为记账的依据，如工业企业发出材料时填制的限额领料单。限额领料单的一般格式如图 3-4 所示。

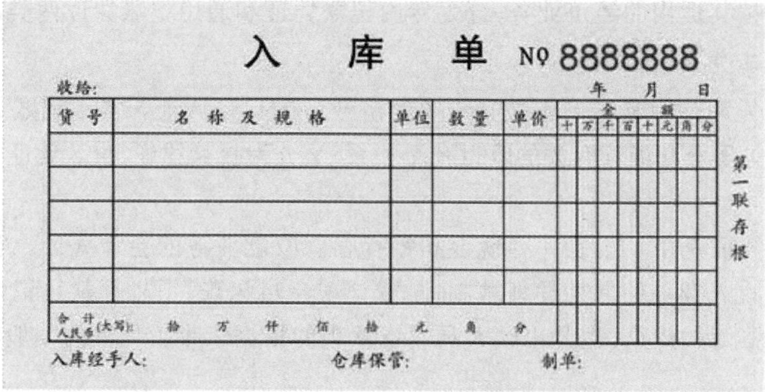
入　库　单 №8888888

收给：　　　　　　　　年　月　日

货号	名称及规格	单位	数量	单价	金额							
					十	万	千	百	十	元	角	分
合计人民币(大写)： 拾 万 仟 佰 拾 元 角 分												

入库经手人：　　　　仓库保管：　　　　制单：

第一联存根

图 3-3　入库单示意图

限　额　领　料　单

领料单位：　　　　　　　年　月　日　　　　　　　编号：

用　途：　　　　　　　　　　　　　　单位消耗定额：

计划产量：　　　　　　　　　　　　　材料单价：

材料名称及规格		单　位	本月领用限额		本月实领	
					数　量	金　额
领料日期	请领数	实发数	结余数	领料人	车间负责人	发料人
合　计	×					

生产计划部门负责人：　　　　　供应部门负责人：　　　　　材料核算员：

图 3-4　限额领料单示意图

3. 按记录经济业务数量的多少分为单项原始凭证和汇总原始凭证

单项原始凭证是指只记录一项经济业务的原始凭证，如发票、借款单等。汇总原始凭证是指根据若干张反映一定期间同类经济业务的原始凭证汇总编制的原始凭证，如收料汇总表、发料汇总表、工资结算汇总表等。

4. 按适用范围不同分为通用原始凭证和单位内部使用原始凭证

通用原始凭证是指在全国或某一地区统一格式、统一印制、统一使用的原始凭证，如增值税专用发票。单位内部使用原始凭证是指根据单位自身经济业务特点自行设计印制且仅限于本单位使用的原始凭证，如收料单、领料单、差旅报销单、借款单等。

（二）记账凭证

记账凭证是指会计人员根据审核无误后的原始凭证或原始凭证汇总表填制的、据以登记会计账簿的会计凭证。在实际工作中，编制会计分录是通过填制记账凭证实现的。

记账凭证按其适用的经济业务，分为专用记账凭证和通用记账凭证两类。

1. 专用记账凭证

专用记账凭证是用来专门记录某一类经济业务的记账凭证。专用记账凭证按其所记录的经济业务与现金和银行存款的收付有无关系，又分为收款凭证、付款凭证和转账凭证三种。

（1）收款凭证是用于记录库存现金和银行存款收款业务的会计凭证。它根据有关现金和银行存款收入业务的原始凭证填制，是登记现金日记账、银行存款日记账以及有关明细账和总账等账簿的依据，也是出纳人员收讫款项的依据。收款凭证的一般格式如图 3-5 所示。

收　款　凭　证

借方科目：　　　　年　月　日　　　　字第　　号

摘要	贷方总账科目	明细科目	√	金额										
				亿	千	百	十	万	千	百	十	元	角	分
合计														

附单据　　张

财务主管　　记账　　出纳　　审核　　制单

图 3-5　收款凭证示意图

（2）付款凭证是用于记录库存现金和银行存款付款业务的会计凭证。它根据有关现金和银行存款支付业务的原始凭证填制，是登记现金日记账、银行存款日记账以及有关明细账和总账等账簿的依据，也是出纳人员付讫款项的依据。付款凭证的一般格式如图 3-6 所示。

付　款　凭　证

贷方科目：　　　　年　月　日　　　　字第　　号

摘要	借方总账科目	明细科目	√	金额										
				亿	千	百	十	万	千	百	十	元	角	分
合计														

附单据　　张

财务主管　　记账　　出纳　　审核　　制单

图 3-6　付款凭证示意图

（3）转账凭证是用于记录不涉及库存现金和银行存款业务的会计凭证。它根据有关转账业务的原始凭证填制，是登记总分类账及有关明细分类账的依据。转账凭证的一般格式如图 3-7 所示。

转 账 凭 证

年 月 日 转字第 号

摘要	会计科目	明细科目	√	借方金额										√	贷方金额								
				千	百	十	万	千	百	十	元	角	分		千	百	十	万	千	百	十	元	角	分
合计																								

附单据 张

财务主管 记账 出纳 审核 制单

图 3-7 转账凭证示意图

2. 通用记账凭证

通用记账凭证是用来记录各种经济业务的记账凭证。在经济业务比较简单的经济单位，为了简化凭证可以使用通用记账凭证，记录所发生的各种经济业务。通用记账凭证的一般格式如图 3-8 所示。

记 账 凭 证

年 月 日 字第 号

摘要	会计科目	明细科目	√	借方金额										√	贷方金额								
				千	百	十	万	千	百	十	元	角	分		千	百	十	万	千	百	十	元	角	分
合计																								

附单据 张

财务主管 记账 出纳 审核 制单

图 3-8 通用记账凭证示意图

三、会计凭证的填制

（一）原始凭证的填制

1. 原始凭证的构成要素

原始凭证是用来记录经济业务发生或完成情况的，而经济业务又是多种多样的，因而需要分别填制或取得内容各不相同的原始凭证。由于不论什么原始凭证都要遵循如实反映经济业务发生的原貌（发生的时间、内容、数量、金额等方面）、明确经办人员责任等原则，所以在原始凭证的格式上又有其共同的构成要素。原始凭证的构成要素主要有：① 凭证的名称；② 填制凭证的日期；③ 填制凭证单位的名称或者填制人姓名；④ 经办人员的签名或者盖章；⑤ 接受凭证单位的名称；⑥ 经济业务的内容；⑦ 数量、单位和金额。

2. 原始凭证的填制要求

（1）填制必须及时。原始凭证应在经济业务发生时及时填制，不得拖延。

（2）内容必须真实可靠。对经济业务发生情况应如实地进行记录，不得弄虚作假。

（3）记录必须完整清晰。原始凭证中有关项目必须逐项填写齐全，不得遗漏；各项目要填写清晰，特别是文字说明应字迹工整、简单明了。另外，原始凭证需用蓝色或黑色墨水填写。需填制多联原始凭证时，可用蓝、黑色圆珠笔复写，但各联字迹必须清晰，易于辨认。原始凭证不得涂改、挖补。《中华人民共和国会计法》第十四条规定："原始凭证记载的各项内容均不得涂改；原始凭证有错误的，应当由出具单位重开或者更正，更正处应当加盖出具单位印章。原始凭证有金额错误的，应当由出具单位重开，不得在原始凭证上更正。"

（4）数字必须准确无误。数字书写应规范；所有以元为单位的阿拉伯数字，除表示单价情况外，一律填写到角分；无角分的，角位和分位可写"00"，或者符号"—"；有角无分的，分位应当写"0"，不得用符号"—"代替；金额大写数字应规范，即壹、贰、叁、肆、伍、陆、柒、捌、玖、拾、佰、仟、万、亿、元（或圆）、角、分、零、整等，一律用正楷或者行书体书写；数字计算应正确，大小写金额应相符。

（5）从外单位取得的原始凭证，必须盖有填制单位的公章；从个人取得的原始凭证，必须有填制人的签名或者盖章。自制原始凭证必须由经办单位领导人或者其指定的人员签名或者盖章。对外开出的原始凭证，必须加盖本单位的公章。

（6）凡填有大写和小写金额的原始凭证，大写与小写金额必须相符。购买实物的原始凭证，必须有验收证明；支付款项的原始凭证，必须有收款单位和收款人的收款证明。

（7）一式多联的原始凭证应当注明各联的用途，只能以一联作为报销凭证。一式多联的发票和收据必须用双面复写纸（发票和收据本身具备复写纸功能的除外）套写，并连续编号。作废时应当加盖"作废"戳记，连同存根一起保存，不得撕毁。

（8）发生销货退回的，除填制退货发票外，还必须有退货验收证明。退款时，必须取得对方的收款收据或者汇款银行的凭证，不得以退货发票代替收据。

（9）职工因公出差借款凭据必须附在记账凭证之后。收回借款时，应当另开收据或者退还借据副本，不得退还原借款凭据。

（10）经上级有关部门批准的经济业务，应当将批准文件作为原始凭证的附件。批准文件需要单独归档的，应当在凭证上注明批准机关名称、批准日期和文件字号。

3. 原始凭证的填制方法

企业、事业等单位的经济业务发生后，要由经办单位和人员根据所取得的资料填制自制原始凭证。填制自制原始凭证有三种方法：

（1）在经济业务发生之前填制。经办人员根据有关政策、制度、法律，或定额、计划的规定，或主管人员的要求，填写具有指示、通知、命令、要求性质的凭证，如车间或班组材料核算人员根据材料消耗定额和生产计划填写领料单，向仓库提出某种材料的请领数量。

（2）在经济业务发生当时填制。经办人员根据经济业务实际执行和完成情况填写凭证，如借款人员交回现金时填制现金收据，仓库保管人员根据材料验收情况填写实收数量的收料单等。

（3）在经济业务发生之后填制。有关人员根据凭证和账簿的有关记录整理并填制凭证，如原材料发出汇总表、工资结算汇总表、工资及福利费分配表以及产品成本计算单等。

经办人员在填制原始凭证时，要对经济业务的内容进行审核，经审核无误之后才能根据经济业务的性质，按照填制原始凭证的要求填制相应的凭证，并与经济业务的实际情况进行核对，检查确认有关业务手续是否健全，凭证填制才算完成。

（二）记账凭证的填制

1. 记账凭证的基本要素

记账凭证种类甚多、格式不一，但其主要作用都在于对原始凭证进行分类、整理，并按照复式记账的要求，运用会计科目编制会计分录，据以登记账簿。因此，记账凭证必须具备以下基本内容：① 记账凭证的名称；② 填制记账凭证的日期；③ 记账凭证的编号；④ 经济业务事项的内容摘要；⑤ 经济业务事项所涉及的会计科目及其记账方向；⑥ 经济业务事项的金额；⑦ 记账标记；⑧ 所附原始凭证张数；⑨ 会计主管、记账、审核、出纳、制单等有关人员的签章。

2. 记账凭证的填制要求

（1）审核无误，即在对原始凭证审核无误的基础上填制记账凭证。这是内部牵制制度的一个重要环节。

（2）内容完整，即记账凭证应该包括的内容都要具备。应该注意的是：以自制的原始凭证或者原始凭证汇总表代替记账凭证使用的，也必须具备记账凭证所应有的内容；记账凭证的日期一般为编制记账凭证当天的日期。按权责发生制原则计算收益、分配费用、结转成本利润等调整分录和结账分录的记账凭证，虽然需要到下个月才能编制，但仍应填写当月月末的日期，以便在当月的账内进行登记。

（3）分类正确，即根据经济业务的内容，正确区别不同类型的原始凭证，正确应用会计科目。在此基础上，记账凭证可以根据每一张原始凭证填制或者若干张同类原始凭证汇总编制，也可以根据原始凭证汇总表填制，但不得将不同内容和类别的原始凭证汇总填制在一张记账凭证上。

（4）连续编号，即记账凭证应当连续编号。这有利于分清会计事项处理的先后顺序，便于记账凭证与会计账簿之间的核对，确保记账凭证的完整。

四、会计凭证的审核

（一）原始凭证的审核

1. 审核原始凭证的内容

会计机构、会计人员应当对原始凭证进行审核和监督。会计人员要重视对原始凭证的审核，只有审核无误的原始凭证才能作为会计核算的基础，才能据以编制记账凭证和登记会计账簿，才能保证会计核算的准确性。

会计人员对外来的和自制的原始凭证都要进行审核。审核的内容包括：

（1）审核原始凭证的真实性。审核凭证的基本要素：凭证的名称；填制凭证的日期；填制凭证单位的名称或者填制人姓名；经办人员的签名或者盖章；接受凭证单位的名称；经营业务内容；数量、单位和金额。凡有以下情况之一者不能作为正确的原始凭证：① 未写接受单位或名称不符；② 数量和金额计算不正确；③ 有关责任人员没有签字或盖章；④ 凭证联次不符；⑤ 有污染、抹擦、刀刮和挖补等情况。

（2）审核原始凭证的合规性。审核经济业务的发生是否符合有关政策、制度和法律。有的凭证内容填写齐全、手续完备，但实际上存在违反财经法纪的现象。凡有下列情况的不能作为合法的会计凭证：① 多计或少计收入、支出、费用、成本；② 擅自扩大开支范围，提高开支标准；③ 不按国家规定的资金渠道和用途使用资金，或挪用资金进行计划外基本建设；④ 巧立名目，虚报冒领，违反规定出借公款公物；⑤ 套取现金，签发空头支票；⑥ 不按国家规定的标准、比例提取费用；⑦ 私分公共财物和资金；⑧ 擅自动用公款、公物请客送礼；⑨ 不经上级批准，购买、自制属于国家控制购买的商品。

（3）审核原始凭证的合理性。根据有关政策、制度和法律，从经营和管理的具体情况出发，按照厉行节约、反对浪费、提高经济效益的原则，审核经济业务是否合理。

2. 审核后的处理原则

会计人员要认真对原始凭证进行审核，严格从凭证的真实性、合规性和合理性等方面“把关”。会计人员要坚持原则，对审核后的凭证进行正确的处理：

（1）对于经审核符合要求的原始凭证，应按规定及时办理会计手续，据以编制记账凭证并作为记账凭证的附件保存，以备核对使用。

（2）对不真实、不合法的原始凭证不予受理。对弄虚作假、严重违法的原始凭证在不予受理的同时，应当予以扣留并及时向单位领导报告，请求查明原因，追究当事人的责任。

（3）对记载不准确、不完整的原始凭证予以退回，要求经办人员更正、补充。

同步讨论

王先生出差回来到财务部报销费用，发现飞机票丢失。王先生提出自己写个证明，但是财务人员不给办理，双方发生争吵。这段时间飞机票打折比较多，机票原价 1 500 元，折扣一般为 6～9 折，财务人员因此要求必须有航空公司的证明才能报销。

思考：你认为这件事情应该如何处理？

（二）记账凭证的审核

1. 记账凭证审核的内容

所有填制好的记账凭证都必须经过其他会计人员的认真审核。在审核记账凭证的过程中，如发现记账凭证填制有误，应当按照规定的方法及时加以更正，只有经过审核无误后的记账凭证才能作为登记账簿的依据。记账凭证的审核主要包括以下内容：

（1）审核是否按已审核无误的原始凭证填制记账凭证。记录的内容与所附原始凭证是否一致，金额是否相等；所附原始凭证的张数是否与记账凭证所列附件张数相符。

（2）审核记账凭证所列会计科目（包括一级科目、明细科目）以及应借、应贷方向和金额是否正确；借贷双方的金额是否平衡；明细科目金额之和与相应的总账科目的金额是否相等。

（3）审核记账凭证摘要是否填写清楚，日期、凭证编号、附件张数以及有关人员签章等各个项目填写是否齐全。若发现记账凭证的填制有差错或者填列不完整、签章不齐全，应查明原因，责令更正、补充或重填。

2. 记账凭证审核的注意事项

为了正确登记账簿和监督经济业务，除了编制记账凭证的人员应当认真负责、正确填制、加强自审以外，同时还应建立专人审核制度。如前所述，记账凭证是根据审核后的合法原始凭证填制的，因此记账凭证的审核除了要对原始凭证进行复审外，还应注意以下几点：

（1）合规性审核。审核记账凭证是否附有原始凭证，原始凭证是否齐全，内容是否合法，记账凭证所记录的经济业务与所附原始凭证所反映的经济业务是否相符。

（2）技术性审核。审核记账凭证的应借、应贷科目是否正确，账户对应关系是否清晰，所使用的会计科目及其核算内容是否符合会计制度的规定，金额计算是否准确，摘要是否填写清楚，项目填写是否齐全（如日期、凭证编号、一级和明细会计科目、附件张数以及有关人员签章）等。

第二节 会计账簿

一、会计账簿概述

（一）会计账簿的概念和意义

会计账簿是由具有一定格式的账页组成的，以审核无误的会计凭证为依据，用以全面、连续、系统地记载各种经济业务的簿册。设置和登记会计账簿是会计核算的方法之一。在每项经济业务发生以后，首先要取得或填制会计凭证，然后在有关账户中进行登记。凭证、账簿、报表之间的关系如图 3-9 所示。

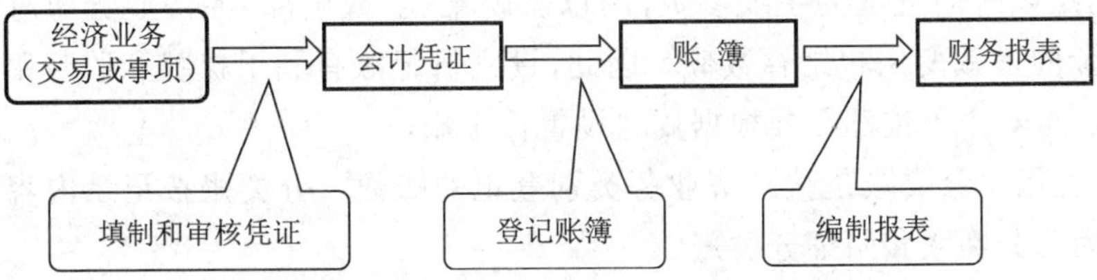

图 3-9 凭证、账簿、报表之间的关系

会计账簿对于全面反映企业经济活动、加强经济核算、提高企业经济效益具有极为重要的作用，主要表现在以下几个方面：

（1）提供系统、全面的会计信息。通过对总分类账、明细分类账、日记账和明细账户的登记，能系统、全面地提供关于资金、成本、利润及其他分类经济业务的会计信息。

（2）加强岗位责任。通过会计账簿的设置和登记，可以明确有关部门、单位或个人的经济责任。

（3）保护企业财产的安全与完善。

（4）为编制会计报表提供依据。会计报表的编制一般以账簿记录为依据。

拓展阅读

“账”的由来

“账”字本身与会计核算无关。在商代，人们把账簿叫作“册”；从西周开始又把它更名为“籍”或“籍书”；战国时代有了“簿书”这个称呼；西汉时，人们把登记会计事项的账册称为“簿”。据现有史料考察，“账”字引申到会计方面起源于南北朝。

南北朝时，皇帝和高官显贵都习惯到外地巡游。每次出游前，沿路派人设置帏帐，帐内备有各种生活必需品及装饰品，奢侈豪华，供其享用，此种帏帐称为“供帐”。供帐内所用之物价值均相当昂贵，薪费数额巨大，为了维护这些财产的安全，指派专门官吏掌管并实行专门核算。在核算过程中，逐渐把登记这部分财产及供应之费的簿书称为“簿帐”或“帐”，把登记供帐内的经济事项称为“记帐”。以后“簿帐”或“帐”之称又逐渐扩展到整个会计核算领域，后来的财计官员便把登记日用款目的簿书通称为“簿帐”或“帐”，又写作“账簿”或“账”。从此，“帐”“账”就取代了一切传统的名称，现在又统一为“账”。

（二）会计账簿的种类

不同的经济业务由于资金运动的特点不同，登记时所采用的账页格式也有所不同，因此在实际工作中会计账簿有很多种。为了正确地设置和登记会计账簿，需要对会计账簿进行分类。

1. 会计账簿按用途分类

（1）日记账。日记账亦称序时账，是按经济业务发生时间的先后顺序逐日逐笔登记的账簿。日记账以时间变量为主要参数，用以反映某类（或全部）经济业务随时间变化的情况，记录资金的增减变化和结存数额。因此，设立日记账有利于核算和监督单位不同时间的资金情况，每一个单位都需要根据规定设置日记账。

（2）分类账。分类账是按经济业务类别登记的账簿。分类账按记录内容的详细程度不同，又分为总分类账和明细分类账。

总分类账简称总账，是根据一级会计科目设置账户，通过登记全部经济业务，以全面、系统、总括地反映企业全部资金增减变化和结存情况的分类账。

明细分类账是根据明细会计科目设置账户，用以反映某类资金增减变化和结存情况的分类账。

（3）备查账。备查账亦称辅助账簿或备查登记簿，是对日记账和分类账中未记录的事项进行补充登记的一种账簿。它可以对某些经济业务的内容提供必要的参考资料。备查账的设置应根据实际需要而定，并非一定要设，而且没有固定格式。备查账一般有租入固定资产登记簿、商业汇票登记簿等。

2. 会计账簿按外表形式分类

（1）订本账。订本账是将一定数量的账页在使用前就排好页次并装订在一起的账簿。账簿账页固定，可以防止账页散失或任意抽换，保证账簿的完整性。订本账常用于设置总分类账、现金日记账和银行存款日记账。

（2）活页账。活页账是将一定数量的账页按一定顺序装在账夹内，可根据需要随时加入和取出部分账页的账簿。这种账簿根据经济业务的发展变化，可加入、取出或移动部分账页，使用灵活；便于分类计算和汇总，有利于核算；多余的空白账页可以取出，防止浪费。但这种账簿账页分散，容易丢失或抽换，在使用时应有账户记录和编号，会计年度结束后应装订成册，妥善保管。活页账常用于明细分类账和明细账。

（3）卡片账。卡片账是将一定数量的卡片式的账页按一定顺序码放在卡片箱内，可根据需要随时加入和抽取的账簿。这种账簿的优缺点与活页账相同，适用于设置固定资产、低值易耗品等使用时间长但日常记录少的财产的明细账。

二、会计账簿的设置与登记

（一）会计账簿的基本内容

会计账簿在实际工作中是多种多样的，但其基本内容相同，主要包括三部分：

（1）封面。用于填写账簿名称、记账单位名称。

（2）扉页。记载账簿使用起讫日期、页数、册次以及经管人员一览表和交接记录等。

（3）账页。基本内容包括账户名称、日期栏、凭证种类及号数栏、摘要栏、金额栏、页次。

（二）会计账簿的设置

1. 日记账的设置

日记账按所登记内容的不同可分为普通日记账和特种日记账两类，特种日记账按所记录内容的不同又可分为现金日记账、银行存款日记账、销售日记账、转账日记账等多种。

普通日记账是按全部经济业务发生时间的先后顺序逐日逐笔进行登记的日记账。由于其所记录的内容主要是经济业务的会计分录，故又称会计分录登记簿，简称会计分录簿。由于普通日记账同我国现行会计制度规定必须编制的记账凭证在内容上有所重复，因此不少企业不再单独设置普通日记账，以减少手工记账的工作量。

企业必须设置现金日记账和银行存款日记账，现金日记账和银行存款日记账必须采用订本式账簿，不得用银行对账单或者其他形式代替。

三栏式现金日记账和银行存款日记账登记举例分别如表 3-1 和表 3-2 所示。

表 3-1　　现金日记账

××年		凭证		摘要	对应科目	借方	贷方	借或贷	余额
月	日	字	号						
2	1			承前页				借	6 000
	1	付	1	取现金	银行存款	1 000		借	7 000
	2	付	4	刘明借差旅费	其他应收款		500	借	6 500

表 3-2　　银行存款日记账

××年		凭证		摘要	对应科目	借方	贷方	借或贷	余额
月	日	字	号						
2	1			承前页				借	400 000
	1	付	1	取现金	库存现金		10 000	借	390 000
	2	付	2	归还银行借款	短期借款		200 000	借	190 000

2. 总分类账的设置

总分类账是根据总分类会计科目设置总分类账户所建立的分类账。总分类账是企业、事业等单位的一种重要账簿，它既能提供总括经济指标，为编制会计报表提供依据，又能统驭日记账、明细分类账和明细账，以保证会计账簿记录的正确性。

总分类账一般采用订本式账簿。总分类账的账页格式一般采用三栏式，也可采用多栏式或棋盘式。三栏式总分类账的账页格式是在金额栏分设借方、贷方和余额三栏，分别记录经济业务所引起资金数量的增减变化和结存情况。

3. 明细分类账的设置

明细分类账是根据明细分类会计科目开设账户而建立的账簿。明细分类账是对总分类账的一种明细分类补充，表明总分类账的构成要素。企业设置明细分类账时既要依据会计制度的有关规定，又要考虑企业进行会计核算和管理的需要。

明细分类账多采用活页式账簿，以便预留账页和账页不足时能够添加。明细分类账的账页格式一般采用金额三栏式、数量金额式和金额多栏式三种。

（1）金额三栏式明细分类账的登记方法。金额三栏式明细分类账在账页中设借方、贷方和余额三个金额栏。这种格式适用于只需要进行金额核算，不需要提供数量变化的账户，如应收账款、应付账款、其他应收款、其他应付款、预收账款、预付账款等的明细分类核算。

金额三栏式明细分类账的登记方法是：根据有关记账凭证逐笔进行借方、贷方金额登记，然后结出余额。如为借方余额，在“借或贷”栏目中填写“借”字；如为贷方余额，则填写“贷”字。金额三栏式明细分类账的账页格式和登记如表 3-3 所示。

表 3-3　**应收账款明细账**

会计科目：应收账款　　　　明细科目：××公司

××年		凭证		摘要	借方	贷方	借或贷	余额
月	日	字	号					
				月初余额			借	4 000
2	5	转	4	销售商品未收款	1 500		借	5 500
	7	收	8	收回货款		2 500	借	3 000

（2）数量金额式明细分类账的登记方法。数量金额式明细分类账是在账页的收入、付出和结存三栏中分设数量和金额栏的明细账。它以实物和货币两种计量单位同时核算经济业务所引起的实物数量的变化和价值的变化，适用于具有实物形态的资产如“原材料”“库存商品”等存货账户的明细核算。

登记数量金额式明细分类账时，要根据记账凭证或其所附原始凭证逐笔进行，同时记录其增加(或减少)的数量、单价和金额；结存栏记录存货的结存数量、单价及金额。例如，根据材料的收料单可以登记原材料明细账的“收入”栏，根据发料单可以登记“发出”栏，然后计算出“结余”栏的数量、单价和金额。数量金额式明细分类账的账页格式和登记如表 3-4 所示。

表 3-4　**原材料明细账**

材料种类：铝板　　　　数量单位：千克

材料名称：W 型号　　　　金额单位：元

××年		凭证		摘要	收入			发出			结余		
月	日	字	号		数量	单价	金额	数量	单价	金额	数量	单价	金额
2	1			承前页							1 000	2. 40	2 400
	2	付	3	购入	2 000	2. 40	4 800				3 000	2. 40	7 200
	5	转	5	生产领用				500	2. 40	1 200	2 500	2. 40	6 000

（3）金额多栏式明细分类账的登记方法。金额多栏式明细分类账是在账页中设置三

个以上金额栏的明细账簿。金额多栏式明细分类账金额栏次的多少由明细账的内容来决定。设置多个金额栏便于在同一账页中反映明细分类账户(或总分类账户)所属全部明细项目的变化情况,便于与明细分类账户(或总分类账户)之间核对,适用于设置收入、费用、成本等明细账,如“主营业务收入”“制造费用”“管理费用”等明细账一般采用多栏式账页。

金额多栏式明细分类账根据明细账户之间相互联系方式的不同,其账页格式又分为两种:一种是明细账户之间相互并列,以反映发生额为主的多栏式明细账,该类多栏式明细账适用于费用、成本类账户;另一种是在三栏式账页的基础上,借方和贷方分设多个金额栏而形成的带余额的多栏式明细账。金额多栏式明细分类账的账页格式及其登记如表3-5所示。

表 3-5　　制造费用明细账

××年		凭证		摘要	职工薪酬	折旧费	报刊费	办公费	水电费	劳动保护费	低值易耗品摊销	合计
月	日	字	号									
4	25			承前页			1 500	3 200		500		5 200
	25	转	11	支付报刊费			3 000					3 000
	26	转	12	领用劳保用品						500		500
	27	转	13	车间管理人员工资	15 000							15 000
	30	付	24	付水电费					4 000			4 000
	30	转	14	计提折旧		25 000						25 000
	30	转	15	低值易耗品摊销							2 400	2 400
	30	付	40	车间办公费				50				50
				本月合计	15 000	25 000	4 500	3 250	4 000	1 000	2 400	55 150

(三)账簿的平行登记

1. 总分类账和明细分类账的关系

总分类账是根据总分类账户设置的账簿,明细分类账是根据总账所属明细分类账户设置的账簿。总分类账与明细分类账、日记账的关系如下:

(1)反映的经济内容相同,核算的详细程度不同。总分类账提供某类经济业务总括的核算指标,明细分类账则提供某类经济业务详细的核算指标。

(2)总分类账控制、统驭明细分类账和日记账,明细分类账、日记账对总分类账起着辅助和补充说明的作用。总分类账控制着明细分类账、日记账的核算内容和核算数据,总分类账的借方(或贷方)本期发生额等于所属明细分类账、日记账的借方(或贷方)本期发生额之和,总分类账的期末余额等于所属明细分类账、日记账的期末余额之和。

总分类账与明细分类账之间的关系如图3-10所示。

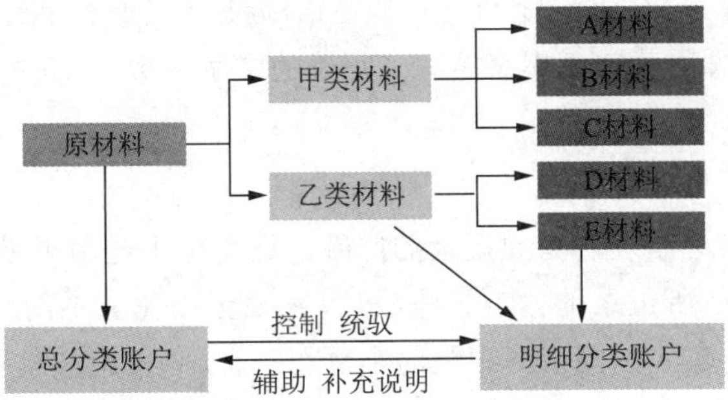

图 3-10　总分类账与明细分类账的关系

2. 账簿平行登记的含义及要点

账簿的平行登记是指根据会计凭证，将一项经济业务既记入有关明细分类账、日记账，又记入总分类账。通过平行登记，总分类账与明细分类账、日记账之间进行核对，可以检验账户登记是否正确。其要点是：① 记录对象一致；② 记账方向一致；③ 登记金额相等；④ 记账期间一致。

【例 3-1】天安公司用银行存款 62 000 元购入甲材料 12 000 元，乙材料 40 000 元，丙材料 10 000 元。

借：原材料　　62 000

　贷：银行存款　　62 000

在登记原材料总账的同时，还应在原材料明细账中进行平行登记，其会计记账情况如图 3-11 所示。

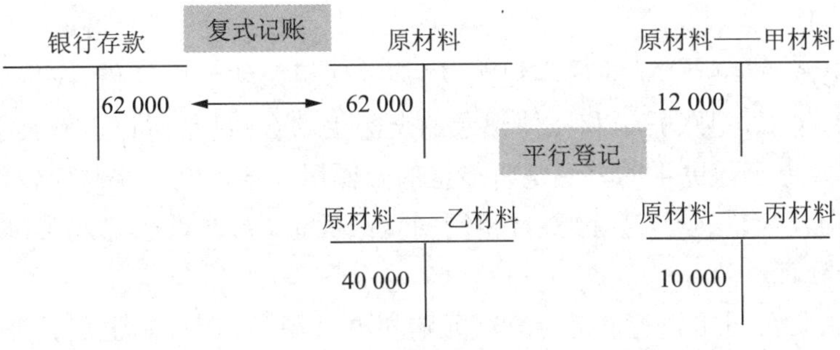

图 3-11　总分类账与明细分类账平行登记示意图

三、错账的更正方法

如果发现账簿记录有错误，应按规定的方法进行更正，不得涂改、挖补或用化学试剂消除字迹。错账的更正方法有三种：

1. 划线更正法

如果发现账簿记录有错误，而其所依据的记账凭证没有错误，即纯属记账时文字或数字的笔误，应采用划线更正的方法进行更正。更正的方法如下：

（1）将错误的文字或数字划一条红色横线注销，但必须使原有字迹仍可辨认，以备查找。

（2）在划线的上方用蓝字或黑字填写上正确的文字或数字，并由更正人员在更正处盖章，以明确责任。

2. 红字冲销法

在会计上，以红字记录表明对原记录的冲减。红字更正适用于以下两种情况：

（1）根据记账凭证所记录的内容记账以后，发现记账凭证中的应借、应贷会计科目或记账方向有错误，且记账凭证同账簿记录的金额相吻合，应采用红字更正。更正的方法为：① 用红字填制一张与原错误记账凭证内容完全相同的记账凭证，并据以用红字登记入账，冲销原有错误的账簿记录；② 用蓝字或黑字填制一张正确的记账凭证，并据以用蓝字或黑字登记入账。

【例 3-2】天安公司以现金支付银行利息 800 元，在填制记账凭证时误记入“银行存款”科目，并据以登记入账，其错误记账凭证所反映的会计分录为：

借：应付利息　　800

　　贷：银行存款　　800

该项分录应贷记“库存现金”科目。在更正时，应用红字金额编制如下记账凭证进行更正：

借：应付利息　　（800）

　　贷：银行存款　　（800）

错误的记账凭证以红字记账更正后，表明已全部冲销原有错误记录，然后用蓝字或黑字填制如下正确分录，并据以登记入账：

借：应付利息　　800

　　贷：库存现金　　800

（2）根据记账凭证所记录的内容记账以后，发现记账凭证中应借、应贷的会计科目和记账方向都没有错误，记账凭证和账簿记录的金额也吻合，只是所记金额大于应记的正确金额，应采用红字更正。更正的方法是将多记的金额用红字填制一张与原错误记账凭证所记载的借贷方向及应借、应贷会计科目相同的记账凭证，并据以登记入账，以冲销多记金额，求得正确金额。

【例 3-3】天安公司用银行存款 4 000 元购买办公用品，在填制记账凭证时，误记金额为 40 000 元，但会计科目、借贷方向均无错误，其错误记账凭证所反映的会计分录为：

借：管理费用　　40 000

　　贷：银行存款　　40 000

在更正时，应用红字金额 36 000 元编制如下记账凭证进行更正：

借：管理费用　　（36 000）

　　贷：银行存款　　（36 000）

错误的记账凭证以红字记账更正后，即可反映其正确金额为 4 000 元。

如果记账凭证所记录的文字、金额与账簿记录的文字、金额不符，应首先采用划线法更正，然后再用红字冲销法更正。

3. 补充登记法

根据记账凭证所记录的内容记账以后，发现记账凭证中应借、应贷的会计科目和记账方向都没有错误，记账凭证和账簿记录的金额也吻合，只是所记金额小于应记的正确金额，应采用补充登记法。更正的方法是将少记的金额用蓝字或黑字填制一张与原错误记账凭证所记载的借贷方向及应借、应贷会计科目相同的记账凭证，并据以登记入账，以补记少记金额，求得正确金额。

【例 3-4】天安公司用银行存款 40 000 元购买原材料，在填制记账凭证时，误记金额为 4 000 元，但会计科目、借贷方向均无错误，其错误记账凭证所反映的会计分录为：

借：原材料　　4 000

　贷：银行存款　　4 000

在更正时，应用蓝字或黑字编制如下记账凭证进行更正：

借：原材料　　36 000

　贷：银行存款　　36 000

错误的记账凭证以蓝字或黑字记账更正后，即可反映其正确的金额为 40 000 元。

如果记账凭证所记录的文字、金额与账簿记录的文字、金额不符，应首先采用划线法更正，然后用补充登记法更正。

课后思考题

1. 原始凭证有什么作用?
2. 原始凭证与记账凭证之间有什么联系与区别?
3. 什么是会计账簿? 为什么要设置会计账簿?
4. 会计账簿有哪些种类?
5. 如何理解总账与明细账的平行登记?

业务练习题

1. 天利公司 2×16 年 1 月初，库存现金余额 8 000 元，银行存款余额 100 000 元。1 月份发生下列经济业务(不考虑增值税)：

① 1 日，因采购原材料，向银行借款 80 000 元，期限为 6 个月；

② 3 日，购入甲材料 3 000 千克，每千克 25 元，已通过银行付款，材料已验收入库；

③ 6 日，因零星开支需要，从银行提取现金 5 000 元；

④ 9 日，销售乙产品 800 台，每台 300 元，已通过银行收款；

⑤ 11 日，从银行提取现金 70 000 元准备发放工资；

⑥ 12 日，支付生产工人工资 60 000 元；

⑦ 16 日，通过银行收到顺达公司前欠货款 100 000 元；

⑧ 20 日，职工王泓出差，预借差旅费 2 000 元，以现金支付；

⑨ 23 日，采购办公用品 600 元，以现金支付；

⑩ 26 日，通过银行支付前欠威力公司购货款 80 000 元；

⑪ 30 日，通过银行转账偿还当月短期借款利息 2 000 元。

要求：根据以上经济业务编制记账凭证，并据以登记现金日记账和银行存款日记账。

2. 天利公司将账簿与记账凭证进行核对，发现如表 3-6 所示经济业务的凭证内容或账簿记录有错误。

表 3-6

序　号	经济业务	记账凭证	其他情况
①	开出转账支票一张 200 元，支付管理部门零星开支	借：管理费用　200 　贷：库存现金　200	
②	签发转账支票 4 000 元偿还前欠某工厂货款	借：应付账款　400 　贷：银行存款　400	
③	签发转账支票 6 000 元偿还前欠某工厂货款	借：应付账款　9 000 　贷：银行存款　9 000	
④	用现金支付管理部门零星购置费 78 元	借：管理费用　78 　贷：库存现金　78	记账时现金付出栏记为 87 元

要求：判断以上各项经济业务的账务处理是否有误。如有错误，请指出应采用哪种方法进行更正，并予以更正。

案例分析题

成先生是企业财务方面的负责人。一次，他在凭证复核时发现会计小代不小心丢了 3 张记账凭证，审核原始凭证后，成先生批评小代工作太马虎，同时让她重新编制了 3 张记账凭证。另外一次，成先生在复核时发现小陈编制的银行存款付款凭证所附的 20 万元现金支票存根丢失，同时发现还有几张现金付款凭证所附的原始凭证与所注张数不符。成先生马上让小陈停止工作，并且与他一起回忆、追查这张支票的去向。小陈对此非常不满，认为成先生小题大做，故意找他麻烦，偏向小代。

你如何看待这件事情？说说你的理由。

第四章

流动资产

学习目标

1. 掌握库存现金的核算和内部控制的要求，掌握银行存款的核算和银行存款余额调节表的编制方法。

2. 了解短期投资的会计处理。

3. 了解应收款项的性质和分类，掌握应收及预付款项的会计处理。

4. 掌握发出存货的计价方法及期末存货盘存方法，掌握存货业务的会计处理。

导入案例

卢大伟的烦恼

刚从某财经院校会计学专业毕业的卢大伟，应聘到天安公司担任出纳员工作。卢大伟由于刚参加工作不久，对货币资金管理和业务核算的相关规定不甚了解，所以出现了一些不应有的错误。

第一件事是在2×16年6月8日和6月10日现金业务结束后，例行的库存现金清查中分别发现库存现金短缺120元和库存现金溢余50元，对此卢大伟经过反复查账核对也弄不明白原因。为了保全自己的面子，考虑到两次账实不符的金额不大，卢大伟没有向领导汇报，采用了息事宁人的做法：库存现金短缺的120元，自掏腰包补齐；库存现金溢余的50元，暂时由自己保管。

第二件事是天安公司有关领导经常派人检查卢大伟的工作，结果发现，卢大伟每次编制银行存款余额调节表时，只根据公司银行存款日记账的余额加减银行对账单中企业未入账款项，据此确定银行存款的实有数，而且每次做完此项工作后，卢大伟立即将这些未入账的款项登记入账。

卢大伟工作上的失误受到了领导的严厉批评,令他烦恼不已。

案例思考

1. 企业为什么要定期对现金和银行存款进行清查?
2. 卢大伟工作中存在哪些失误?
3. 对货币资金予以特殊关注已成为业内人士的共识,为什么?

第一节 流动资产概述

财务会计核算的内容包括会计对象的各要素——资产、负债、所有者权益、收入、费用和利润。《企业会计准则——基本准则》规定:"资产是指企业过去的交易或者事项形成的、由企业拥有或者控制的、预期会给企业带来经济利益的资源。"

资产按其流动性分为流动资产和非流动资产两类。流动资产是指在一年或者超过一年的一个营业周期内变现或耗用的资产,包括库存现金、银行存款、应收账款、预付账款、存货等。非流动资产也称为长期资产,是指在一个营业周期或一年以上的时间里转变成现金以及被出售或被消耗的资产,通常包括长期投资、固定资产、在建工程、无形资产等。本章阐述的是流动资产部分。

第二节 货币资金

货币资金是指在企业生产经营过程中以货币形态存在的资产。货币资金按其存放的地点和用途,分为库存现金、银行存款和其他货币资金。

企业在日常经营活动中需要以货币资金衡量商品和劳务的价值,并以此作为流通手段。任何企业进行生产经营活动,都必须持有货币资金。在实际工作中,货币资金的会计核算并不复杂,但其高度的流动性和我国对货币资金的严格要求使货币资金的管理与控制显得尤为重要。

一、现 金

(一)现金的核算

现金是指存放于企业财会部门由出纳人员经管的纸币、硬币、电子货币以及折算为记账本位币的外币等,包括人民币现金和外币现金。现金是货币资金的重要组成部分,是通用的支付手段,是流动性最强的资产。

拓展阅读

关于现金概念的进一步解释

“现金”一词在不同环境下有不同的含义，包括的范围也各不相同。一般来说，我们可以将现金的含义分为几个层次：

（1）我国企业会计中的“库存现金”账户核算的现金是狭义的现金，包括纸币、硬币和电子货币等。

（2）西方企业会计中的“现金”账户和资产负债表中所指的“现金”是广义的现金概念，是指企业可以投入流通的即时支付手段，包括库存现金、银行活期存款和其他货币资金，如银行汇票、支票、银行本票等。那些不能用作即时支付手段的应收款、预付款、远期支票、银行退票、受到某种限制不能自由提取的存款以及已被指定用途的资金等不能视为现金。

（3）现金流量表中的“现金”不仅包含了广义上的现金，还将现金等价物包括在内。现金等价物是指期限短、流动性强的票据和证券投资等，通常其变现期不超过3个月。

企业设置“库存现金”账户对现金的收入、付出和结存情况进行序时和总分类核算。“库存现金”账户的借方登记现金的收入数，贷方登记现金的付出数，结存数在借方，表示现金库存数额。

对现金进行序时核算，需设置现金日记账。出纳人员根据记账凭证和原始凭证序时、逐笔登记，记录收入、付出金额，并计算结存余额。每日终了，计算全日发生的收入、付出的合计数及结存余额，并将账面现金余额与实际库存现金数额核对，做到账实相符。现金日记账一般采用三栏式。

现金总分类核算是根据记账凭证或汇总记账凭证、科目汇总表在总分类账“库存现金”账户中进行登记。现金收支业务核算举例如下：

【例 4-1】天安公司开出现金支票，从银行提取现金 5 000 元备用。

借：库存现金　　5 000

　　贷：银行存款　　5 000

【例 4-2】天安公司行政管理部门用现金 380 元购买办公用品。

借：管理费用　　380

　　贷：库存现金　　380

【例 4-3】天安公司广告部员工李泽刚因家庭生活困难，向财务借款 8 000 元，现金付讫。

借：其他应收款——李泽刚　　8 000

　　贷：库存现金　　8 000

（二）现金的内部控制

企业应按有关规定加强对收款、付款和库存现金的控制，合理、有效地使用现金，保证现金的安全。

（1）实行现金限额管理。由开户银行核定企业库存现金的最高限额，当企业实际库存现金数额超过最高限额时，应及时将超过部分送存银行；当企业实际库存现金数额低于最高限额时，可以从银行提取现金，补足限额。企业库存现金的限额由银行与企业共同商定，一般以企业3～5天零星开支需要为限，最高不得超过15天零星开支需要量。限额确定后，必须严格实行限额管理。

（2）严格现金使用范围。现金的使用范围包括：职工工资，津贴；个人劳务报酬；国家颁发给个人的科学技术、文化艺术、体育等奖金；各种劳保、福利费用及国家规定的对个人的其他支出；向个人收购农副产品和其他物资的价款；出差人员必须随身携带的差旅费；结算起点（1 000元）以下的零星支出；中国人民银行确定的需要支付现金的其他支出。

（3）现金及时送存银行。企业在经营过程中，由于销售商品和提供劳务而向购买者和转账单位收取的现金，应及时送存银行，不得将其用于支付企业的开支，即不准坐支现金。

（三）现金的清查

1. 现金清查方法

库存现金应采用实地盘点法进行清查，即通过盘点确定库存现金的实存数，并与库存现金日记账账面余额核对，以查明账实是否相符并确定是否存在盘盈或盘亏的情况。

现金收支业务频繁，容易出错，出纳人员每天都需要进行清查。另外，单位还应定期或不定期组织专门清查。每日业务终了，出纳人员应将库存现金日记账的账面余额与现金的实存数进行核对，做到账实相符。在清查小组清查前，出纳人员应将全部有关现金的收付款凭证登记入账，结出库存现金余额并填列在库存现金盘点报告表的“账存金额”栏内。在清查小组盘点时，出纳人员必须在场，现金应逐张查点。清查人员还应认真审核收付款凭证，注意有无违反现金管理制度（如白条抵库、挪用现金等）的情况。盘点完成后，应编制库存现金盘点报告表（表4-1），并由盘点人员和出纳人员共同签章。库存现金盘点报告表兼有盘存单和实存账存对比表的作用，是证明现金实有数额的重要原始凭证，也是查明账实不符原因和据以调整账簿记录的重要依据。

表 4-1　　库存现金盘点报告表

单位名称：　　　　年　月　日　　　　单位：元

实存金额	账存金额	对比结果		备　注
		盘　盈	盘　亏	

盘点人员（签章）：　　　　出纳人员（签章）：

盘点以后，对发现的差错应查明原因，等待处理。对白条抵库、坐支现金和库存现金超限额等情况，应在备注栏中说明。

2. 现金清查的账务处理

现金清查发现的有待查明原因的现金短缺或溢余，应先通过“待处理财产损溢”科目核算。待查明原因后做如下处理：

（1）如为现金短缺，属于应由责任人赔偿或保险公司赔偿的部分，计入“其他应收款”；属于无法查明原因的，计入“管理费用”。

（2）如为现金溢余，属于应支付给有关人员或单位的，计入“其他应付款”；属于无法查明原因的，计入“营业外收入”。

【例 4-4】天安公司 2×16 年 5 月 31 日对现金进行清查时，发现短缺 80 元。上述现金短缺无法查明原因。

借：待处理财产损溢——待处理流动资产损溢　　80
　贷：库存现金　　80
借：管理费用　　80
　贷：待处理财产损溢——待处理流动资产损溢　　80

【例 4-5】天安公司 2×16 年 6 月 30 日对现金进行清查时，发现长款 100 元。现金溢余原因不明，经批准计入“营业外收入”。

借：库存现金　　100
　贷：待处理财产损溢——待处理流动资产损溢　　100
借：待处理财产损溢——待处理流动资产损溢　　100
　贷：营业外收入　　100

二、银行存款

（一）银行存款的核算

银行存款是企业存入银行和其他金融机构的各种款项。企业在生产经营过程中，除按规定可以通过现金进行结算的项目外，都需要通过银行在企业银行存款账户中进行结算。

拓展阅读

银行各种结算方式简介

根据《中华人民共和国票据法》《中国人民银行支付结算办法》和国际结算有关规定，银行的结算方式主要包括支票、银行本票、银行汇票、商业汇票、托收承付、委托收款、汇兑、信用卡、信用证。

（1）支票。支票是出票人委托办理支票存款业务的银行或其他金融机构在见票时无条件付款给收款人或持票人的票据。支票上印有“现金”字样的为现金支票。现金支票只能用于支取现金，不能办理转账业务。支票上印有“转账”字样的为转账支票。转账支票只能用来办理转账业务，不能支取现金。支票上未印有“现金”或“转账”字样的为普通支票。普通支票可以用于支取现金，也可以用于转账。

（2）银行本票。银行本票是申请人将款项交存银行，由银行签发的，承诺在见票时无条件支付确定金额给收款人或持票人的票据。银行本票分为定额本票和不定额本票两种。

（3）银行汇票。银行汇票是指汇款人将款项交存当地银行，由银行签发汇票给汇款人持往异地办理转账结算或支取现金的票据。银行汇票一律采用记名方式，允许背书转让，有效期为1个月。

（4）商业汇票。商业汇票是指由收款人或付款人（或承兑申请人）签发，由承兑人承兑，并于到期日向收款人或被背书人支付款项的票据。商业汇票一律采用记名方式，允许背书转让，适用于企业先发货后收款或双方约定延期付款的商品交易。同城、异地均可采用商业汇票。商业汇票经承兑，承兑人即付款人负有到期无条件支付票款的责任；承兑期限最长不超过6个月；购货方可凭承兑的商业汇票购买商品；销货单位可凭承兑的商业汇票向银行申请贴现。

（5）托收承付。托收承付是指收款单位根据经济合同发货后委托银行向异地付款单位收取款项，由付款单位根据经济合同，核对单证后向银行承认付款的结算方式。

（6）委托收款。委托收款是收款人委托其开户银行向付款单位收取款项的一种结算方式。

（7）汇兑。汇兑是汇款人委托银行将款项汇给外地收款人的结算方式。汇兑分为信汇和电汇两种。

（8）信用卡。信用卡是商业银行向单位和个人发行的，据此向企业购物、消费及到银行存取现金，具有消费信用的卡片。

（9）信用证。信用证是指银行根据进口人申请，向出口人签发一定金额的并在一定时期内凭出口人提交的规定货运单据承诺付款的书面保证文件。信用证是国际结算的主要方式。

企业应设置“银行存款”账户对银行存款的收入、付出和结存情况进行序时和总分类核算。“银行存款”账户的借方登记银行存款的收入数，贷方登记银行存款的付出数，结存数在借方，表示银行存款的余额。

对银行存款进行序时核算，应设置银行存款日记账，出纳人员根据记账凭证和原始凭证序时、逐笔登记，记录收入、付出金额，并计算结存余额。每日终了，计算当日发生的银行存款收入、付出的合计数及结存余额。银行存款日记账一般采用三栏式。

银行存款的总分类核算是根据记账凭证或汇总记账凭证、科目汇总表在总分类账“银行存款”账户中进行登记。银行存款收支业务核算举例如下：

【例4-6】天安公司收到长新公司前欠货款35 100元，款项存入银行。

借:银行存款　　35 100

　　贷:应收账款——长新公司　　35 100

【例 4-7】天安公司开出转账支票支付本月管理人员培训费 23 000 元。

借:管理费用　　23 000

　　贷:银行存款　　23 000

【例 4-8】天安公司开出转账支票,支付 2 个月前购买诺金公司原材料的货款 46 800 元。

借:应付账款——诺金公司　　46 800

　　贷:银行存款　　46 800

(二)银行存款的核对

企业发生的需要通过银行存款账户结算的业务频繁。企业应定期(至少每月一次)对银行存款进行清查,将银行存款日记账与银行对账单进行核对,保证其金额相符,如果发现不符,应采取有关方法进行处理。

导致银行存款日记账与银行对账单记录不一致的原因主要是存在未达账项。未达账项是指企业和开户银行双方之间,由于传递单证需要时间、确认收付的口径不一致等,造成同一笔款项的收付业务,因双方记账时间不一致,银行和企业中一方已经接到结算凭证确认收付并登记入账,而另一方没有接到结算凭证尚未入账的款项。未达账项包括四种类型:

(1) 企业收款记账,银行未收款未记账的账项,如企业收到其他单位的购货支票等。

(2) 企业付款记账,银行未付款未记账的账项,如企业开出付款支票,但持票人尚未到银行办理转账手续等。

(3) 银行收款记账,企业未收款未记账的账项,如托收货款等。

(4) 银行付款记账,企业未付款未记账的账项,如银行代企业支付公用事业费等。

上述任何一种未达账项的存在,都会使企业银行存款日记账的余额与银行开出的对账单的余额不符。当发生(1)和(4)两种情况时,企业银行存款日记账的余额将大于银行对账单余额;当发生(2)和(3)两种情况时,企业银行存款日记账的余额将小于银行对账单余额。

企业将银行存款日记账与银行对账单讲行核对,一般需要编制银行存款余额调节表,格式如表 4-2 所示。

表 4-2　　银行存款余额调节表

2×16 年 × 月 × 日

项　目	金　额	项　目	金　额
银行存款日记账的余额		银行对账单的余额	
加:银行已收企业未收		加:企业已收银行未收	
减:银行已付企业未付		减:企业已付银行未付	
调节后的余额		调节后的余额	

银行存款余额调节表的计算公式如下：

银行存款日记账的余额＋银行已收企业未收－银行已付企业未付＝
银行对账单的余额＋企业已收银行未收－企业已付银行未付

【例 4-9】某企业 2×16 年 11 月 30 日银行存款日记账的余额为 9 000 元，银行对账单的余额为 10 000 元。核对银行对账单所列各项收支活动并与企业银行存款日记账比较，发现有下列事项：

① 11 月 29 日，企业开出一张 1 000 元转账支票支付某单位货款，企业已经根据支票存根、发票及收料单等凭证登记银行存款减少，银行尚未接到支付款项的凭证，尚未登记减少；

② 11 月 30 日，银行代企业支付电费 500 元，银行已经登记减少，企业尚未接到付款结算凭证，未登记减少；

③ 11 月 30 日，企业存入一张银行汇票 2 500 元，已经登记银行存款增加，银行尚未登记增加；

④ 11 月 30 日，银行收到购货单位汇来的货款 3 000 元，银行已经登记增加，企业未接到收款凭证，尚未登记增加。

要求：根据上述未达账项，编制银行存款余额调节表（表 4-3）。

表 4-3　　银行存款余额调节表

2×16 年 11 月 30 日　　单位：元

项　目	金　额	项　目	金　额
银行存款日记账的余额	9 000	银行对账单的余额	10 000
加：银行已收企业未收	3 000	加：企业已收银行未收	2 500
减：银行已付企业未付	500	减：企业已付银行未付	1 000
调节后的余额	11 500	调节后的余额	11 500

三、其他货币资金

其他货币资金是指企业除现金和银行存款以外的货币资金，包括银行汇票存款、银行本票存款、信用卡存款、信用证存款、存出投资款、外埠存款等。银行汇票存款是指企业为了取得银行汇票，按照规定存入银行的款项。银行本票存款是指企业为了取得银行本票，按照规定存入银行的款项。信用卡存款是指申请单位向银行申请发放信用卡，用于在各地金融机构取现、办理结算或在商业单位支付，而向银行交付的款项。信用证存款是指进口单位向银行申请开立信用证，由申请单位交付货款一定比例押金的款项。存出投资款是指企业已存入证券公司但尚未进行短期投资的款项。外埠存款是指企业到外地进行临时或零星采购时，汇往采购地银行开立采购专户的款项。

企业对其他货币资金的核算，需要设置“其他货币资金”账户。该账户的借方反映其他货币资金的增加，贷方反映其他货币资金的减少，余额在借方。企业可以按照其他货币资金的种类设置明细账，对每种其他货币资金进行明细核算。

【例 4-10】2×16 年 10 月 11 日，天安公司委托青岛银行汇款 200 000 元给上海银行开立采购专户。2×16 年 10 月 20 日，天安公司采购员购买原材料成本 150 000 元，增值税 25 500 元，余款转回青岛银行。

① 汇出款项时。

借：其他货币资金——外埠存款	200 000	
贷：银行存款		200 000

② 采购原材料。

借：原材料	150 000	
应交税费——应交增值税（进项税额）	25 500	
银行存款	24 500	
贷：其他货币资金——外埠存款		200 000

第三节　短期投资

一、短期投资及其分类

企业在生产经营过程中，有时会产生暂时闲置不用的资金，企业运用这笔资金去购买变现能力较强的有价证券，既可以获得投资收益，又可以在短期变现，不影响资金的使用，这就形成了短期投资。

短期投资是指随时能够变现并且持有时间不超过一年的投资，包括有价证券以及不超过一年的其他投资，例如购买其他股份有限公司发行的股票、购买政府或其他企业发行的债券（国库券、国家重点建设债券、地方政府债券和企业融资债券等）。

短期投资一般具有以下特点：① 变现能力强。购买的股票和债券允许交易，当企业资金周转发生困难需要资金时，企业可以随时将购入的股票和债券卖出，以获得所需资金。② 期限短。企业用闲置资金购买的股票和债券持有时间比较短，一般在一年以内。

为了掌握短期投资的方向，需要对短期投资进行分类。短期投资按有价证券的性质可以分为：① 债权性证券投资。企业购买债权性证券进行投资，表明企业投资者拥有债权，有到期收回本金和利息的权利。② 权益性证券投资。企业购买权益性证券进行投资，表明企业投资者拥有所有权，有分享被投资者的利润、实现资本增值的权利。③ 混合性证券投资。企业购买债权性证券和权益性证券进行投资，表明企业投资者既拥有债权，有到期收回本金和利息的权利，又拥有所有权，有分享被投资者利润、实现资本增值的权利。

二、取得短期投资的核算

企业进行短期投资，购入各种股票、债券、基金，以取得成本入账。短期投资取得成本是指进行短期投资时支付的全部价款。企业在取得短期投资时发生的交易费用，在发生时直接记入当期损益即“投资收益”账户。企业购入股票或债券，实际支付的款项中包括已宣告但尚未发放的现金股利或已到付息期但尚未领取的债券利息，应单独确认为应收项目，记入“应收股利”或“应收利息”账户。

企业应设置“交易性金融资产”账户，对企业的短期投资情况进行核算，反映有价证券的购入、转让和到期收回情况。企业购入各种股票、债券、基金实际支付的价款记入“交易性金融资产”账户的借方，出售股票、债券、基金收到的款项记入“交易性金融资产”账户的贷方，“交易性金融资产”账户的借方余额反映已取得尚未出售的短期投资。“交易性金融资产”账户可以按照短期投资种类设置明细账进行明细核算。

【例 4-11】天安公司 2×15 年 7 月 1 日购入长新公司发行的面值为 60 000 元的 1 年期债券，年利率 5%，另支付手续费、佣金 300 元。

借：交易性金融资产——债券投资	60 000	
投资收益	300	
贷：银行存款		60 300

【例 4-12】天安公司 2×16 年 3 月 10 日购入启富公司股票 10 000 股，每股 9 元(包含该公司已宣告但尚未发放的现金股利 0.40 元)，另支付手续费 300 元。

股票投资 = 10 000 ×（9 − 0.40）= 86 000（元）

借：交易性金融资产——股票投资	86 000	
应收股利	4 000	
投资收益	300	
贷：银行存款		90 300

三、短期投资收益的核算

企业的短期投资，在正常情况下，因资金周转需要转让出售，会取得一定的投资收益(股利和利息)。在实务中，企业收到股利和利息时，确认投资收益的实现。若股票投资宣告分派现金股利的日期在本年度，而实际支付现金股利在下年度，则企业应在宣告分派现金股利的当期确认投资收益。购买债券的利息一般不分期计提利息收入，而是在到期还本时确认投资收益的实现。

核算企业购入的各种股票、债券、基金而发生的投资收益或发生的投资损失，应设置“投资收益”账户，发生的投资收益记入该账户的贷方，发生的投资损失记入该账户的借方，该账户的贷方余额为投资收益，借方余额为投资损失。

【例 4-13】接例 4-11，天安公司 2×15 年 7 月 1 日购入长新公司发行的面值为 60 000 元的 1 年期债券(年利率 5%，另支付手续费、佣金 300 元)，2×16 年 7 月 1 日债券到期，收到本金和利息 63 000 元(60 000 + 60 000 × 5%)。

债券到期时：

借：银行存款	63 000	
贷：交易性金融资产——债券投资		60 000
投资收益		3 000

【例 4-14】接例 4-12，天安公司 2×16 年 5 月 10 日收到启富公司发放的现金股利 4 000 元。

借:银行存款 4 000

贷:应收股利 4 000

【例 4-15】天安公司因资金周转需要,2×16 年 10 月 12 日出售启富公司股票 5 000 股,收入 46 000 元,账面实际成本 43 000 元。

借:银行存款 46 000

贷:交易性金融资产——股票投资 43 000

投资收益 3 000

拓展阅读

金融工具准则的修订

2017 年 3 月 31 日,财政部发布了修订后的《企业会计准则第 22 号——金融工具确认和计量》《企业会计准则第 23 号——金融资产转移》和《企业会计准则第 24 号——套期会计》,于 2018 年 1 月 1 日正式实施。由于我国多层次资本市场的建立健全和金融创新的不断深化,出现了一些新情况和新问题,原准则已难以适应企业金融工具业务发展的需要。同时,2008 年国际金融危机发生后,二十国集团要求国际会计准则理事会修订金融工具等会计准则,以解决现行金融工具分类随意性较大和有关企业对贷款等金融资产减值计提不及时、不足额等问题。新的金融工具国际财务报告准则简化了金融资产分类,引入了预期信用损失法作为金融工具减值的基础,简化了嵌入衍生工具的会计处理,提升了套期会计的适用性,既符合我国强化金融监管的方向,也有利于我国企业更好地管理金融工具和更恰当地披露金融工具,能够在一定程度上防范和化解金融风险,提高企业竞争力。

一、减少了金融资产分类

原准则将金融资产分为四类:以公允价值计量且其变动计入当期损益的金融资产、持有至到期投资、贷款和应收款项、可供出售金融资产。

修订准则将金融资产分为三类:以摊余成本计量的金融资产、以公允价值计量且其变动计入其他综合收益的金融资产、以公允价值计量且其变动计入当期损益的金融资产。

原准则由于过多的金融资产分类以及重分类规定,导致相同的金融工具出现不同的会计处理结果,并导致较为复杂的金融工具减值要求和套期会计规定。比如有的公司特别是券商,将持有的盈利的金融资产(二级市场股票)作为交易性金融资产,盈利计入当期损益,而将持有的亏损的股票投资作为可供出售金融资产计入其他综合收益以掩盖事实上的亏损,累计的其他综合收益亏损极易引发金融风险。

二、简化了金融资产分类标准

原准则中对于金融资产的分类较为复杂,将短期持有的、有公允市价且持有目的为出售的金融资产(股票、债券)作为交易性金融资产,将到期日固定、回收金额固定、有明确意图、有能力持有到期的金融资产作为持有至到期投资(长期债券投资),将持有目的不是很清晰的金融资产作为可供出售金融资产(股票、债券)。这样分类不仅复杂,而且无论是股票还是债券，按照持有目的在确认分类时有了更大的主观随意性，更甚者许多企业将可供出售金融资产分类作为投资失败亏损的“垃圾桶”，浮动盈亏全部扔进其他综合收益以掩盖投资损失。

修订后的准则大幅简化分类标准，以业务模式和合同现金流量特征为判断依据，从而更有利于实务判断和操作。

企业管理金融资产的业务模式是指企业如何管理其金融资产以产生现金流量。业务模式决定企业所管理金融资产现金流量的来源是收取合同现金流量、出售金融资产赚取价差还是两者兼有。

金融资产的合同现金流量特征是指金融工具合同约定的、反映相关金融资产经济特征的现金流量属性。分类为以摊余成本计量的金融资产的合同现金流量特征，应当与基本借贷安排相一致，即相关金融资产特定日期产生的合同现金流量仅为收回的本金和以未偿付本金金额为基础收取的利息。其中，本金是指金融资产在初始确认时的公允价值；利息是对货币时间价值、与特定时期未偿付本金金额相关的信用风险以及其他基本借贷风险、成本和利润率的综合反映。

1. 金融资产同时满足下列条件的，应当分类为以摊余成本计量的金融资产（一般是债券、贷款、租赁应收款而且不准备转让出售）：

（1）企业管理该金融资产的业务模式是以收取合同现金流量为目标。

（2）该金融资产的合同条款规定，在特定日期产生的现金流量，仅为收回的本金和以未偿付本金金额为基础收取的利息。

2. 金融资产同时满足下列条件的，应当分类为以公允价值计量且其变动计入其他综合收益的金融资产（一般是债券、贷款、租赁应收款而且准备转让出售）：

（1）企业管理该金融资产的业务模式既以收取合同现金流量为目标，又以出售该金融资产为目标。

（2）该金融资产的合同条款规定，在特定日期产生的现金流量，仅为收回的本金和以未偿付本金金额为基础收取的利息。

这样分类就是将市值变动较大，没有合同现金流量也没有特定回收本金和利息的股票全部剔除出来作为可供出售金融资产核算。

3. 对于既不能确定为以摊余成本计量的金融资产也不能确认为以公允价值计量且其变动计入其他综合收益的金融资产，则确认为以公允价值计量且其变动计入当期损益的金融资产（股票投资）。

这种分类将使大量的被保险、券商、基金、信托、资管等持有的二级市场买入的股票全部作为以公允价值计量且其变动计入当期损益的金融资产核算，其市值波动的盈亏全部计入当期损益，这些公司金融资产经营能力造成的盈亏将全部暴露在光天化日之下。而且准则规定，对于目前持有的股票必须全部进行追溯调整。那些大量持有其他资产（实际就是理财产品）按面值初始入账的投资将全部浮出水面，所以对于那些被机构重仓持有的股票需要认真对待。

第四节 应收及预付款项

在商业信用高度发达的市场经济条件下，企业之间的商品交易大多建立在信用基础上。企业在日常生产经营过程中发生的各项债权构成企业的应收及预付款项，包括应收票据、应收账款、预付账款和其他应收款。

一、应收票据

（一）应收票据的内容

应收票据是指采用商业汇票结算方式下，企业持有的并于到期日由承兑人承兑的票据。

商业汇票按承兑人不同，分为商业承兑汇票和银行承兑汇票。商业承兑汇票是指由收款人签发，经付款人承兑，或由付款人签发并承兑的商业汇票。银行承兑汇票是指由收款人或承兑申请人签发，由承兑申请人向开户银行申请承兑，经银行审查同意承兑的商业汇票。

商业汇票按是否带息，分为带息商业汇票和不带息商业汇票。带息商业汇票是指商业汇票到期时，承兑人必须按票面金额加上应计利息，向收款人或被背书人支付票款的商业汇票。不带息商业汇票是指商业汇票到期时，承兑人只按票面金额（面值）向收款人或被背书人支付票款的商业汇票。

（二）应收票据的核算

为了核算应收票据的取得和款项收回情况，企业应设置“应收票据”账户，该账户的借方登记应收票据的面值及按期确认的利息收入，贷方登记背书转让或到期收回的金额，借方余额反映尚未到期应收票据的账面价值。企业销售商品或提供劳务而取得商业汇票时，以其票面金额入账。

由于票据是一种无条件付款、可以随时背书或贴现的书面凭证，以某一特定单位或个人为对象的明细分类核算已无必要，因此“应收票据”可以不设明细账，但为了便于管理和分析票据的具体情况，可以设置“应收票据”备查簿，记录每张票据的具体事项，以备查考。

【例 4-16】天安公司 2×16 年 9 月 19 日向长新公司销售产品一批，价值 25 000 元，增值税 4 250 元（25 000×17%），合计 29 250 元，收到商业汇票一张，期限 3 个月。

借：应收票据	29 250	
贷：主营业务收入		25 000
应交税费——应交增值税（销项税额）		4 250

【例 4-17】接例 4-16，2×16 年 12 月 19 日商业汇票到期，天安公司收到长新公司票款 29 250 元。

借:银行存款　　29 250

　　贷:应收票据　　29 250

【例 4-18】接例 4-16,2×16 年 12 月 19 日带息商业汇票到期(年利率 6%),天安公司收到长新公司票款 29 688. 75 元。

应收利息 = 29 250×6% ×3÷12 = 438. 75(元)

借:银行存款　　29 688. 75

　　贷:应收票据　　29 250

　　　　财务费用　　438. 75

二、应收账款

(一)取得及收回应收账款的核算

应收账款是指企业因销售商品或材料、提供劳务或服务,以及办理工程结算等业务,应向购货单位、接受劳务或接受服务单位收取的款项。

为了加强应收账款的核算与管理,企业应设置"应收账款"账户,取得应收账款记入该账户的借方,收回应收账款记入该账户的贷方,该账户借方余额表示尚未收回的应收账款。企业应设置应收账款明细账,按客户(购货方)名称进行明细核算。

应收账款按交易日的实际发生额入账时,应注意现金折扣的条款。现金折扣是指在赊销情况下,债权人为了鼓励债务人在赊销期内尽早付款而给予债务人的一种债务扣除,债务人在赊销期内的不同时间付款可享受不同比例的现金折扣。现金折扣的表示方式一般是"折扣 / 付款期限",例如"2/10、1/20、N/30",表示 10 天内付款给予现金折扣 2%,20 天内付款给予现金折扣 1%,30 天内付款没有现金折扣。存在现金折扣的情况下,应收账款入账价值的确定有两种方法——总价法和净价法,我国企业会计准则要求采用总价法核算。

【例 4-19】2×16 年 7 月 13 日,天安公司向长新公司赊销产品一批,价值 35 000 元,增值税 5 950 元(35 000×17%),共计 40 950 元。

借:应收账款——长新公司　　40 950

　　贷:主营业务收入　　35 000

　　　　应交税费——应交增值税(销项税额)　　5 950

【例 4-20】接例 4-19,2×16 年 9 月 13 日,天安公司收到长新公司货款 40 950 元。

借:银行存款　　40 950

　　贷:应收账款——长新公司　　40 950

【例 4-21】2×16 年 7 月 13 日,天安公司向长新公司赊销产品一批,价值 35 000 元,增值税 5 950 元(35 000×17%),共计 40 950 元,现金折扣条件为"1/30、N/60"(按价税合计金额计算现金折扣)。2×16 年 8 月 10 日,天安公司收到长新公司货款。

总价法下,赊销产品的业务处理同例 4-19。

2×16 年 8 月 10 日,天安公司收到货款,给予长新公司现金折扣 409. 50 元

(40 950×1%),记入财务费用的借方。

借:银行存款　　　　　　　　　　　　　　40 540. 50

　财务费用　　　　　　　　　　　　　　　409. 50

　贷:应收账款——长新公司　　　　　　　　　40 950

如果长新公司超过了现金折扣的期限支付货款,则没有现金折扣,业务处理同例4-20。

拓展阅读

应收账款管理不善的弊端

应收账款是企业流动资产的一个重要项目。随着市场经济的发展、商业信用的推行,企业应收账款数额普遍明显增多,应收账款的管理已经成为企业经营活动中日益重要的问题。

应收账款管理不善的弊端如下:

(1) 降低企业的资金使用效率,使企业效益下降。由于企业的物流与资金流不一致,发出商品,开出销售发票,货款却不能同步回收,而销售已告成立,这种没有货款回笼的入账销售收入,势必产生没有现金流入的销售业务损益、销售税金上缴及年内所得税预缴,如果涉及跨年度销售收入导致的应收账款,则可产生企业流动资产垫付股东年度分红。企业因上述追求表面效益而产生的垫缴税款及垫付股东分红,占用了大量的流动资金,久而久之必将影响企业资金的周转,进而导致企业经营的实际状况被掩盖,影响企业生产计划、销售计划等,无法实现既定的效益目标。

(2) 夸大企业的经营成果。由于我国企业实行的记账基础是权责发生制(应收应付制),发生的当期赊销全部计入当期收入。因此,企业账上利润的增加并不表示能如期实现现金流入。会计制度要求企业按照应收账款余额的百分比来提取坏账准备,坏账准备率一般为3%～5%(特殊企业除外)。如果实际发生的坏账损失超过提取的坏账准备,会给企业带来很大的损失。因此,企业应收账款的大量存在虚增了账面上的销售收入,在一定程度上夸大了企业的经营成果,增加了企业的风险成本。

(3) 加速企业的现金流出。赊销虽然能使企业产生较多的利润,但是并未真正使企业现金流入增加,反而使企业不得不运用有限的流动资金来垫付各种税金和费用,加速企业的现金流出,主要表现为:

① 企业流转税的支出。应收账款带来销售收入,并未实际收到现金,流转税是以销售为计算依据的,企业必须按时以现金缴纳。企业缴纳的流转税如增值税、消费税、资源税以及城市建设税等,必然会随着销售收入的增加而增加。

② 所得税的支出。应收账款产生了利润,但并未以现金实现,而缴纳所得税必须按时以现金支付。

③ 现金利润的分配也存在同样的问题,另外,应收账款的管理成本和回收成本亦会加

速企业的现金流出。

（4）对企业营业周期有影响。营业周期即从取得存货到销售存货，并收回现金为止的这段时间。营业周期的长短取决于存货周转天数和应收账款周转天数，营业周期为两者之和。由此看出，不合理的应收账款的存在使营业周期延长，影响了企业资金循环，使大量的流动资金沉淀在非生产环节上，致使企业现金短缺，影响工资的发放和原材料的购买，严重影响企业正常的生产经营。

（5）增加应收账款管理过程中的出错概率，给企业带来额外损失。企业面对庞杂的应收款账户，核算差错难以及时发现，不能及时了解应收账款动态情况以及应收账款对方企业详情，造成责任不明确。应收账款的合同、合约、承诺、审批手续等资料的散落、遗失有可能使企业已发生的应收账款该按时收回的不能按时收回，该全部收回的只有部分收回，能通过法律手段收回的却由于资料不全而不能收回，直至最终形成企业资产的损失。

最后，对于因产品销售不畅而造成应收账款多的情况要小心，这说明企业的产品市场销路有问题，只能采用赊销来消化库存，提高周转率，因此不管其他财务指标多漂亮也掩盖不了未来前景可能变坏的信号。

（二）坏账损失的核算

企业的应收账款在未来是否能够收回存在不确定性，即企业存在发生坏账的风险。企业无法收回的应收账款称为企业的坏账，由于发生坏账而给企业造成的损失称为坏账损失。坏账损失形成的原因包括：债务单位破产或撤销，依照民事诉讼法进行清偿后，确实无法追回的部分；债务人死亡，既无遗产可供清偿，又无义务人承担，确实无法追回的部分；债务人逾期未履行偿债义务超过三年不能收回的应收账款。

坏账损失的核算在理论上存在两种方法：直接转销法和备抵法。直接转销法是指实际发生坏账损失时，将坏账损失直接计入当期损益，并转销应收账款的方法。备抵法是按期估计坏账损失，同时建立坏账准备金，待实际发生坏账时，冲销已经提取的坏账准备金。我国企业会计准则要求采用备抵法核算坏账损失。

采用备抵法，要设置“坏账准备”账户。提取坏账准备，记入该账户的贷方；发生坏账损失，冲销坏账准备，记入该账户的借方。“坏账准备”账户的贷方余额表示企业已经提取的坏账准备。

企业采用备抵法，坏账损失是预先估计的，一般采用应收账款余额百分比法、账龄分析法、销货（赊销额）百分比法等估计坏账损失。应收账款余额百分比法是按照应收账款余额的一定百分比计提坏账准备。账龄分析法是按照应收账款时间的长短计提坏账准备。销货百分比法是按照坏账损失额占赊销净额的比率计提坏账准备。企业采用销货百分比法，应以上一年度坏账损失额占赊销净额的比率乘以本期实际的赊销净额得出本期坏账准备数额。企业计提坏账准备具体采用哪一种方法，由企业自行确定。

【例 4-22】2×15 年 12 月 31 日，天安公司应收账款余额为 480 000 元，按 1%计提坏账准备 4 800 元（480 000×1%）。

借：资产减值损失　　　　4 800

　贷：坏账准备　　　　4 800

【例 4-23】2×16 年 4 月 23 日，奥特公司破产，天安公司确认其前欠货款 5 000 元无法收回。

借：坏账准备　　　　5 000

　贷：应收账款——奥特公司　　　　5 000

【例 4-24】2×16 年 12 月 31 日，天安公司应收账款余额如表 4-4 所示，采用账龄分析法计提坏账准备。

表 4-4　　应收账款账龄分析表

单位：元

应收单位	应收账款	未到期	逾期 1～6 月	逾期 6～12 月	逾期 1 年以上
长新公司	30 000	10 000	20 000		
茂昌公司	60 000	20 000	15 000	10 000	15 000
鼎力公司	120 000		65 000	40 000	15 000
盛源公司	150 000		90 000	50 000	10 000
合　计	360 000	30 000	190 000	100 000	40 000
估计坏账率		1%	2%	5%	10%
估计坏账	13 100	300	3 800	5 000	4 000

根据表 4-4，天安公司 2×16 年年末应计提坏账准备 13 100 元，直接计入当期资产减值损失。

借：资产减值损失　　　　13 100

　贷：坏账准备　　　　13 100

【例 4-25】天安公司 2×15 年坏账损失额 8 000 元，赊销净额 400 000 元，坏账损失占赊销净额的 2%。2×16 年天安公司赊销净额为 360 000 元，按照销货（赊销额）百分比法计提坏账准备 7 200 元（360 000×2%）。

借：资产减值损失　　　　7 200

　贷：坏账准备　　　　7 200

同步讨论

某上市公司公告称，由于收回已计提的坏账准备，因此 2011 年度利润增加，预计 2011 年度净利润将扭亏为盈。在 2010 年 1 至 6 月，领先科技计提了资产减值准备 3 844 万元，其中坏账准备 3 581 万元。而在 2009 年末，其计提资产减值累计仅为 224 万元。投资者质疑领先科技重组前大幅计提坏账准备，而在重组僵局之际利用收回已计提坏账准备扭亏为盈,其做法有涉嫌利润操纵的可能。

请分析期末坏账调整对公司编制财务报表是否必要,以及该项调整对公司财务数据会有哪些影响。

三、预付账款和其他应收款

(一)预付账款的核算

预付账款是指企业按照购货合同的规定,预先付给供应单位的款项。企业对预付账款的核算,应设置“预付账款”账户。企业发生预付账款,记入该账户的借方;收到所购商品时,根据发票账单等列明的金额,记入该账户的贷方;期末借方余额反映企业未收到商品的预付账款。

【例 4-26】天安公司 2×16 年 3 月 21 日因购买材料需要,按合同规定,向诺金公司汇去预付货款 20 000 元。2×16 年 5 月 10 日天安公司收到诺金公司的材料,材料已验收入库,增值税专用发票显示价款 72 000 元,增值税 12 240 元,价税合计金额 84 240 元。2×16 年 5 月 15 日,天安公司补付尾款。

① 天安公司预付货款。

借:预付账款　　20 000

　贷:银行存款　　20 000

② 天安公司收到材料。

借:原材料　　72 000

　应交税费——应交增值税(进项税额)　　12 240

　贷:预付账款　　84 240

③ 天安公司补付尾款。

借:预付账款　　64 240

　贷:银行存款　　64 240

(二)其他应收款的核算

企业在生产经营过程中,除了形成应收账款和应收票据之外,还会形成其他各种应收、暂付的款项,如职工个人欠款、存出保证金、应收保险赔款、备用金等。这类款项是企业销售商品或提供劳务以外的其他因素引起的债权,应通过“其他应收款”账户核算。

同步讨论

刚学完会计学课程的某大学二年级学生周彤利用暑假到某企业的财务部实习,在查看该企业往来账时,发现“其他应收款”所属的几个明细账户记录为:

其他应收款——××商场　　　　　　　　3 000（借方）

其他应收款——××证券公司　　　　　　400 000（借方）

经仔细检查，周彤发现，应收 ×× 商场的 3 000 元是该商场从本企业购货时，本企业代其垫付的运费；应收 ×× 证券公司的 400 000 元是本企业存在证券公司打算进行投资的款项。周彤在学校学习过会计课程，朦朦胧胧地感觉这两个明细账户的记录似乎有些不对劲。课堂上老师曾讲过每个账户核算的具体内容，核算范围是比较固定的。周彤对会计学的基础知识掌握不扎实，尽管她对这两个明细账户的记录产生了怀疑，但是不敢盲目地下结论。后来，周彤带着问题查阅了会计学教材，得到了准确的答案，并向该企业的会计人员指出了他们在"其他应收款"账户核算上存在的问题。

结合本章的内容，你认为周彤与企业的会计人员是如何交流的？

【例 4-27】2×16 年 10 月 18 日，天安公司销售部经理李明瑞出差，预借差旅费 5 000 元，现金付讫。

借：其他应收款——李明瑞　　　　5 000

　贷：库存现金　　　　　　　　　5 000

【例 4-28】接例 4-27，2×16 年 10 月 27 日，天安公司销售部经理李明瑞出差回来，报销差旅费 5 300 元。

借：销售费用　　　　　　　　　5 300

　贷：其他应收款——李明瑞　　　5 000

　　库存现金　　　　　　　　　300

第五节　存　货

存货是企业一项重要的流动资产，是企业利润产生的源泉。存货是指企业在日常活动中持有以备出售的产成品或商品、处在生产过程中的在产品、在生产过程或提供劳务过程中耗用的材料和物料等。存货包括产成品或商品、在产品、半成品、原材料、燃料、包装物、低值易耗品等。

一、存货的取得

工业企业的存货主要是材料，企业可以按照实际成本法或计划成本法核算材料的收、发、结存情况，具体采用哪一种方法，由企业根据具体情况自行决定。下面以原材料为例，介绍实际成本法下取得存货的核算。

企业的原材料按照实际成本法进行日常的收发核算，其特点是采购、领用、结存原材料全部按实际成本计价。实际成本包括购买价款、相关税费、运输费、保险费以及其他可归入原材料采购成本的费用。

企业应设置“原材料”“在途物资”等科目。“原材料”账户核算企业库存材料实际成本的增减变动及其结存情况，购入并已验收入库的原材料记入该账户的借方，发出材料记入该账户的贷方，期末借方余额为库存材料的实际成本。“在途物资”账户核算企业已经购入但尚未到达或尚未验收入库材料实际成本的增减变动及其结余情况。“在途物资”账户借方登记已经购入但未到达或未验收入库材料的实际成本，贷方登记结转验收入库材料的实际成本，期末余额在借方，表示尚未验收入库材料的实际成本。

【例 4-29】2×16 年 7 月 27 日，天安公司向友谊公司购买一批原材料，价款 27 000 元，增值税 4 590 元，款项已开出转账支票支付。

借：原材料　　27 000
　　应交税费——应交增值税（进项税额）　　4 590
　　贷：银行存款　　31 590

【例 4-30】2×16 年 8 月 23 日，天安公司向友谊公司购买一批原材料，价款 32 000 元，增值税 5 440 元，货款尚未支付，材料也未送达。2×16 年 8 月 30 日，这批材料送达并已验收入库。

① 采购材料。

借：在途物资　　32 000
　　应交税费——应交增值税（进项税额）　　5 440
　　贷：应付账款——友谊公司　　37 440

② 材料送达，验收入库。

借：原材料　　32 000
　　贷：在途物资　　32 000

二、存货的发出

企业取得存货后，会陆续从仓库发出，用于销售或消耗，存货处在不断的流转过程中。企业发出存货时，可以采用先进先出法、一次加权平均法、移动加权平均法、个别计价法确定发出存货的实际成本。

（一）发出存货的计价方法

1. 先进先出法

先进先出法是假定先入库的存货先发出，据此计算发出存货成本的方法。采用先进先出法，每批发出存货的成本按存货中最先入库的那批单价计算，如果某次发出存货的数量超过最先入库的那一批存货的数量，超过部分依次按下一批存货的单价计算。

发出存货成本＝发出存货数量×先入库存货的单位成本

期末结存存货成本＝期初结存存货成本＋本期增加存货成本－本期发出存货成本

【例 4-31】天安公司 2×16 年 12 月份原材料的购进、领用和结存情况如下：

① 12 月 1 日，期初结存原材料 100 件，单价 6 元；

② 12 月 4 日，生产车间领用原材料 20 件；

③ 12月8日，购进原材料100件，单价7元；

④ 12月15日，生产车间领用原材料40件；

⑤ 12月18日，购进原材料100件，单价8元；

⑥ 12月25日，生产车间领用原材料120件。

要求：按照先进先出法计算本期发出原材料的成本及期末结存原材料的成本（表4-5）。

表4-5 原材料明细账（先进先出法）

2×16年		凭证		摘要	收入			发出			结存		
月	日	字	号		数量	单价	金额	数量	单价	金额	数量	单价	金额
12	1	记	2	期初结存							100	6	600
	4	记	6	领用材料				20	6	120	80	6	480
	8	记	13	购进材料	100	7	700				80 100	6 7	480 700
	15	记	20	领用材料				40	6	240	40 100	6 7	240 700
	18	记	31	购进材料	100	8	800				40 100 100	6 7 8	240 700 800
	25	记	47	领用材料				40 80	6 7	240 560	20 100	7 8	140 800
	31			月末合计	200		1 500	180		1 160	20 100	7 8	140 800

2. ***一次加权平均法***

一次加权平均法是指以期初结存的存货数量和本月收入的存货数量为权数，计算存货平均单位成本和发出存货成本的方法，计算公式为：

$$平均单位成本=\frac{期初结存存货金额+本月收入存货金额}{期初结存存货数量+本月收入存货数量}$$

$$发出存货成本=发出存货数量\times平均单位成本$$

【例4-32】接例4-31，按照一次加权平均法计算本期发出原材料的成本及期末结存原材料的成本（表4-6）。

$$平均单位成本=\frac{100\times6+100\times7+100\times8}{100+100+100}=7\text{（元/件）}$$

$$发出存货成本=180\times7=1\ 260\text{（元）}$$

表4-6 原材料明细账（一次加权平均法）

2×16年		凭证		摘要	收入			发出			结存		
月	日	字	号		数量	单价	金额	数量	单价	金额	数量	单价	金额
12	1	记	2	期初结存							100	6	600

续表

2×16年		凭证		摘要	收入			发出			结存		
月	日	字	号		数量	单价	金额	数量	单价	金额	数量	单价	金额
	4	记	6	领用材料				20	7	140	80	7	560
	8	记	13	购进材料	100	7	700				180	7	1 260
	15	记	20	领用材料				40	7	280	140	7	980
	18	记	31	购进材料	100	8	800				240	7	1 680
	25	记	47	领用材料				120	7	840	120	7	840
	31			月末合计	200		1 500	180	7	1 260	120	7	840

3. 移动加权平均法

移动加权平均法是指每次购入存货后，根据库存数量以及库存金额计算出新的平均单位成本，再将随后发出存货的数量按此平均单位成本计算发出存货的成本，即每购入一次存货就计算一次平均单位成本。

$$移动加权平均单位成本=\frac{本次进货成本+本次进货前库存成本}{本次进货数量+本次进货前库存数量}$$

$$发出存货成本=发出存货数量\times移动加权平均单位成本$$

【例 4-33】接例 4-31，按照移动加权平均法计算本期发出原材料的成本及期末结存原材料的成本（表 4-7）。

$$第一次购货后平均单位成本=\frac{80\times6+100\times7}{80+100}=6.56（元/件）$$

$$第二次购货后平均单位成本=\frac{140\times6.56+100\times8}{140+100}=7.16（元/件）$$

$$发出存货成本=20\times6+40\times6.56+120\times7.16\approx1\ 241（元）$$

表 4-7　　原材料明细账（移动加权平均法）

2×16年		凭证		摘要	收入			发出			结存		
月	日	字	号		数量	单价	金额	数量	单价	金额	数量	单价	金额
12	1	记	2	期初结存							100	6	600
	4	记	6	领用材料				20	6	120	80	6	480
	8	记	13	购进材料	100	7	700				180	6.56	1 180
	15	记	20	领用材料				40	6.56	262	140	6.56	918
	18	记	31	购进材料	100	8	800				240	7.16	1 718
	25	记	47	领用材料				120	7.16	859	120	7.16	859
	31			月末合计	200		1 500	180		1 241	120	7.16	859

4. 个别计价法

个别计价法亦称个别认定法，是指对发出的存货分别认定其单位成本和发出存货成本的方法。采用这种方法要求具体存货项目具有明显标志，而且数量不多、价值大，如大件、贵重的物品。期末分别确定每种存货的单位成本和总成本，然后将各种存货的成本相加，即期末全部存货的成本。

【例 4-34】接例 4-31，按照个别计价法计算本期发出原材料的成本及期末结存原材料的成本，相关资料如表 4-8 所示。

表 4-8　　原材料明细账（个别计价法）

2×16年		凭证		摘要	收入			发出			结存		
月	日	字	号		数量	单价	金额	数量	单价	金额	数量	单价	金额
12	1	记	2	期初结存							100	6	600
	4	记	6	领用材料				20	6	120	80	6	480
	8	记	13	购进材料	100	7	700				80 100	6 7	480 700
	15	记	20	领用材料				40	7	280	80 60	6 7	480 420
	18	记	31	购进材料	100	8	800				80 60 100	6 7 8	480 420 800
	25	记	47	领用材料				60 60	6 8	360 480	20 60 40	6 7 8	120 420 320
	31			月末合计	200		1 500	180		1 240	20 60 40	6 7 8	120 420 320

拓展阅读

如何选择存货计价方法有学问

存货计价方法的选择，不仅要考虑会计准则的限制，还要考虑企业所处行业、外部总体经营环境等因素的影响，当然还受会计信息质量要求的约束。不同的存货制度和存货计价方法会对会计收益产生较大的影响，因此在实际工作中被称为不同的会计政策。由于会计准则规定的会计程序、方法具有可选择性，一个企业即使在遵守会计准则的前提下，也会因采取不同的备选方案而出现不同的财务结果，甚至可能操纵盈利的高低，所以需要恰当地选择存货的计价方法，同时也要求企业的管理当局和会计人员具有较高的职业判断水平、较强的自律意识和良好的职业道德。

（二）发出存货的核算

按照上述发出存货的计价方法确定发出存货的成本，按发出存货的不同用途分别在不同的账户中进行核算。企业生产经营领用原材料时，借记“生产成本”“制造费用”“管理费用”等账户，贷记“原材料”账户。

【例 4-35】天安公司本月生产 A 产品领用原材料 35 100 元，生产 B 产品领用原材料 42 800 元，车间一般性消耗原材料 6 100 元，行政管理部门领用原材料 1 200 元。

借：生产成本——A 产品	35 100	
生产成本——B 产品	42 800	
制造费用	6 100	
管理费用	1 200	
贷：原材料		85 200

三、存货的盘存

（一）存货盘存的计量

企业对存货的核算，包括对存货数量和存货价值的计量和记录。存货期末结存数量的确定一般采用盘存计量的方法。存货的盘存计量有两种方法：永续盘存制和实地盘存制。

1. 永续盘存制

永续盘存制亦称账面盘存制，是按存货的项目设置账户，序时、逐笔登记存货收入和发出的数量，并及时计算存货结存数量的制度。其计算公式为：

期初结存数量 + 本期收入数量 − 本期发出数量 = 期末结存数量

企业存货的收发结存管理严格，在存货未发生损失的情况下，存货账户的结存数量一般与存货的实际数量一致。采用永续盘存制，可以随时掌握存货收发结存的情况，有利于加强存货的管理，同时定期或不定期地对存货进行实地盘点，保证账实相符。

2. 实地盘存制

实地盘存制是指对存货通过实地盘点，确定存货期末数量的制度。采用实地盘存制，要求企业根据原始凭证，序时、逐笔登记存货收入的数量、金额，不登记存货发出的数量、金额，通过实地盘存确定期末存货的数量、金额，倒算出本期存货发出的数量、金额。其计算公式为：

期初结存数量 + 本期收入数量 − 本期结存数量 = 本期发出数量

采用实地盘存制，平时不登记存货发出的数量，从而简化了核算工作，但不能及时掌握存货的发出和结存情况。

拓展阅读

存货计价方法运用的重要性

存货的价值确定涉及两个要素:数量和价格(或单位成本)。无论是采用永续盘存制还是采用实地盘存制,确定现有存货的数量常常比较困难,因为货物总是不断地被购入和销售,不断地在不同存放地点间转移以及被投入到生产过程之中。存货单位价格的计算同样可能存在问题,因为采用先进先出法、加权平均法、个别计价法以及其他的计价方法所计算出来的存货价值将不可避免地存在较大的差异。正因为如此,复杂的存货账户体系往往成为极具吸引力的舞弊对象。

不诚实的企业常常利用以下几种方法的组合进行存货造假:虚构不存在的存货,存货盘点操纵,错误的存货资本化。所有这些精心设计的方案都有一个共同的目的,即虚增存货的价值。

(二)存货盘盈盘亏的核算

企业要定期或不定期地对存货进行清查,查清存货的实存数量与账面结存数量的差异以及存货的利用、保管制度情况等。

对存货实存数量与账面结存数量的盘盈盘亏,设置"待处理财产损溢"账户进行核算。发生存货盘盈和转销盘亏,记入该账户的贷方;发生存货盘亏和转销盘盈,记入该账户的借方。盘盈的存货应冲减当期的管理费用。盘亏的存货减去过失人或保险公司等的赔款和残料价值之后,计入当期的管理费用;属于非常损失的,计入营业外支出。

【例 4-36】天安公司 2×16 年年末对存货盘点,发现一批原材料盘亏,账面记录的成本是 2 000 元,增值税 340 元。经查原材料盘亏是因为仓库保管员李一鸣失职使原材料被盗,公司审批后要求过失人赔偿。

① 未审批前。

借:待处理财产损溢——待处理流动资产损溢	2 340	
贷:原材料		2 000
应交税费——应交增值税(进项税额转出)		340

② 审批后。

借:其他应收款——李一鸣	2 340	
贷:待处理财产损溢——待处理流动资产损溢		2 340

【例 4-37】天安公司 2×16 年 6 月 30 日对存货盘点,盘盈一批存货,实际成本 500 元,经查是收发计量不准确导致的,公司审批后冲销管理费用。

① 未审批前。

借:原材料	500	
贷:待处理财产损溢——待处理流动资产损溢		500

② 审批后。

借：待处理财产损溢——待处理流动资产损溢　　500

　　贷：管理费用　　500

同步讨论

李妍是一家会计师事务所的业务助理，正在协助审查南方某市一家装备制造企业的存货。李妍通过监督盘点并检查相关资料，发现该企业的存货堆放混乱，仓库与财务部门都没有保存应有的账簿资料，企业具体有多少类存货、每类存货的最高存量与最低存量是多少、存货的成本是多少，尤其是每一种产成品的单位成本是多少、生产一件产品需要多少原材料等资料无从知晓。每月企业都要投入大量资金用于进货，车间总强调材料供应不及时，而销售部门认为生产调度出了问题，大批即将完工的产品遍布各生产车间，企业交货不及时，目前已陷入资金紧张的困境。

结合案例提供的资料，你认为该企业的关键问题是什么？如何尽快扭转被动的局面？存货核算能提供哪些信息？企业存货核算不实会给企业带来哪些潜在问题？存货的期末余额对当期销货成本会产生什么影响？期末存货质量如何影响当期损益？

四、存货的期末计价

在资产负债表日，企业的存货应按照成本与可变现净值孰低计量。如果成本低于可变现净值，则按成本作为存货的期末价值，此时不需要计提存货跌价准备；如果成本高于可变现净值，则按成本与可变现净值的差额计提存货跌价准备。可变现净值是指企业在正常经营过程中，存货的估计售价减去至完工时估计将要发生的成本、估计销售费用以及相关税费后的金额。

企业计算出存货可变现净值低于成本的差额，借记“资产减值损失”账户，贷记“存货跌价准备”账户。如果已计提跌价准备的存货价值又得以恢复，应按恢复增加的金额，借记“存货跌价准备”账户，贷记“资产减值损失”账户；其冲减的跌价准备的金额应以“存货跌价准备”账户的余额冲减至零为限。

拓展阅读

存货跌价准备计提的理由

物价存在波动，不是上涨就是下跌。如果物价上涨导致存货单位价格上升，企业就会出现存货“持有利得”；反之，则出现存货“持有损失”。一般来说，财务会计模式主要以市场交易为主，不确认非市场交易所带来的资产价格变动，但谨慎性原则又要求提前确认可能的损失,推迟确认可能的利得。由于物价下跌导致企业的存货出现持有损失,就是一个可能的损失,为了遵循谨慎性原则的要求,我国的会计准则规定企业可以对可变现净值低于存货成本的差额计提存货跌价准备。

【例 4-38】天安公司 2×16 年 12 月 31 日存货的账面价值 321 000 元,预计可变现净值 318 000 元,应计提存货跌价准备 3 000 元。

借:资产减值损失——计提的存货跌价准备　　3 000

　贷:存货跌价准备　　3 000

课后思考题

1. 什么是未达账项?如何编制银行存款余额调节表?

2. 为什么货币资金的内部控制尤为重要?货币资金内部控制包含哪些内容?

3. 应收账款、应收票据、其他应收款、预付账款核算内容的区别是什么?

4. 企业发出存货可以采用哪些不同的计价方法?不同的计价方法对企业的财务状况和经营成果有哪些影响?

5. 永续盘存制和实地盘存制的区别是什么?

业务练习题

1. 天利公司 2×16 年 10 月发生如下经济业务:

① 将现金 3 000 元存入银行;

② 职工陈自立出差借款 2 500 元,现金付讫;

③ 从银行提取现金 46 000 元,以备发工资;

④ 购买原材料一批,价值 60 000 元,增值税 10 200 元,款项通过银行付讫,材料已验收入库;

⑤ 销售产品一批,价值 34 500 元,增值税 5 865 元,价税合计金额 40 365 元,款项已存入银行;

⑥ 月末,企业银行存款日记账余额 134 250 元,银行对账单余额 209 775 元,经核对发现银行已收企业未收款项 31 950 元,银行已付企业未付款项 6 750 元,企业已收银行未收款项 2 175 元,企业已付银行未付款项 52 500 元。

要求:(1) 编制银行存款余额调节表。

(2) 根据上述经济业务编制会计分录。

2. 天利公司为增值税一般纳税人,2×16 年 10 月发生以下经济业务:

① 10 月 2 日,公司出纳刘钊因上个月工作失误,缴纳赔偿现金 200 元;

② 10 月 10 日,公司销售给阳光商店一批商品,价款 100 000 元,增值税 17 000 元,付款条件为“2/10、N/30”(按价款计算);

③ 10月12日,公司销售给玉泉公司一批商品,价款200 000元,增值税34 000元,玉泉公司当即开出一张商业汇票;

④ 10月18日,阳光商店支付产品的货款,公司收到后存入银行;

⑤ 10月25日,用现金缴纳明珠公司包装物押金600元;

⑥ 10月30日,为购买原材料预付宝华公司货款150 000元;

⑦ 10月31日,经公司董事会批准转销已破产无法收回的天盛公司债权16 000元。

要求:根据以上资料进行相关的会计处理。

3. 天利公司原材料按实际成本核算,2×16年8月公司发生下列材料采购业务:

① 公司购入甲材料7 000千克,单价10元,价款70 000元,增值税11 900元,装卸费1 100元,款项均通过银行付清;

② 购入乙材料200吨,单价800元,价款160 000元,增值税27 200元,款项未付;

③ 购进丙材料3 000千克,单价20元,价款60 000元,增值税10 200元,开具商业承兑汇票一张;

④ 用银行存款150 000元预付订购丁材料货款;

⑤ 本月已预付款的丁材料月底到货,价款200 000元,增值税34 000元,并补付尾款。

注:本月购入的甲、乙、丙、丁材料均已验收入库。

要求:编制上述业务的会计分录。

4. 天利公司有关商品的收发结存情况如下:

① 9月1日,期初结存商品300件,单价400元;

② 9月8日,购入商品1 000件,单价410元;

③ 9月10日,出售商品500件;

④ 9月15日,购入商品2 000件,单价415元;

⑤ 9月20日,出售商品2 500件;

⑥ 9月30日,账面结存商品300件。

要求:分别按照先进先出法、一次加权平均法、移动加权平均法计算出售商品和结存商品的成本。

案例分析题

利马音响公司以往的销售结算方式是:现销25%,信用卡销售35%,赊销40%(赊账期30天)。该销售结算方式给公司带来了适度的利润,且每月现金收入大于现金支出。公司采用直接转销法核算坏账,坏账费用约占销售净额的1%。

2个月以前,公司实行一项新的赊销政策——双零销售,即客户赊购本公司产品可以不用支付定金和利息,账款在12个月内均付。

这项政策推出后,客户反响强烈,月销售额迅速上升,但是利马音响公司却面临现金流量问题——没有足够的现金支付供应商的款项,因为公司得到的赊购期限是30天。

公司的会计部门对月度经营成果的分析如表4-9所示。

表 4-9　　月度经营成果分析

单位:元

	双零销售前	最近 1 个月
销　售		
现　金	12 500	5 000
信用卡	17 500	10 000
30 天赊账	20 000	0
双零销售	0	75 000
月销售总额	50 000	90 000
销售成本和费用	40 000	65 000
净　利	10 000	25 000
现金收入		
现　金	12 500	5 000
信用卡	17 500	10 000
30 天赊账	19 500	0
双零销售	0	11 250
月现金收入总额	49 500	26 250
冲销的坏账费用	500	0
月末应收账款	20 000	135 000

会计部门就上述分析得出如下结论:双零销售政策令公司陷入困境,自实施此计划以来,应收账款增加了近 6 倍,而且还在增加,现金收入却下降了近一半。公司无法承受如此高的非创利性资产,如果公司不增加现销或不放弃双零销售,应收账款将无法收回,甚至可能导致公司破产。

利马音响公司的总经理兼创办人史先生知道后大发雷霆:"谁说应收账款是非创利性资产? 它是我们公司最富盈利性的资产。自从实施双零销售以来,我们的销售翻了一番,利润增加了 1 倍多,但我们的坏账却为零。"

要求:

(1) 请解释为什么双零销售政策使企业销售和利润增加而现金收入却下降。

(2) 在双零销售政策到期前,请为公司策划增加现金流量的方法。

(3) 你认为公司应继续推行双零销售政策还是返回到 30 天赊销上? 请说明理由。

第五章

非流动资产

学习目标

1. 理解长期资产、长期投资的概念，明确长期股权投资和长期债券投资的核算方法。

2. 明确固定资产的概念、分类与计价，熟悉固定资产增加、固定资产减少、固定资产折旧和固定资产清理的核算。

3. 了解无形资产的概念、特点，熟悉无形资产取得、摊销和转让的核算。

导入案例

速达网络公司的长期资产摊销

陈诚在速达网络公司财务部任职，最近遇到了一件棘手的会计业务。速达网络公司从事网络开发、网络服务业务，每年有大量客户开发与服务支出，对这部分支出，速达网络公司一直作为资本化支出进行处理，在18个月内摊销。2×15年后陆续有新公司介入网络服务领域，市场竞争异常激烈，速达网络公司的客户开始流失，业绩开始下滑。2×16年速达网络公司决定将客户开发与服务支出的摊销期延长至36个月。

案例思考

1. 速达网络公司的做法符合规定吗？
2. 公司为什么要这样做呢？
3. 陈诚对此应该采取什么态度？

第一节 非流动资产概述

企业在生产经营活动中,除了需要货币资金、存货等流动资产以外,还需要厂房、机器设备等非流动资产。

非流动资产是指在一年或者超过一年的一个营业周期以上变现或者耗用的资产。非流动资产按其性质分为长期投资、固定资产、无形资产和其他长期资产。非流动资产是相对于流动资产而言的,具有以下特点:

(1) 周转时间长。从投资到收回一般2～5年,有的长达5年以上。比如,一台机器设备使用年限为5年,超过了使用年限还可以继续使用,实际使用年限就超过了5年。

(2) 效益高。非流动资产投入的金额比较大,投资回报率比较高。例如,企业购买技术先进的生产设备,引进新工艺,能够提高生产效率,增加企业的净利润。企业进行新工艺、新技术的研发,成功掌握了该领域的核心技术,获得竞争优势,能够提高产品的市场竞争力。

(3) 风险大。风险与收益总是相伴而生的,高收益必然伴随着高风险。非流动资产投资的金额较大,生产经营过程中面临的不确定因素较多。企业的机器设备可能面临产能过剩、技术落后的风险,企业投入研发的资金可能面临研发失败的风险,企业的长期股权投资不一定能给企业带来长期、稳定的收益。企业的经营水平、市场波动、产业政策等因素都会影响投资收益,一项重大投资决策的失败可能造成企业资金链断裂、生产经营陷入困境;一项重大投资决策的成功可能使企业扩大规模、占领市场,由弱变强。因此,企业应从产品经营的角度重视非流动资产的会计核算,更要从资本经营的角度重视非流动资产的管理。

第二节 长期投资

一、长期投资的含义及分类

长期投资是指持有时间在一年以上的投资。它包括持有时间一年以上的有价证券投资和一年以上的其他投资。有价证券投资包括企业债券投资和股票投资。其他投资是指向其他企业进行货币资金、固定资产、无形资产投资。

长期投资的目的在于获得投资收益,为企业的长远发展积累资金,或者基于企业经营业务发展的需要,控制原料供应或销售渠道,持有其他企业的股份或向其他企业投资。长期投资具有以下特点:

(1) 投资期限较长。一般投资期限2～5年,或者5年以上。

(2) 投资额较大。为了控股或获得较大收益,长期投资的金额较大,投入的资金才能获得长期、稳定的投资收益。

(3) 投资风险较大。由于市场的不确定因素较多,长期投资的周期较长,投入的金额较大,长期投资为企业带来收益的同时,面临的投资风险也比较大。

长期投资按其性质分为债权性投资、权益性投资和混合性投资。债权性投资是指形成债权债务关系的投资,如购买公司的长期债券、政府公债等,这种投资有偿还期限,投资收益固定,风险较小。权益性投资是指形成所有者权益的投资,如购买其他企业的股票,或直接向其他企业投资。这种投资时间长,投资的本金不返还,投资收益不确定,投资风险较大。混合性投资兼具债权性投资和权益性投资的性质,如购买优先股、可转换公司债权。

长期投资按其形式分为长期股权投资、长期债券投资和其他长期投资。

拓展阅读

金融工具与投资

金融工具是指形成一个企业的金融资产,并形成其他单位的金融负债或权益工具的合同。金融工具分为基本金融工具和衍生金融工具。衍生金融工具包括远期合同、期货合同、互换和期权,以及具有远期合同、期货合同、互换和期权中一种或一种以上特征的工具。

各种金融工具形成的金融资产在初始确认时应划分为下列三类:

(1) 以摊余成本计量的金融资产。

(2) 以公允价值计量且其变动计入当期损益的金融资产。

(3) 以公允价值计量且其变动计入其他综合收益的金融资产。

一个企业对外进行的投资也形成了这个企业的金融资产。根据目的的不同,投资可以分为交易性投资、持有至到期投资、长期股权投资等,分别适用上述三种不同金融资产的确认和计量原则与方法。

(1) 交易性投资按照以公允价值计量且其变动计入当期损益的金融资产进行会计处理。

(2) 持有至到期投资按照以摊余成本计量的金融资产进行会计处理。

(3) 长期股权投资按照《企业会计准则第 2 号——长期股权投资》的规定进行会计处理。

二、长期股权投资

长期股权投资是指投资方对被投资单位实施控制、重大影响的权益性投资,以及对其合营企业的权益性投资。

核算长期股权投资应设置"长期股权投资"账户,购入股权记入该账户的借方,股权的减少记入该账户的贷方,账户的借方余额反映持有的股权投资金额。

长期股权投资的计价分两个阶段:在取得长期股权投资时,按取得成本计价;在取得股权后，按投资企业占被投资企业权益资本比例的不同，分别采取成本法和权益法计价。

（一）长期股权投资按成本法计价

成本法是指长期股权投资的取得、增加、减少的账面价值按实际成本计价的方法。投资方能够对被投资单位实施控制的长期股权投资应当采用成本法核算。

采用成本法核算的长期股权投资应当按照初始投资成本计价。企业长期股权投资的账面价值不受被投资企业盈亏和其他权益变动的影响，一般不做调整。支付现金取得的长期股权投资，应当按照实际支付的购买价款作为初始投资成本。初始投资成本包括与取得长期股权投资直接相关的费用、税金及其他必要支出。追加或收回投资应调整长期股权投资的账面价值。被投资单位宣告分派的现金股利或利润，应当确认为当期的投资收益。

【例 5-1】2×16 年 3 月 10 日，天安公司购入腾达公司普通股股票 40 000 股，持股比例 10%，准备长期持有。该股票以 8 元 / 股的价格购入，包含该公司已宣告分派但尚未发放的现金股利 0. 3 元 / 股，另支付手续费 1 500 元。

股票投资的成本 = 40 000×（8 − 0. 3）+ 1 500 = 309 500（元）

应收股利 = 0. 3×40 000 = 12 000（元）

借：长期股权投资	309 500	
应收股利	12 000	
贷：银行存款		321 500

【例 5-2】接例 5-1，2×16 年 5 月 12 日腾达公司分派现金股利。

借：银行存款	12 000	
贷：应收股利		12 000

（二）长期股权投资按权益法计价

权益法是指长期股权投资最初以初始投资成本计价，以后根据投资企业享有被投资企业所有者权益份额的变动对投资账面价值进行调整的方法。在权益法下，长期股权投资的账面价值随着被投资企业所有者权益的变动而变动，包括被投资企业实现的净利润或发生的净亏损以及其他所有者权益项目的变动。

投资方对联营企业和合营企业的长期股权投资，应当采用权益法核算。以支付现金取得的长期股权投资，应当按照实际支付的购买价款作为初始投资成本。初始投资成本包括与取得长期股权投资直接相关的费用、税金及其他必要支出。以发行权益性证券取得的长期股权投资，应当按照发行权益性证券的公允价值作为初始投资成本。与发行权益性证券直接相关的费用，应当按照有关规定确定。

权益法关注被投资企业的所有者权益，被投资企业所有者权益发生变动，投资企业相应进行调整。投资企业长期股权投资的账面价值，随着被投资企业所有者权益的变动而相应进行调整。长期股权投资采用权益法，除增加、减少股权投资影响长期股权投资账面价值外，被投资企业发生盈利或亏损也要相应增加或减少投资企业长期股权投资的账面价值。因此，权益法下长期股权投资的账面价值不是反映企业投资的原始投资额，而是反映投资企业在被投资企业权益资本中所占的比例。

【例 5-3】2×13 年 3 月 1 日，天安公司对合营企业云飞公司投资 1 800 000 元，持股比例 50%，假定公允价值与投资额相同。

借：长期股权投资——云飞公司（投资成本）　　1 800 000
　　贷：银行存款　　1 800 000

【例 5-4】接例 5-3，2×14 年云飞公司实现净利润 200 000 元，经股东大会决议，计划分派 40% 的利润。

损益调整 = 200 000×50% = 100 000（元）

借：长期股权投资——云飞公司（损益调整）　　100 000
　　贷：投资收益　　100 000

应收股利 = 200 000×50% ×40% = 40 000（元）

借：应收股利——云飞公司　　40 000
　　贷：长期股权投资——云飞公司（损益调整）　　40 000

【例 5-5】接例 5-4，2×15 年 4 月 28 日，天安公司收到云飞公司分派的现金股利。

借：银行存款　　40 000
　　贷：应收股利——云飞公司　　40 000

【例 5-6】接例 5-3，2×15 年云飞公司发生亏损 60 000 元。

损益调整 = 60 000×50% = 30 000（元）

借：投资收益　　30 000
　　贷：长期股权投资——云飞公司（损益调整）　　30 000

（三）长期股权投资的期末计价

企业应在资产负债表日判断长期股权投资是否存在可能发生减值的迹象，如果存在减值迹象，应当估计该长期股权投资的可收回金额。长期股权投资的可收回金额是指长期股权投资的公允价值减去处置费用后的净额与长期股权投资预计未来现金流量的现值两者之间的较高者。

如果长期股权投资的可收回金额低于其账面价值，应当将长期股权投资的账面价值减至可收回金额，减记的金额确认为长期股权投资的减值损失，计入当期损益，同时计提长期股权投资减值准备，借记“资产减值损失”账户，贷记“长期股权投资减值准备”账户。长期股权投资减值损失一经确认，在以后会计期间不得转回。

三、持有至到期投资

持有至到期投资是指到期日固定、回收金额固定或可确定，且企业有明确意图和能力将其持有至到期的非衍生金融资产。企业应按持有至到期投资的类别和品种设置“持有至到期投资——成本或利息调整、应计利息”账户，反映持有至到期投资增减变化的情况。

持有至到期投资是旧企业会计准则中的长期债券投资。企业购买的债券，支付的实际价格与债券的面值一致的为平价购入，高于债券面值的是溢价购入，低于债券面值的是折价购入。溢价或折价购买债券是债券的票面利率与资金市场的实际利率不一致造成的，涉及债券溢价或折价的摊销问题。

（一）持有至到期投资初始投资成本的确定

持有至到期投资的初始投资成本应当按照取得投资时的公允价值及相关交易费用计价。其中，交易费用包括支付给代理机构、咨询公司、券商等的手续费和佣金及其他必要支出。支付的价款包含已到付息期但尚未领取的债券利息，应单独确认应收利息项目。

当企业取得持有至到期投资时，按该投资的面值借记"持有至到期投资——成本"账户，按支付的价款中包含的已到付息期但尚未收到的利息借记"应收利息"账户，按实际支付的金额贷记"银行存款"账户，借贷方的差额可以借记或贷记"持有至到期投资——利息调整"账户。

【例 5-7】2×14 年 1 月 6 日，天安公司溢价购入腾达公司发行的 3 年期债券，债券面值 80 000 元，年利率 6%，购买价款 84 000 元。

借：持有至到期投资——成本	80 000	
持有至到期投资——利息调整	4 000	
贷：银行存款		84 000

（二）持有至到期投资的后续计量

在持有期间，企业应当以摊余成本对持有至到期投资进行后续计量。所谓摊余成本，是指该项投资在初始确认金额的基础上调整了如下因素后的结果：

（1）扣除已偿还的本金。

（2）加上或减去采用实际利率法将该初始确认金额与到期日金额之间的差额进行摊销形成的累计摊销额。

（3）扣除已经发生的减值损失。

持有至到期投资应当按照摊余成本和实际利率计算确认利息收入，计入投资收益。实际利率应当在取得持有至到期投资时确定，在持有至到期投资预期存续期间保持不变。

资产负债表日，持有至到期投资为分期付息、一次还本债券投资的，应按票面利率计算确定的应收未收利息，借记"应收利息"账户；按持有至到期投资摊余成本和实际利率计算确定的利息收入，贷记"投资收益"账户；按其差额，借记或贷记"持有至到期投资——利息调整"账户。

持有至到期投资为一次还本付息债券投资的，应于资产负债表日按票面利率计算确定的应收未收利息，借记"持有至到期投资——应计利息"账户；按持有至到期投资摊余成本和实际利率计算确定的利息收入，贷记"投资收益"账户；按其差额，借记或贷记"持有至到期投资——利息调整"账户。

【例 5-8】2×13 年 1 月 1 日，天安公司溢价购入云飞公司发行的 4 年期债券，债券面值 300 000 元，年利率 6%，支付购买价款 310 775 元。该债券每半年付息一次，到期一次还本，发行时的实际利率为 5%。采用实际利率法，持有至到期投资溢价摊销如表 5-1 所示。

表 5-1　　持有至到期投资溢价摊销表

单位:元

计息日期	应计利息	投资收益	利息调整	债券摊余成本
2×13. 1. 1				310 755
2×13. 6. 30	9 000	7 769	1 231	309 524
2×13. 12. 31	9 000	7 738	1 262	308 262
2×14. 6. 30	9 000	7 707	1 293	306 969
2×14. 12. 31	9 000	7 674	1 326	305 643
2×15. 6. 30	9 000	7 641	1 359	304 284
2×15. 12. 31	9 000	7 607	1 393	302 891
2×16. 6. 30	9 000	7 572	1 428	301 463
2×16. 12. 31	9 000	7 537	1 463	300 000
合　计	72 000	61 245	10 755	

应计利息＝300 000×6% ÷2＝9 000（元）

2×13 年 6 月 30 日,第一次计息:

投资收益＝310 755×5% ÷2＝7 769（元）

利息调整＝9 000－7 769＝1 231（元）

债券摊余成本＝310 755－1 231＝309 524（元）

① 2×13 年 1 月 1 日,购入债券的会计分录。

借:持有至到期投资——成本　　300 000

　持有至到期投资——利息调整　　10 775

　贷:银行存款　　310 775

② 2×13 年 6 月 30 日,第一次计息的会计分录。

借:持有至到期投资——应计利息　　9 000

　贷:持有至到期投资——利息调整　　1 231

　　投资收益　　7 769

(三)持有至到期投资的期末计价

在资产负债表日,企业应当对持有至到期投资的账面价值进行检查,如有客观证据表明该项投资发生了减值,应计提减值准备。在该项投资发生减值时,企业应当将该项投资的账面价值减记至预计未来现金流量的现值。其中,预计未来现金流量的现值应当按照该项投资的原实际利率折现确定。按照应减记的金额,借记“资产减值损失”账户,贷记“持有至到期投资减值准备”账户。如有客观证据表明已计提减值准备的持有至到期投资的价值以后又得以恢复,应在原计提的减值准备金额内按恢复增加的金额借记“持有至到期投资减值准备”账户,贷记“资产减值损失”账户。

（四）持有至到期投资的处置

处置持有至到期投资，应将所取得价款与该投资账面价值之间的差额计入投资收益。按照实际收到的金额借记“银行存款”账户，按照该投资的账面余额贷记“持有至到期投资——成本、应计利息、利息调整”等账户，按其差额借记或贷记“投资收益”账户。已计提减值准备的，还应同时结转减值准备。

第三节 固定资产

一、固定资产的概念、分类及计价

（一）固定资产的概念及分类

固定资产是指同时具有下列特征的有形资产：① 为生产商品、提供劳务、出租或经营管理而持有；② 使用寿命超过一个会计年度。

固定资产按经济用途可以分为生产经营用固定资产和非生产经营用固定资产；固定资产按使用情况可以分为使用中的固定资产、未使用的固定资产、不需用的固定资产、租出的固定资产；固定资产按所有权可以分为自有固定资产和租入固定资产；固定资产按其经济用途和使用情况综合分类，可以分为生产经营用固定资产、非生产经营用固定资产、租出固定资产、不需用固定资产、未使用固定资产、土地。

拓展阅读

持有固定资产的目的是什么

对制造业企业而言，固定资产是指那些实际应用于产品的生产过程或用于经营管理的机器设备、房屋、建筑物等，包括：

（1）直接用于生产过程，将劳动者的劳动传导到劳动对象上去的固定资产，如机器设备、生产工具等。

（2）发挥辅助作用的固定资产，如运输工具、动力设备等。

（3）作为生产过程的必要条件而存在的固定资产，如房屋、建筑物等。

对以提供劳务为主的企业而言，固定资产是指那些确实用于劳务提供过程和经营管理的机器设备和房屋等。

对以升值或出租、获取租金为目的的房屋、建筑物等，会计处理时作为投资性房地产进行处理。

（二）固定资产的计价方法

固定资产计价是指以货币形式，采用一定的计量属性，计算并反映固定资产价值的过程。固定资产计价的方法主要有以下几种：

1. 原始价值

原始价值简称原值、原价，是指企业在购置、建造和以其他方式取得固定资产时所发生的全部支出。根据固定资产取得的渠道不同，原始价值可分为：

（1）购入的固定资产，以实际支付的购买价款、相关税费及使固定资产达到预定可使用状态前所发生的可归属于该项资产的运输费、装卸费、安装费和专业人员服务费等作为原值。

（2）自行建造的固定资产，以建造该项资产达到预定可使用状态前所发生的全部支出作为原值。

（3）其他单位投资转入的固定资产，以评估确认或者合同、协议约定的价格作为原值。

（4）融资租入的固定资产，以租赁协议确定的设备价款、运输费、途中保险费、安装调试费等支出作为原值。

（5）在原有固定资产基础上进行改建、扩建的固定资产，以原有固定资产账面原价减去改建、扩建过程中发生的变价收入，加上由于改建、扩建而增加的支出作为原值。

（6）接受捐赠的固定资产，按照同类资产的市场价格，或根据所提供的有关凭证，以及接受时发生的各项费用等作为原值。

2. 重置价值

重置价值是指按照现行市场价格，重新购买或建造某项固定资产所需的全部支出。对某些固定资产无法确定其原始价值时，如盘盈固定资产，可以采用重置价值对固定资产进行计价。

3. 净　值

净值是指固定资产原始价值或重置价值减去累计折旧后的余额。净值反映固定资产经磨损后的现有价值，说明固定资产现在实际占用的资金数额。净值与固定资产原值相比较，可表明现有固定资产的新旧程度及其使用效率。

（三）固定资产核算设置的账户

固定资产核算主要设置“固定资产”“累计折旧”“在建工程”等账户。

（1）“固定资产”账户核算企业拥有的固定资产的原价。增加固定资产的原值记入该账户的借方，减少固定资产的原值记入该账户的贷方，期末余额反映企业现有固定资产的原值。固定资产按照资产类别和项目进行明细核算，设置固定资产明细账或固定资产卡片。

（2）“累计折旧”账户核算企业固定资产的累计折旧额。提取折旧、增加原有固定资产转入的折旧记入该账户的贷方，减少固定资产转出的折旧记入该账户的借方，期末贷方余额反映企业期末现有固定资产累计折旧额。

（3）“在建工程”账户核算企业基建、更新改造等在建工程发生的支出。工程建设发生的各项支出记入该账户的借方，工程完工交付使用的实际成本记入该账户的贷方，期末借方余额反映企业尚未完工或虽已完工，但尚未办理竣工决算的工程实际成本。

二、固定资产的增加

（一）购入固定资产

（1）购入不需要安装的固定资产，购入时按照实际支付的买价、包装费、运输费、装卸费、保险费等记入“固定资产”账户的借方。

【例 5-9】2×16 年 10 月 28 日，天安公司购入不需要安装的设备一台，买价 65 000 元，增值税 11 050 元，包装费 150 元，运输费 200 元，款项通过银行付讫，设备已交付使用。

借：固定资产　　65 350
　　应交税费——应交增值税（进项税额）　　11 050
　　贷：银行存款　　76 400

（2）购入需要安装的固定资产，购入后经安装调试才能交付使用，固定资产的原价包括买价、包装费、运输费、安装调试费等。购入需要安装的固定资产先通过“在建工程”账户核算购置及安装过程中发生的成本，待固定资产安装调试完毕交付使用后，将其转入“固定资产”账户。

【例 5-10】2×16 年 9 月 20 日，天安公司购入需要安装的设备一台，买价 46 000 元，增值税 7 820 元，运输费 200 元，安装调试费 1 000 元，款项通过银行付讫。2×16 年 9 月 23 日，设备安装调试完毕交付使用。

① 购入设备时。

借：在建工程　　47 200
　　应交税费——应交增值税（进项税额）　　7 820
　　贷：银行存款　　55 020

② 设备安装调试完毕交付使用。

借：固定资产　　47 200
　　贷：在建工程　　47 200

（二）自行建造固定资产

企业自行建造固定资产的成本包括直接材料、直接人工和间接费用。自行建造固定资产通过“在建工程”账户核算。

【例 5-11】2×16 年 6 月 1 日，天安公司自行建造一个仓库，领用工程物资 125 000 元；6 月 20 日，计提在建工程人员工资 46 000 元；6 月 28 日，用银行存款支付工程监理费 5 000 元；6 月 30 日，仓库完工，验收合格交付使用。

① 建造仓库，领用工程物资。

借：在建工程　　125 000
　　贷：工程物资　　125 000

② 计提在建工程人员工资。

借：在建工程　　46 000
　　贷：应付职工薪酬　　46 000

③ 支付工程监理费。

借：在建工程　　5 000
　　贷：银行存款　　5 000

④ 仓库完工交付使用。

借：固定资产　　176 000
　　贷：在建工程　　176 000

（三）投资者投入固定资产

企业接受其他企业的固定资产投资，投资者投入的固定资产成本应当按照投资合同或协议约定的价值确定，但合同或协议约定价值不公允的除外。

【例 5-12】2×16 年 9 月 1 日，天安公司收到赛博公司投资转入设备一台，赛博公司账面反映该设备原值 90 000 元，投资双方协议约定价值 85 000 元。

借：固定资产　　85 000
　　贷：实收资本　　85 000

三、固定资产的折旧

（一）固定资产折旧的概念、影响因素

企业固定资产的价值会随着固定资产的使用和磨损逐渐转移到产品成本中，并从当期销售收入中得到补偿，这部分转移到产品成本中的固定资产价值就是固定资产折旧。固定资产在使用过程中会发生有形损耗和无形损耗。有形损耗是指固定资产在使用过程中由于使用、自然气候条件的侵蚀及意外毁损事故引起的自然损耗；无形损耗是指由于技术进步、消费者偏好变化和经营规模扩大等原因引起的损耗。一般而言，有形损耗决定了固定资产的预计使用寿命，无形损耗决定了固定资产的实际使用寿命。

固定资产折旧的计算就是企业在各个会计期间对固定资产损耗价值的确认。影响固定资产折旧额的因素包括：固定资产的原始价值、固定资产的预计净残值、固定资产的预计使用寿命和固定资产计提折旧的方法。固定资产的原始价值是指固定资产取得时的实际成本。固定资产的预计净残值是固定资产的预计残值收入扣除预计清理费用后的净额。固定资产原始价值减去预计净残值后的数额为应计折旧额。固定资产的预计使用寿命是指企业使用固定资产的预计期间。

固定资产的原始价值越高，使用的寿命越短，企业计算的各期应分摊的折旧额就越多，反之则越少。固定资产预计净残值越多，应计提折旧额越少，企业计算的各期折旧额就越少，反之则越多。不同的计提折旧的方法对各期折旧额也会产生影响，其中直线法计提的折旧额比较均衡，加速折旧法在固定资产使用前期多提折旧，在固定资产使用后期少提折旧。

（二）固定资产折旧范围

除以下情况外，企业应对所有固定资产计提折旧：已提足折旧仍继续使用的固定资产；按照规定单独估价作为固定资产入账的土地。

固定资产提足折旧后，不管能否继续使用，均不再计提折旧，提前报废的固定资产也不再补提折旧。已达到预定可使用状态的固定资产，无论是否交付使用，尚未办理竣工决算的，应当按照估计价值确认为固定资产，并计提折旧，待办理了竣工决算手续后，再按实际成本调整原来的暂估价值，但不需要调整原已计提的折旧额。

拓展阅读

固定资产折旧的具体应用

（1）融资租赁方式租入的固定资产，应当采用与自有固定资产相一致的折旧政策计提融资租赁资产折旧。能够合理确定租赁期届满时取得租赁资产所有权的，应当在租赁资产使用寿命内计提折旧。无法合理确定租赁期届满时能够取得租赁资产所有权的，应当在租赁期与租赁资产使用寿命两者中较短的期间内计提折旧。

（2）符合固定资产确认条件的固定资产装修费用，应当在两次装修期间与固定资产剩余使用寿命两者中较短的期间内计提折旧；融资租赁方式租入的固定资产发生的符合固定资产确认条件的装修费用，应当在两次装修期间、剩余租赁期间与固定资产剩余使用寿命三者中较短的期间内计提折旧。

（3）处于更新改造过程而停止使用的固定资产，应当将账面价值转入在建工程，停止计提折旧，更新改造完成后转为固定资产，再按照重新确定的折旧方法和尚可使用寿命计提折旧。

（4）处于修理而停止使用的固定资产，应照提折旧。

（三）固定资产折旧的计算方法

固定资产折旧方法分为直线法和加速折旧法两大类。其中，直线法是指在固定资产的使用寿命周期内，按照一定标准平均分摊其价值的方法，又包括年限平均法和工作量法。加速折旧法是指在固定资产投入使用的前期多计提折旧，而后期少计提折旧的方法，具体包括年数总和法和双倍余额递减法。固定资产的折旧方法一经确定，不得随意变更。

1. 年限平均法

年限平均法是以固定资产的预计使用年限为分摊标准，将固定资产的应计提折旧总额均衡分摊到各使用年度的一种折旧计算方法。

采用年限平均法，各年度折旧额相等，不受固定资产使用频率或产品生产数量以及提供的劳务数量的影响。其计算公式为：

$$\text{固定资产年折旧额}=\frac{\text{原始价值}-\text{预计净残值}}{\text{预计使用年限}}$$

$$固定资产月折旧额 = \frac{年折旧额}{12}$$

$$固定资产年折旧率 = \frac{年折旧额}{原始价值} = \frac{1 - 预计净残值率}{预计使用年限}$$

$$固定资产月折旧率 = \frac{月折旧额}{原始价值} = \frac{年折旧率}{12}$$

【例 5-13】天安公司的一台设备原始价值为 20 000 元，预计净残值率为 4%，预计使用年限为 10 年，采用年限平均法计提折旧，计算年折旧额、年折旧率、月折旧额、月折旧率。

年折旧额 =（20 000 − 20 000 × 4%）÷ 10 = 1 920（元）

月折旧额 = 1 920 ÷ 12 = 160（元）

年折旧率 = 1 920 ÷ 20 000 = 9. 6%

月折旧率 = 9. 6% ÷ 12 = 0. 8%

或者：

年折旧率 =（1 − 4%）/ 10 = 9. 6%

月折旧率 = 9. 6% / 12 = 0. 8%

年折旧额 = 20 000 × 9. 6% = 1 920（元）

月折旧额 = 20 000 × 0. 8% = 160（元）

2. 工作量法

工作量法是以固定资产预计可完成的工作总量为分摊标准，根据各年实际完成的工作量计算折旧的一种方法。

采用工作量法，各年折旧额的大小随工作量的变动而变动，而且不同的固定资产应按不同的工作量标准计算折旧，如机器设备应按工作小时计算折旧，运输工具应按行驶里程计算折旧，建筑施工机械应按工作台班时数计算折旧。

具体到选用不同的工作量标准，其计算公式如下：

$$单位工作量折旧额 = \frac{固定资产原值 - 预计净残值}{预计的工作量总数}$$

$$月折旧额 = 月工作量 \times 单位工作量折旧额$$

$$年折旧额 = 年工作量 \times 单位工作量折旧额$$

（1）按照行驶里程计算折旧：

$$单位里程折旧额 = 原值 \times (1 - 预计净残值率) \div 总行驶里程$$

（2）按工作小时计算折旧：

$$每工作小时折旧额 = 原值 \times (1 - 预计净残值率) \div 工作总小时$$

（3）按工作台班时数计算折旧：

$$每台班折旧额 = 原值 \times (1 - 预计净残值率) \div 工作总台班时数$$

【例 5-14】天安公司的一辆运货卡车原始价值为 600 000 元，预计总行驶里程为 500 000 千米，预计报废时的净残值率为 5%，本月行驶 4 000 千米，采用工作量法计提本月折旧。

单位里程折旧额＝600 000×（1－5%）÷500 000＝1. 14（元）

本月折旧额＝4 000×1. 14＝4 560（元）

3. 双倍余额递减法

双倍余额递减法是指企业以年初固定资产的账面净值为基数，以年限平均法折旧率的2倍计算提取折旧的方法。使用双倍余额递减法，各年（不包括最后2年）的折旧率是固定的，折旧额呈递减趋势。

需要注意的是，采用双倍余额递减法计算固定资产账面净值（不包括最后2年）暂不考虑固定资产净残值，在固定资产使用年限的最后2年，改用年限平均法计提折旧，将固定资产账面净值扣除预计净残值后平均分摊。其计算公式为：

年折旧率＝2÷预计的折旧年限×100%

年折旧额＝固定资产期初账面净值×年折旧率

月折旧率＝年折旧率÷12

月折旧额＝年初固定资产折余净值×月折旧率

固定资产期初账面净值＝固定资产原值－累计折旧

【例5-15】天安公司的一台设备账面原价600 000元，预计净残值24 000元，预计使用5年，采用双倍余额递减法计算该设备的年折旧额（表5-2）。

表5-2 折旧计算表（双倍余额递减法）

单位：元

年　份	预计净残值	年初账面净值	年折旧率	年折旧额	累计折旧
1	24 000	600 000	40%	240 000	240 000
2	24 000	360 000	40%	144 000	384 000
3	24 000	216 000	40%	86 400	470 400
4	24 000	129 600		52 800	523 200
5	24 000	76 800		52 800	576 000

第1年折旧额＝600 000×40%＝240 000（元）

第2年折旧额＝（600 000－240 000）×40%＝144 000（元）

第3年折旧额＝（360 000－144 000）×40%＝86 400（元）

第4、5年折旧额＝（216 000－86 400－24 000）÷2＝52 800（元）

同步讨论

双倍余额递减法下为何最后2年改为年限平均法

采用双倍余额递减法时，如果在最后2年仍采用双倍余额递减法，那么例5-15中第

4 年年初账面净值为 129 600 元，折旧额 = 129 600×40% = 51 840（元），第 5 年年初账面净值 = 129 600 − 51 840 = 77 760（元），折旧额 = 77 760×40% = 31 104（元），5 年累计折旧额为 553 344 元，显然小于应计提折旧额 600 000 − 24 000 = 576 000（元），第 5 年年末设备折旧不能全部提完。因此，采用双倍余额递减法时在最后 2 年改为年限平均法，将固定资产账面净值扣除预计净残值后的余额在剩余 2 年内平均摊销。

4. 年数总和法

年数总和法是指企业以固定资产原值减去预计净残值后的净额为折旧基数，乘以一个逐年递减的分数计算折旧额的方法。

采用年数总和法，各年的折旧基数是固定不变的，折旧率根据固定资产的使用年限来确定，按照这种方法计算出来的各年的折旧额呈逐年递减的趋势。其计算公式为：

月折旧率 = 年折旧率 / 12

月折旧额 =（固定资产原值 − 预计净残值）× 月折旧率

【例 5-16】天安公司的一台设备账面原价 60 000 元，预计净残值 3 000 元，预计使用 5 年，采用年数总和法计算设备的年折旧额（表 5-3）。

表 5-3　　折旧计算表（年数总和法）

单位：元

年　份	尚可使用年限	原值 − 净残值	年折旧率	年折旧额	累计折旧
1	5	57 000	5/15	19 000	19 000
2	4	57 000	4/15	15 200	34 200
3	3	57 000	3/15	11 400	45 600
4	2	57 000	2/15	7 600	53 200
5	1	57 000	1/15	3 800	57 000

第 1 年折旧额 = 57 000×5/15 = 19 000（元）

第 2 年折旧额 = 57 000×4/15 = 15 200（元）

第 3 年折旧额 = 57 000×3/15 = 11 400（元）

第 4 年折旧额 = 57 000×2/15 = 7 600（元）

第 5 年折旧额 = 57 000×1/15 = 3 800（元）

同步讨论

净利润中折旧的作用

赛美佳公司是一家家具生产企业。艾莉是该公司的经理，她正考虑在 2×15 年 12 月

31 日购买一套价值 150 000 元的设备。该设备的使用年限为 5 年,没有残值。以前公司一直是租赁这种设备,艾莉正在考虑购买设备后采用哪一种折旧方法。她和会计人员讨论了一番,了解到可以采用直线法和加速折旧法,而且如果采用加速折旧法,企业可以享受相应的税收优惠,获得延期纳税的好处。

(1) 分别采用年限平均法和双倍余额递减法计算每年(2×16 年至 2×20 年)的折旧费用。

(2) 假定赛美佳公司每年的税前利润为 150 000 元(未扣减折旧费用),企业所得税税率为 25%,分别计算 2×16 年至 2×20 年间,使用年限平均法和双倍余额递减法情况下每年的净利润(不考虑纳税调整事项)。

(3) 你认为艾莉在选择固定资产折旧方法时还应该考虑哪些因素?

(四)固定资产折旧的会计处理

企业一般按月计提折旧,并根据固定资产的用途,将固定资产折旧额计入相关资产的成本或者当期损益。生产车间使用的固定资产,计提的折旧计入制造费用,并最终计入所生产的产品成本;管理部门使用的固定资产,计提的折旧计入管理费用;销售部门使用的固定资产,计提的折旧计入销售费用;未使用的固定资产,计提的折旧计入管理费用等。

当月增加的固定资产,当月不计提折旧,从下月起计提折旧;当月减少的固定资产,当月仍计提折旧,从下月起不再计提折旧。应提取的折旧额应根据企业所采用的计提折旧的方法,利用“固定资产折旧计算表”计算确定。

进行固定资产折旧的核算,应设置“累计折旧”账户,该账户核算企业对固定资产计提的累计折旧。企业按月计提的固定资产折旧记入该账户的贷方;企业出售、报废、对外投资和盘亏固定资产时,该资产已经计提的折旧额记入该账户的借方,并分别记入“固定资产清理”等账户的借方和“固定资产”账户的贷方;“累计折旧”账户期末贷方余额反映企业固定资产的累计折旧额。

【例 5-17】天安公司 2×16 年 6 月份固定资产计提折旧情况如下:车间厂房、机器设备计棵折旧 81 000 元;管理部门房屋、运输工具计提折旧 12 000 元;销售部门房屋、运输工具计提折旧 7 000 元。

借:制造费用	81 000	
管理费用	12 000	
销售费用	7 000	
贷:累计折旧		100 000

四、固定资产的处置

企业的固定资产因出售、报废和毁损等原因,要对其进行清理。企业对不再使用的固定资产可以作价出售。固定资产使用期满,已丧失生产能力,需要报废,或使用期未满,但已失去生产能力，需要提前报废。例如，企业的固定资产受自然灾害或其他事故影响，丧失生产能力，需要提前报废；企业以固定资产对外投资，固定资产也会退出企业的生产经营，需要对其进行清理。

对固定资产进行清理，需要设置“固定资产清理”账户进行核算。“固定资产清理”账户的借方，登记固定资产转入清理时的净值、清理过程中发生的费用、固定资产清理净收益；“固定资产清理”账户的贷方，登记出售固定资产的价款、残料价值和变价收入、固定资产清理的净损失等；“固定资产清理”账户期末余额反映企业尚未清理完毕的固定资产价值以及清理净损益。

【例 5-18】天安公司将一台不需用的设备出售给赛博公司，该设备的原始价值为 120 000 元，累计折旧为 90 000 元，设备在清理过程中支付清理费用 1 000 元，出售设备收到价款 27 000 元。

① 将固定资产转入清理。

借：固定资产清理	30 000	
累计折旧	90 000	
贷：固定资产		120 000

② 支付清理费用。

借：固定资产清理	1 000	
贷：银行存款		1 000

③ 收到出售设备价款。

借：银行存款	27 000	
贷：固定资产清理		27 000

④ 结转清理损失。

借：营业外支出	4 000	
贷：固定资产清理		4 000

五、固定资产的减值

企业的固定资产应当在期末或者每年年度终了逐项进行检查，如果由于市价持续下跌，或技术陈旧、损坏、长期闲置等导致其可收回金额低于账面价值，应当将可收回金额低于其账面价值的差额计提固定资产减值准备。固定资产减值准备应按单项资产计提。

如果企业的固定资产实质上已经发生了减值，应当计提减值准备。企业应设置“固定资产减值准备”账户，用于核算固定资产减值准备的计提、增减及转销情况。企业发生固定资产减值时，借记“资产减值损失——计提的固定资产减值准备”账户，贷记“固定资产减值准备”账户。

固定资产减值损失一经确认，在以后会计期间不得转回。但是遇到固定资产处置、出售、对外投资、以非货币性资产交换方式换出、在债务重组中抵偿债务等情况，同时符合固定资产终止确认条件的，企业应当将相关固定资产减值准备予以转销。

第四节　无形资产

一、无形资产的概念及特征

无形资产是指企业拥有或者控制的没有实物形态的可辨认的非货币性资产。无形资产主要包括专利权、非专利技术、商标权、著作权、土地使用权、特许权等。

无形资产与其他资产相比，一般具有如下主要特征：

（一）没有实物形态

无形资产表现为企业拥有的某项权利，能够为企业带来超额利润。无形资产没有实物形态，这是它区别于其他资产的显著标志。尽管无形资产没有实物形态，但它源自合同性权利或其他法定权利，这种权利能够为企业带来经济利益的流入。

（二）具有可辨认性

资产满足下列条件之一的，符合无形资产定义中的可辨认性标准：

（1）能够从企业中分离或者划分出来，并能够单独或者与相关合同、资产或负债一起，用于出售、转移、授予许可、租赁或者交换。

（2）源自合同性权利或其他法定权利，无论这些权利是否可以从企业或从其他权利和义务中转移或者分离。

按照可辨认性标准，商誉无法与企业自身分离，不具有可辨认性，不属于无形资产。

（三）属于非货币性长期资产

没有实物形态是无形资产的显著特征，但是货币性资产如应收账款、银行存款等也没有实物形态，因此仅以有没有实物形态区分无形资产与其他资产是不够的。无形资产属于非货币性长期资产，主要是因为无形资产能够在超过一个会计年度或超过一个经营周期内为企业创造经济利益。

（四）持有的目的主要是使用

企业持有无形资产的目的是用于生产商品、提供劳务、出租给他人或经营管理。这一特征表明企业持有无形资产的目的主要是使用而不是出售。例如，软件公司开发的用于对外出售的计算机软件，对购买方而言是无形资产，对软件开发商而言是存货。

拓展阅读

创业板上市公司无形资产质量指数排行榜惊艳亮相

由国家知识产权局投融资试点单位中南财经政法大学企业价值研究中心汪海粟教授

研究团队完成的《中国创业板上市公司无形资产蓝皮书2013—2014》于2015年10月结稿，并由中国财政经济出版社出版，这也是该研究团队有关中国创业板无形资产撰写的第4卷蓝皮书。

该项研究对于完善上市公司信息披露制度，优化该类企业的无形资产运营和管理具有重大价值。中国社科院金融研究所王国刚所长对该项研究予以充分肯定，并为该蓝皮书首卷作序。经过4年的持续研究，该系列蓝皮书已成为证券公司、商业银行、创业板公司和新三板拟挂牌公司等相关机构判断企业资产结构、运营绩效和未来价值的重要参考资料。

本卷蓝皮书将截至2014年5月18日前上市的379家创业板上市公司纳入评价范围，并按证监会二级行业分类标准将其分为生物医药、电子、机械设备仪表、通信设备制造（含通信服务业）、计算机应用服务（含计算机及相关设备制造业）、石油化工塑料、传播与文化及其他共8个二级行业。研究团队通过收集、整理上述379家样本公司招股说明书及2013年年报中的无形资产信息，形成了中国创业板上市公司无形资产数据库。

课题组通过对具有中小规模、快速成长、民营为主和聚焦高科技特征的创业板上市公司无形资产进行系统和连续的研究，形成如下发现：一是该类企业通过历史沉淀、政策挖掘和机制创新构建了以无形资产为核心的竞争能力；二是对招股说明书和年度报告的信息挖掘与筛选，表明该类企业依然存在较大的调整无形资产结构和优化无形资产管理的空间；三是中国证监会关于创业板无形资产信息披露的政策存在与时俱进的客观要求；四是创业板具有将科技型中小企业费用化沉淀的无形资产有效资本化的功能。

二、无形资产的取得

企业取得无形资产的方式主要是购入、自创、接受投资、接受捐赠等。无形资产的取得方式不同，会计核算也不同。

（一）外购无形资产

企业购入无形资产，购入时发生的全部支出作为无形资产的入账价值。外购无形资产的成本包括购买价款、相关税费以及直接归属于使该项无形资产达到预定用途所发生的其他支出。

【例5-19】2×16年10月27日，天安公司购入一项专利权，支付买价210 000元，支付专业服务费20 000元，款项以银行存款支付。

借：无形资产——专利权　　230 000

　　贷：银行存款　　230 000

（二）自行研发无形资产

企业自行研发无形资产分为研究阶段和开发阶段，研究阶段支出应当于发生时计入当期损益，开发阶段支出在符合一定条件时可资本化。例如，研制的新技术申请了专利权，应作为自创无形资产。

研究阶段是探索性的，是为进一步开发活动进行资料及相关方面的准备，已进行的研究活动将来是否会转入开发、开发后能否形成无形资产等都具有较大的不确定性，因此研究阶段的支出应作为费用化支出，在发生时计入当期损益。

开发阶段支出满足以下确认条件的予以资本化：完成该无形资产以使其能够使用或者出售在技术上具有可行性；具有完成该无形资产并使用或出售的意图；无形资产能够给企业带来经济利益，即运用该无形资产生产的产品存在市场，内部使用证明其有用；有足够的技术、财务资源和其他资源支持，以完成该无形资产的开发，并有能力使用或出售该无形资产；归属于该无形资产开发阶段的支出能够可靠地计量。

企业自行研发无形资产发生的研发支出满足规定的资本化条件的，借记"研发支出——资本化支出"账户，贷记"原材料""银行存款""应付职工薪酬"等账户。研究开发项目达到预定用途形成无形资产的，应按"研发支出——资本化支出"账户的余额，借记"无形资产"账户，贷记"研发支出——资本化支出"账户。

【例 5-20】天安公司自行研究开发一项技术，截至 2×15 年 12 月 31 日，发生研发支出合计 200 000 元。经测试该项研发活动完成了研究阶段，从 2×16 年 1 月 1 日开始进入开发阶段。2×16 年发生研发支出 300 000 元。2×16 年 6 月 30 日，该项研发活动结束，最终开发出一项专利技术。

① 2×15 年发生的研发支出。

借：研发支出——费用化支出　　200 000

　贷：银行存款　　200 000

② 2×15 年 12 月 31 日，确定发生的支出属于研究阶段支出。

借：管理费用　　200 000

　贷：研发支出——费用化支出　　200 000

③ 2×16 年发生的研发支出。

借：研发支出——资本化支出　　300 000

　贷：银行存款　　300 000

④ 2×16 年 6 月 30 日，该技术研发完成并形成无形资产。

借：无形资产——专利权　　300 000

　贷：研发支出——资本化支出　　300 000

（三）接受无形资产投资

企业接受其他企业以无形资产（专利权、专有技术、商标权等）投资，按照合同、协议约定或评估确认的价值，作为投入无形资产的取得成本。

【例 5-21】2×16 年 11 月 1 日，天安公司收到赛博公司一项专利权投资，经评估确认价值为 215 000 元。

借：无形资产——专利权　　215 000

　贷：实收资本　　215 000

三、无形资产的摊销

企业应当于取得无形资产时分析判断其使用寿命。无形资产使用寿命有限的，应当估计无形资产的使用年限；无法预见无形资产为企业带来未来经济利益期限的，应当视为使用寿命不确定的无形资产。使用寿命有限的无形资产，对其应摊销金额在使用寿命内合理地摊销；使用寿命不确定的无形资产不用摊销。

企业摊销无形资产，应当自无形资产可供使用时起，到不再作为无形资产确认时止。企业选择的无形资产摊销方法应当反映企业预期消耗该项无形资产所产生的未来经济利益的方式。无法可靠确定消耗方式的，应当采用直线法摊销。无形资产的摊销金额一般应当计入当期损益。企业按月计提无形资产摊销，借记"管理费用""其他业务成本"等账户，贷记"累计摊销"账户。

无形资产的应摊销金额为其入账价值扣除残值后的金额，已经计提无形资产减值准备的还应扣除已经提取的无形资产减值准备金额。

通常使用寿命有限的无形资产，其残值应当视为零，但以下任一种情况除外：

（1）有第三方承诺在无形资产使用寿命结束时购买该无形资产。

（2）可以根据活跃市场得到残值信息，并且该市场在无形资产使用寿命结束时很可能存在。

【例 5-22】2×16 年 6 月购买了一项特许权，成本为 480 000 元，合同规定的受益年限为 10 年，天安公司当月应摊销 4 000 元。

月摊销额 = 480 000 ÷ 10 ÷ 12 = 4 000（元）

借：管理费用　　　　4 000

　　贷：累计摊销　　　　4 000

四、无形资产的减值

企业对无形资产应当定期或者至少每年年度终了逐项进行检查，检查各项无形资产预计给企业带来未来经济利益的能力，对预计可收回金额低于其账面价值的，应当计提减值准备。无形资产应按单项计提减值准备。

期末，企业所持有的无形资产的账面价值高于其可收回金额的，应按其差额，借记"资产减值损失——无形资产减值准备"账户，贷记"无形资产减值准备"账户。

【例 5-23】2×16 年 12 月 31 日，市场上某项技术生产的产品销售势头较好，已对天安公司产品的销售产生重大不利影响。天安公司外购的专利技术的账面价值为 800 000 元，剩余摊销年限为 4 年，经减值测试，该专利技术的可回收金额为 750 000 元。

借：资产减值损失——无形资产减值准备　　　　50 000

　　贷：无形资产减值准备　　　　50 000

五、无形资产的报废和处置

预期不能为企业带来经济利益的无形资产，企业应当将该无形资产的账面价值予以转销。按已计提的累计摊销借记"累计摊销"账户，原已计提减值准备的借记"无形资产减值准备"账户，按其账面余额贷记"无形资产"账户，按其差额借记"营业外支出"账户。

企业也可以依法处置所拥有的无形资产，其处置方式可分为转让使用权(无形资产出租)和转让所有权(无形资产出售)两种。不同的转让方式，会计核算也不同。

(一)转让无形资产的使用权

企业转让无形资产的使用权时，仍保留对所转让无形资产的所有权，即拥有占有、使用、取得收益及处置的权利，仅仅是将部分使用权让渡给其他企业，受让人只获得无形资产的使用权，无所有权。企业转让无形资产使用权获得的收入作为企业的其他业务收入处理，由于企业保留了无形资产的所有权，不需要在账面上转销无形资产的账面成本，企业仍按规定对无形资产进行摊销。

【例 5-24】天安公司 2×16 年 1 月 1 日向赛博公司出租了一项专利权，期限 3 年，每月收取专利权使用费 5 000 元。该项无形资产每月摊销金额 3 000 元。

借：银行存款	5 000	
贷：其他业务收入		5 000
借：其他业务成本	3 000	
贷：累计摊销		3 000

(二)转让无形资产的所有权

企业转让无形资产的所有权时，出让方不再对该项无形资产拥有占有、使用、取得收益和处置的权利，受让方取得了该项无形资产的所有权，可按自己的意愿使用或处置该项无形资产。企业转让无形资产所获得的收入应作为企业的利得记入"营业外收入"账户。

企业收到转让无形资产所有权的收入时，应借记"银行存款"账户，按无形资产计提的减值准备借记"无形资产减值准备"账户，按无形资产的账面金额贷记"无形资产"账户，按应支付的相关税费贷记"应交税费"等账户，按其差额贷记"营业外收入"账户或借记"营业外支出"账户。

【例 5-25】2×16 年 11 月，天安公司将其购买的一项特许权转让给赛美佳公司，该特许权的成本为 600 000 元，已摊销 220 000 元，实际取得的转让价款为 500 000 元，款项已存入银行，应交增值税 30 000 元(销售除土地使用权以外的无形资产，增值税税率 6%)。

借：银行存款	500 000	
累计摊销	220 000	
贷：无形资产		600 000
应交税费——应交增值税		30 000
营业外收入		90 000

同步讨论

1974 年以前，在美国的会计实务中，企业的研发费用既可以计入损益，也可以资本化。

1974年美国财务会计准则委员会(FASB)发布公告,要求企业将当期发生的研发费用全部计入当期损益。请说明FASB要求企业将研发费用计入损益的原因。在这之后,有学者经过研究发现,在FASB发布此公告之前,将研发费用计入损益的公司的数量远远超过那些将这类费用资本化的公司。造成这一现象的原因可能有哪些?

在我国,研发支出一直采用费用化的处理方式。2006年《企业会计准则第6号——无形资产》规定,研究支出费用化,符合条件的开发支出资本化。你认为这个会计处理变化可能对高新技术产业的研发活动有什么影响?为什么?

课后思考题

1. 为什么长期股权投资有成本法和权益法两种不同的核算方法?两者在适用范围、核算程序、损益确认等方面有何区别?

2. 计算固定资产折旧的方法有哪些?

3. 如何进行固定资产折旧的会计处理?

4. 举例说明什么是无形资产?无形资产有哪些特征?

5. 如何进行无形资产摊销业务的会计处理?

业务练习题

1. 天利公司2×16年3月购入需要安装的机器设备一台,买价100 000元,增值税17 000元,包装费和装卸费840元,全部款项已用银行存款支付。在安装过程中,耗用材料2 400元,耗用人工1 400元,安装完毕,2×16年4月经验收合格达到预定可使用状态,交付使用。

要求:编制上述业务的会计分录。

2. 天利公司一台设备原始价值100 000元,预计使用5年,预计可工作20 000小时,预计净残值3 100元。该设备第1～5年的工作量分别为5 500小时、5 000小时、4 500小时、3 000小时、2 000小时。

要求:分别采用年限平均法、工作量法、双倍余额递减法和年数总和法计算该公司该设备各年的折旧额。

3. 天利公司2×16年11月出售一套设备,原价200 000元,预计使用年限10年,预计净残值为0。目前已使用4年,计提折旧80 000元,支付清理费用1 500元,出售价款收入为115 000元,增值税税率为17%。

要求:编制上述业务的会计分录。

4. 天利公司2×16年发生如下与无形资产相关的业务:

① 购买一项专利技术,价款320 000元,款项以银行存款支付;

② 通过竞拍获得一块土地使用权,价款8 570 000元,款项以银行存款支付;

③ 自行研制一项新技术成功,已申请专利权,开发阶段资本化支出87 000元,申请专

利费用 2 500 元,款项以银行存款支付;

④ 收到四方公司一项专利权作为投资,经评估专利权价值 320 000 元;

⑤ 取得星海公司拥有的一项专利权,原价 200 000 元,使用年限 10 年,按月摊销。

要求:编制上述业务的会计分录。

案例分析题

华新公司是山野公司的一个大股东,拥有山野公司表决权资本的 18%。冯斌是华新公司的总经理和山野公司董事会成员,能够左右山野公司的经营决策。

华新公司对长期股权投资采用成本法记账,收到山野公司分配的利润时,华新公司的净利润增加,并以净利润的一个固定百分比作为冯斌的奖金。因此,冯斌能够通过影响山野公司分配利润来控制他个人的奖金。

2×15 年,由于宏观经济疲软,市场不景气,山野公司实现的利润很低,但冯斌利用自己的权力使山野公司仍然分配较多的利润,此举导致山野公司的债务负担沉重,并可能出现财务困难。

试分析以下问题:

(1) 冯斌作为山野公司的董事,使山野公司分配较多利润的行为会损害谁的利益?

(2) 如何才能减少冯斌操作其奖金的可能性?

第六章

负　债

学习目标

1. 掌握负债的概念、特征及分类。
2. 掌握流动负债及其会计处理。
3. 掌握非流动负债及其会计处理。

导入案例

中钢股份债务违约事件

在2015年10月20日兑付期到来前的几个小时，央企中国中钢股份有限公司（简称“中钢股份”）确定延期支付本期利息，构成事实上的违约，从而成为首家发生债券违约的钢铁央企。

中钢股份于2010年10月20日发布了2010年中国中钢股份有限公司公司债券（简称“10中钢债”），由母公司中钢集团提供无条件不可撤销连带责任保证担保。“10中钢债”发行规模20亿元，2015年10月20日为付息日。

“10中钢债”发行说明书显示，在债券续存期第五年末，投资者有权将持有的本期债券按面值全部或部分回售给发行人，或选择继续持有。2015年9月29日至10月12日为债券持有人回售登记期。

然而，随着中钢股份现金流趋于枯竭，投资者纷纷选择出场，令“10中钢债”走向违约，中钢股份被迫将回售登记期不断往后推延。

案例思考

1. 企业为什么要负债经营？
2. 无法偿还到期债务会给企业带来怎样的影响？

第一节 负债的性质和分类

负债是企业筹措资金的重要方式。负债能否及时偿还将直接影响企业的再融资能力和商业信誉,进而影响企业的经营和发展。为了有效管理和适时偿还各项债务,应全面掌握负债的特征、产生的原因和偿还方式。

一、负债的概念及特征

企业的资金来源可分为两大部分:一部分是企业所有者注入的资金,称为所有者权益;另一部分是从银行等债权人那里借入的资金,称为债权人权益,即负债,它是会计上一个重要的对象要素,表明本单位从其他经济主体或个人那里筹集到或应付的资金。国际会计准则委员会在《编制和呈报财务报表的结构》中将负债定义为:负债是指企业因过去事项而承担的现时义务,该义务的履行预期会导致含有经济利益的资源流出企业。我国2006年2月15日公布的《企业会计准则——基本准则》中将负债描述为:负债是指企业过去的交易或者事项形成的、预期会导致经济利益流出企业的现时义务。从本质上来考察,负债是企业由过去的交易或事项所产生的一种现时义务,而非潜在义务或推定义务,将来一定会导致经济利益流出企业,表现为对债权人所应承担的经济责任。

负债具有以下几个方面的特征:

(1)负债是一项偿还义务。也就是说,负债是现时存在的债务,它是由企业过去或当前的经济活动引起的一种经济义务,并且这种义务需要企业在未来一定时期内以资产或劳务进行偿还。企业在生产经营过程中经常会因为获取资金、商品、劳务而形成负债,如企业从银行借入资金、赊购商品或劳务等。企业负债必然是由已经发生的经济业务引起的,尚未发生的经济业务即使将来可能会形成需要偿付的经济义务,在会计上也不能确认为企业的负债。

(2)负债应当以企业资产或劳务进行偿还。在会计上只要被确认为负债,就需要企业在未来以资产或劳务进行清偿,它表明企业在未来进行债务结算时会导致体现经济利益的企业资源的流出。但在特殊情况下,企业也可以通过与债权人协商,按照规定将企业的负债予以资本化,即将债权转化为股权。总之,通常情况下负债的清偿需要企业以减少资产或提供劳务为代价。

(3)负债可用货币进行计量。任何一项负债都应当可以用货币确切地计量或合理地估计,只有能够用货币进行计量的负债才能纳入会计信息处理系统。在会计实际处理上,由于企业负债形成原因的多样性,负债偿还的金额有时是确定的(如银行借款),有时需要视企业的经营情况来定(如应交税费等)。无论是确定金额的负债还是视经营情况而定的负债都必须能够进行货币计量,否则不应确认为负债。

(4)负债一般具有确切的受偿人及偿付日期。一项负债的成立一般要有确切的受偿人及偿付日期,要求企业在偿还期限内以其资产或劳务进行清偿。但在有些情况下即使受偿人及偿付日期可能无法确指，也可以确认为负债(或有负债的受偿对象及偿付日期不能确指，但仍可进行负债的确认)。也就是说，确切的受偿人及偿付日期并不是确认负债的必然约束条件。

(5) 负债是一项权利义务关系。负债是一项由财产变动引起的权利义务关系。债务人由于取得了资金、商品或劳务等，按照规定负有偿还的经济义务；而债权人由于让渡了其商品、资金或劳务等而获得了索取的经济权利。负债的确认意味着权利义务关系的形成，而负债的偿还表明一项权利义务关系的解除。

拓展阅读

企业适度负债的好处

在企业现金流不是很宽裕的情况下，企业可以适度负债。总的来讲，有如下好处：

1. "税盾"作用

利息具有"税盾"的作用。举例来说，如果企业的所得税税率为25%，而银行借款的利率是6%，那么从税后利润来看，企业的银行借款利率便只有4.5%，因为其中1.5%的借款成本被所得税抵消了。

2. 降低公司的代理人成本

在企业负债经营的环境下，管理层随时面临还款的压力，这在无形中会减少管理层对剩余现金的滥用，从而抑制盲目的投资行为。

3. 财务杠杆的放大效应

在公司没有负债的情况下，股东的权益报酬率(股东所投资的每一元钱所得到的回报)与公司的资产报酬率(公司每投入一元钱所产生的利润)是一致的。负债会放大股东投入公司的资本，负债产生的这部分资本所产生的利润归属于公司股东报酬，由于权益报酬率=利润/权益，这些负债显然增加了利润，而对权益没有影响，从而提高了股东的回报率。如果负债得当，公司的权益报酬率会远远大于资产报酬率。

银行举债会因利息支出而减少负债经营对提高权益报酬率的贡献，但是如果企业投入资本的税前回报率高于银行借款利率，负债就一定会对税后权益报酬率产生正的效应；反之，如果企业投入资本的回报率低于当前金融市场利率，则举债对权益报酬率的影响是负面的。

因此，企业适度负债并维持一个最佳资本结构，既能有效地放大权益报酬率，还具有"税盾"作用和减轻代理人问题的好处。但问题是怎样才能称得上是最佳资本结构，目前只能根据行业的经验以及企业家的直觉进行判断，因此从这个意义上讲负债经营也是一门艺术。

二、负债的分类

为了更好地核算和管理负债，可按不同的标准对其进行分类。

（一）按偿还的期限划分

按偿还的期限划分，企业负债可分为流动负债和非流动负债，以“一年或一个营业周期”作为流动负债和非流动负债的界限标准。流动负债是指企业将在一年或者超过一年的一个营业周期内偿付的债务，具体包括短期借款、应付票据、应付账款、预收账款、应付职工薪酬、应付股利、应交税费、其他应付款等。非流动负债是指偿还期在一年或者超过一年的一个营业周期以上的债务，包括企业的长期借款、应付债券、长期应付款、专项应付款、预付负债、递延所得税负债和其他流动负债等。将企业的负债划分为流动负债和非流动负债除进行债务管理的需要外，还有利于将流动负债与流动资产进行对比，反映企业的短期偿债能力。

同步讨论

东海公司是一家大型的货物运输公司，近几年的快速扩张使得该公司的负债规模不断扩大。公司财务人员在编制公司2015年度的财务报表时对下列债务的分类产生了异议：

（1）有一笔银行借款1 500万元将于2016年6月30日到期。公司打算借入新的长期借款，以偿还该笔债务。为此，在2016年1月，公司已经与该银行达成协议，可以在接下来的3年内再向银行借入1 200万元，借款期限为2年。至于何时借入新的借款，公司的管理人员还不确定。

（2）有面值2 500万元、利率为4%的应付债券将于2016年2月10日到期，公司在2016年2月1日对外发行了5年期、利率为6.4%的应付债券。

（3）近年来，公司管理当局打算减少负债而更多地通过发行股票筹集资金。公司账面上还有一批面值为2 000万元、利率为6%的应付债券，到期日是2016年6月30日。公司打算在2016年3月15日发行价值2 000万元的普通股。

要求：请分析负债应如何分类，并指出哪些属于流动负债，哪些属于非流动负债。

（二）按偿还金额是否确定划分

按偿还金额是否确定划分，企业负债可分为金额确定的负债、金额视经营情况而定的负债、金额不能确定需要估计的负债和或有负债。金额确定的负债是指负债的偿还期和金额是确定的，如应付账款。金额视经营情况而定的负债是指负债的金额直接由企业经营情况来决定，需要期末计算出损益后方可确定，如应付股利、应交税费等。金额不能确定需要估计的负债是指负债金额在会计期末或到期日无法准确确定，但该项债务确实是由已经发生的经济业务所引起，需要在未来一定日期偿还，因此需要在会计上进行合理的估计，如产品质量担保所引起的负债等。或有负债是指在未来一定时期内可能发生的某种合理或意外的事故而形成的负债，如信用担保、应收票据贴现等。

（三）按负债形成原因划分

按负债形成原因划分，企业负债可分为营业负债、收益分配负债和融资负债。营业负债是指由于企业正常的生产经营活动所形成的债务，如应付账款、应付票据等。收益分配负债是指在企业进行利润分配过程中形成的负债，如应付股利、应交税费等。融资负债是指由于企业向银行或其他机构筹集资金而形成的负债，如银行借款等。

第二节　流动负债

一、流动负债的确认与计量

流动负债亦称短期负债，是指企业将在一年或者超过一年的一个营业周期内偿付的债务，具体包括短期借款、应付票据、应付账款、预收账款、应付职工薪酬、应交税费、应付股利、其他应付款、应付利息等。按流动负债的应付金额是否确定，可将其分为金额确定的流动负债、金额视经营情况而定的流动负债、金额不能确定需要估计的流动负债和或有负债。

在对企业流动负债进行确认时，可根据负债的五个基本特征进行判断，即负债是一项偿还义务，负债应当以企业资产或劳务进行偿还，负债可用货币进行计量，负债一般具有确切的受偿人及偿付日期，负债是一项权利义务关系。另外，企业所发生的负债一般是由企业的生产经营活动引起的，流动负债也不例外。负债的增加可能意味着企业资产的相应增加，如企业从银行借入为期 9 个月的借款 20 000 元（假设银行以现金支付），这时就会使企业的短期借款（负债）增加 20 000 元，同时也使企业的库存现金（资产）增加 20 000 元。另外，企业负债需视经营情况而定。如企业在产品销售之后就有义务按照国家的规定缴纳税金，在企业应缴但尚未缴纳税金时形成企业的流动负债，表示企业对国家的一种债务行为。

在实际操作过程中，流动负债的会计计量方式可分为两种情况：① 对金额可以确定的流动负债（如短期借款等），按照实际发生额进行计量；② 对同企业生产经营活动相联系才能确定的流动负债（如应交税费等），应当按照未来应偿付的估计金额计量，待实际数额发生后再进行调整。对流动负债的会计计量是一项非常重要的工作，其正确性直接关系企业资产的计量，以及收入、费用和所有者权益等会计要素的计量。

同步讨论

平乐公司新来的会计员小杨向会计主管刘森请示以下几笔业务是否应确认为负债：

第一笔,3个月前公司兼并了一家子公司,当时该公司已资不抵债。平乐公司同意接受其全部资产并偿还其全部债务,被兼并公司的原股东同意以零价格转让公司的全部所有权。双方达成协议并办理了有关的法律手续。现在发现,被兼并公司在收购前已有5个月没有发工资,目前被拖欠工资的职工来索要工资。

第二笔,为了有效激励各层次的管理人员,平乐公司建立了若干分公司,由各个分公司经理承包。承包协议规定,分公司的债权、债务由分公司经理全部承担。某分公司欠客户230 000元无力偿还,现在该客户向平乐公司主张权利。

第三笔,公司仓库发生火灾,火势蔓延到相邻的服装店,经公安技术鉴定,认定起火原因是小偷放火。由于服装店损失严重,店主要求公司进行赔偿。公司认为责任人是小偷,公司不应承担责任。但是店主提出,如果公司认真执行有关管理制度,小偷就不可能进入仓库纵火,因此公司应当承担连带赔偿责任。

要求:对上述各项业务,平乐公司是否应当承担偿还或赔偿责任?是否应确认为公司的负债?

二、金额确定的流动负债核算

(一)短期借款

短期借款是指企业向银行或其他金融机构等借入的期限在一年以下(含一年)的各种借款,主要包括生产周转借款、临时借款等。为了对短期借款的借入、归还、结余情况进行会计核算,企业应设置"短期借款""应付利息""财务费用"等账户。"短期借款"账户贷方登记借入短期借款的本金,借方登记偿还短期借款的本金,期末余额在贷方,反映企业尚未归还短期借款的本金。"短期借款"账户除进行总分类核算外,还应按照借款种类、贷款人和币种进行明细核算。

企业借入各种短期借款时,借记"银行存款"账户,贷记"短期借款"账户;归还借款时,借记"短期借款"账户,贷记"银行存款"账户。企业发生的短期借款利息应分情况处理:如果短期借款利息是按期支付的,或者到期连本带息一起归还,应采用预提的方法,按月预提计入费用;如果短期借款利息是按月支付的,或者数额不大,到期连本带息一起归还,在实际支付或收到银行的计息通知时直接计入当期损益。

【例6-1】天安公司根据生产经营需要向银行借款100 000元,限期半年,年利率6%,按月计提利息,到期一次还本付息。

① 借款时。

借:银行存款　　　　100 000

　　贷:短期借款　　　　100 000

② 每月月末计提利息时。

借:财务费用(100 000×6% / 12)　　　　500

　　贷:应付利息　　　　500

③ 还本付息时(最后一个月应付利息可不预提,直接计入财务费用即可)。

借：财务费用　　500
　应付利息　　2 500
　短期借款　　100 000
　贷：银行存款　　103 000

（二）应付票据

应付票据是指企业购买材料、商品和接受劳务供应等开出、承兑的商业汇票，包括银行承兑汇票和商业承兑汇票。在我国，应付票据是在商品购销活动中由于采用商业汇票结算方式而发生的，为了核算和管理的需要，企业应设置“应付票据”账户。该账户贷方登记企业因购买材料、商品等而开出、承兑的商业汇票的面值及带息票据的预提利息，借方登记支付票据的金额，期末贷方余额反映企业尚未到期的商业汇票的票面金额和应付未付利息。企业应设置应付票据备查簿，详细登记商业汇票的种类、号数和出票日期、到期日、票面金额、交易合同号和收款人姓名或单位名称以及付款日期和金额等资料。应付票据到期结清时，在备查簿中应予注销。

企业开出、承兑商业汇票或以承兑商业汇票抵付货款、应付账款时，借记“材料采购”“库存商品”“应付账款”“应交税费——应交增值税（进项税额）”等账户，贷记“应付票据”账户。支付银行承兑汇票手续费时，借记“财务费用”账户，贷记“银行存款”账户。收到银行支付本息的通知，借记“应付票据”和“财务费用”账户，贷记“银行存款”账户。应付票据若为带息票据，核算时可以采用按期预提和到期一次计入财务费用的处理办法；若为不带息的票据，则其面值就是票据到期时的应付金额。

应付票据到期时，若企业无力支付票款，则按应付票据的账户余额借记“应付票据”账户，贷记“应付账款”账户。到期不能支付的带息应付票据转入“应付账款”账户核算后，期末时不再计提利息。

1. 不带息票据的会计处理

【例 6-2】天安公司采购材料一批，价值 50 000 元，开出并承兑商业汇票，期限为 3 个月，面值为 58 500 元。

① 取得增值税专用发票及有关凭证时。

借：材料采购　　50 000
　应交税费——应交增值税（进项税额）　　8 500
　贷：应付票据　　58 500

② 票据到期用银行存款支付时。

借：应付票据　　58 500
　贷：银行存款　　58 500

③ 如果企业到期无力支付票款，应将应付票据转入应付账款。

借：应付票据　　58 500
　贷：应付账款　　58 500

如果是银行承兑汇票，企业还要按规定支付给银行手续费，并需将手续费记入“财务费用”账户。企业到期无力支付票款时，银行会将其转为企业的短期借款。

2. 带息票据的会计处理

对于带息的票据，企业应按期计提利息费用，但如果利息较少或为了简化核算，可在票据支付时一次计入财务费用。

【例 6-3】接例 6-2，若天安公司开出的商业汇票为带息票据，票面利率为 8%，到期一次计算利息。

① 购买材料时。

借：材料采购　　50 000
　　应交税费——应交增值税（进项税额）　　8 500
　　贷：应付票据　　58 500

② 票据到期以银行支付票款时。

借：应付票据　　58 500
　　财务费用　　1 170
　　贷：银行存款　　59 670

（三）应付账款和预收账款

应付账款是指企业因购买材料、商品或接受劳务等经营活动而应支付的款项。应付账款应以所购物资的所有权转移或接受劳务已发生为标志。为了总括反映企业发生的应付账款，应设置“应付账款”账户，该账户贷方登记企业应支付的款项，借方登记已支付、已转销或转作商业汇票结算方式的款项，期末贷方余额反映尚未支付的应付款项。企业通过应付账款来购买商品或接受劳务实际上是一种赊购行为。由于企业取得商品物资与货款支付不是同时完成的，因此为了会计处理上的方便，在货物与发票同时到达时，应付款项可等货物验收入库后再按发票登记入账；如果货物与发票两者不是同时到达的，为了简化会计核算，通常在月末再进行入账。应付账款应按债权人设置明细账。

企业购买材料、物资时，借记“材料采购”“应交税费——应交增值税”等账户，贷记“应付账款”账户。企业接受供应单位提供劳务而发生的应付未付款项时，应根据供应单位的发票，借记“生产成本”“管理费用”等账户，贷记“应付账款”账户。支付时，借记“应付账款”账户，贷记“银行存款”等账户。

【例 6-4】天安公司购入材料一批，货款 65 000 元，增值税 11 050 元，材料已验收入库，款项尚未支付。

① 根据发票登记。

借：原材料　　65 000
　　应交税费——应交增值税（进项税额）　　11 050
　　贷：应付账款　　76 050

② 企业支付货款时。

借：应付账款　　76 050
　　贷：银行存款　　76 050

预收账款是指企业按照合同规定预收的款项。企业预收货款待实际出售商品、产品或者提供劳务时再行冲减。预收账款一般是以买卖双方协议或合同为依据，由购货方预先支付一部分（或全部）货款给供应方而发生的一项负债。这项负债要用以后的商品或劳务来偿付。

拓展阅读

在中国的房地产行业，由于房地产预售制度的存在，房子没造好就已经开始出售，开始收钱。这时收到的钱不是收入，不是资产，只是预收款。预收款是一种典型的负债，因为还没有交货，房地产预售合同是典型的欠条，即IOU。

有个朋友早期在北京做房地产开发时曾解释那时的商业模式："我们没有钱，我们其实也不需要钱。设计有设计公司，建筑有建筑公司，市场策划有策划公司，政府要开发就找我们，我们的角色就是将所有资源整合在一起，拿批文，售楼花，钱不够时就找银行贷款。真是黄金时代。"房地产行业正是利用这种超高的负债率（高达150%以上）超常发展起来的。

为了总括地核算企业预收货款的情况，应设置"预收账款"账户，该账户贷方登记预收的货款，借方登记销售产品的收入和余款退回，期末贷方余额反映企业预收的款项，若期末为借方余额，则反映企业尚未转销的款项。

企业向购货单位预收货款，借记"银行存款"账户，贷记"预收账款"账户；产品销售实现时，按售价借记"预收账款"账户，贷记"主营业务收入""应交税费——应交增值税（销项税额）"等账户；退回多收的货款时，借记"预收账款"账户，贷记"银行存款"账户；购货单位补付货款时，借记"银行账户"账户，贷记"预收账款"账户。

预收货款不多的企业可不设置"预收账款"账户，发生的预收货款通过"应收账款"账户进行账务处理。

【例6-5】天安公司与A公司签订一笔供货合同，金额为80 000元。合同规定，A公司先预付货款的50%，余款在交货时结清，该商品的增值税税率为17%。

① 天安公司收到A公司的预付货款时。

借：银行存款	40 000	
贷：预收账款		40 000

② 天安公司交货后，收取余款及增值税时。

借：银行存款	53 600	
预收账款	40 000	
贷：主营业务收入		80 000
应交税费——应交增值税（销项税额）		13 600

（四）应付职工薪酬

应付职工薪酬是指企业根据有关规定应付给职工的各种薪金和报酬。

职工薪酬是指企业为获得职工提供的服务或解除劳动关系而给予的各种形式的报酬或补偿。职工薪酬包括短期薪酬、离职后福利、辞退福利和其他长期职工福利。另外，企业提供给职工配偶、子女、受赡养人、已故员工遗属及其他受益人等的福利也属于职工薪酬。

短期薪酬是指企业在职工提供相关服务的年度报告期间结束后12个月内需要全部支付的职工薪酬，因解除与职工的劳动关系而给予的补偿除外。短期薪酬具体包括：职工工资、奖金、津贴和补贴，职工福利费，医疗保险费、工伤保险费和生育保险费等社会保险费，住房公积金，工会经费和职工教育经费，短期带薪缺勤，短期利润分享计划，非货币性福利以及其他短期薪酬。

离职后福利是指企业为获得职工提供的服务而在职工退休或与企业解除劳动关系后提供的各种形式的报酬和福利。企业应当将离职后福利计划分类为设定提存计划和设定收益计划。设定提存计划是指向独立的基金缴存固定费用后，企业不再承担进一步支付义务的离职后福利计划；设定收益计划是指除设定提存计划以外的离职后福利计划。企业缴纳的养老保险、失业保险等社会保险费，实质是向职工提供了离职后福利，属于设定提存计划。

辞退福利是指企业在职工劳动合同到期之前解除与职工的劳动关系，或者为鼓励职工自愿接受裁减而给予职工的补偿。

其他长期职工福利是指除短期薪酬、离职后福利、辞退福利之外所有的职工薪酬，包括长期带薪缺勤、长期残疾福利、长期利润分享计划等。

企业采用“应付职工薪酬”账户核算这一款项，该账户贷方登记应支付给职工的各种薪酬，借方登记支付给职工的各种薪酬，期末贷方余额反映企业应付未付的职工薪酬。

1. 企业发生应付职工薪酬的主要业务处理

生产部门人员的职工薪酬，借记“生产成本”“制造费用”“劳务成本”等账户，贷记“应付职工薪酬——工资”账户。

应由在建工程、研发支出负担的职工薪酬，借记“在建工程”“研发支出”等账户，贷记“应付职工薪酬——工资”账户。

管理部门人员、销售人员的职工薪酬，借记“管理费用”“销售费用”账户，贷记“应付职工薪酬——工资”账户。

企业以其自产产品发放给职工作为职工薪酬的，借记“管理费用”“生产成本”“制造费用”等账户，贷记“应付职工薪酬——工资”账户。

无偿向职工提供住房等固定资产使用的，按应计提的折旧额，借记“管理费用”“生产成本”“制造费用”等账户，贷记“应付职工薪酬——非货币福利”账户，同时借记“应付职工薪酬——非货币福利”账户，贷记“累计折旧”账户。

租赁住房等资产供职工无偿使用的，应按每期应支付的租金，借记“管理费用”“生产成本”“制造费用”等账户，贷记“应付职工薪酬——非货币福利”账户。

因解除与职工的劳动关系给予的补偿，借记“管理费用”账户，贷记“应付职工薪酬——辞退福利”账户。

企业以现金与职工结算的股份支付，在等待期内每个资产负债表日，按当期应确认的成本费用金额，借记“管理费用”“生产成本”“制造费用”等账户，贷记“应付职工薪酬——股份支付”账户。在行权日之后，以现金结算的股份支付当期公允价值的变动金额，借记或贷记“公允价位变动损益”账户，贷记或借记“应付职工薪酬——股份支付”账户。

企业按规定从净利润中提取的职工奖励及福利基金，借记“利润分配——提取的职工奖励及福利基金”账户，贷记“应付职工薪酬——职工福利”账户。

【例 6-6】天安公司 2×16 年 4 月份工资汇总表资料如下：

4 月份应付工资总额	130 000 元
其中：车间生产工人工资	80 000 元
车间管理人员工资	8 000 元
企业管理部门人员工资	25 000 元
在建工程人员工资	5 000 元
科研部门人员工资	12 000 元

根据当地政府的规定，公司分别按照职工工资总额的 10%、12%、5%和 8%计提医疗保险费、养老保险费、失业保险费和住房公积金。根据本年实际发生的职工福利费情况，公司预计下一年应承担的职工福利费金额为职工工资总额的 1. 5%。公司分别按照职工工资总额的 2%和 1. 5%计提工会经费和职工教育经费。假定科研部门的科研正处于研究阶段。

应计入生产成本的职工薪酬金额

= 80 000 + 80 000 ×（10% + 12% + 5% + 8% + 1. 5% + 2% + 1. 5%）

= 112 000（元）

应计入制造费用的职工薪酬金额

= 8 000 + 8 000 ×（10% + 12% + 5% + 8% + 1. 5% + 2% + 1. 5%）

= 11 200（元）

应计入管理费用的职工薪酬金额

= 25 000 + 25 000 ×（10% + 12% + 5% + 8% + 1. 5% + 2% + 1. 5%）

= 35 000（元）

应计入在建工程成本的职工薪酬金额

= 5 000 + 5 000 ×（10% + 12% + 5% + 8% + 1. 5% + 2% + 1. 5%）

= 7 000（元）

应计入研发费用化支出的职工薪酬金额

= 12 000 + 12 000 ×（10% + 12% + 5% + 8% + 1. 5% + 2% + 1. 5%）

= 16 800（元）

月末分配工资的账务处理如下：

借：生产成本　　112 000
　制造费用　　11 200
　管理费用　　35 000
　在建工程　　7 000
　研发支出——费用化支出　　16 800
　贷：应付职工薪酬——工资　　130 000
　　——职工福利　　1 950
　　——社会保险费　　35 100
　　——住房公积金　　10 400
　　——工会经费　　2 600
　　——职工教育经费　　1 950

【例 6-7】天安公司 2×16 年“五一”劳动节将自产的洗发用品发放给车间职工，其账面成本为 15 000 元，市场售价为 28 000 元，该公司适用的增值税税率为 17%。

洗发用品的增值税额 = 28 000×17% = 4 760（元）

应付职工薪酬 = 28 000 + 4 760 = 32 760（元）

借：生产成本　　32 760
　贷：应付职工薪酬——非货币福利　　32 760

【例 6-8】天安公司 2×16 年 5 月份为行政管理人员提供单位公寓 5 间免费居住，每月应计提折旧费用 2 000 元。

借：管理费用　　2 000
　贷：应付职工薪酬——非货币福利　　2 000

2. 企业发放职工薪酬的主要账务处理

企业应根据劳动工资制度编制工资单和工资汇总表，按规定手续向银行提取现金，借记“库存现金”账户，贷记“银行存款”账户。

支付工资时，借记“应付职工薪酬——工资”账户，贷记“库存现金”账户。

向职工支付工资、奖金、津贴、福利费等，从应付职工薪酬中扣还的各种款项(代垫的家属药费、个人所得税等)等，借记“应付职工薪酬”账户，贷记“银行存款”“库存现金”“其他应收款”“应交税费——应交个人所得税”等账户。

支付工会经费和职工教育经费用于工会活动和职工培训，借记“应付职工薪酬”账户，贷记“银行存款”等账户。

按照国家有关规定缴纳社会保险费和住房公积金，借记“应付职工薪酬——非货币福利”账户，贷记“银行存款”账户。

企业以其自产产品发放给职工的，借记“应付职工薪酬——非货币福利”账户，贷记“主营业务收入”账户，同时还应结转产成品的成本。涉及增值税销项税额的，还应进行相应的处理。

支付租赁住房等资产供职工无偿使用所发生的租金，借记“应付职工薪酬——非货币福利”账户，贷记“银行存款”等账户。

企业以现金与职工结算的股份支付，在行权日，借记“应付职工薪酬——股份支付”账户，贷记“银行存款”“库存现金”等账户。

企业因解除与职工的劳动关系给予职工的补偿，借记“应付职工薪酬——辞退福利”账户，贷记“银行存款”“库存现金”等账户。

【例 6-9】接例 6-6，天安公司 2×16 年 4 月按应发工资总额从银行提取现金，发放工资，同时代扣职工个人所得税总额 2 000 元。

借：库存现金　　128 000

　贷：银行存款　　128 000

借：应付职工薪酬——工资　　130 000

　贷：库存现金　　128 000

　　应交税费——应交个人所得税　　2 000

【例 6-10】天安公司 2×16 年 5 月支付工会庆“五一”活动支出 7 000 元，支付会计人员岗位培训费 3 200 元。

借：应付职工薪酬——工会经费　　7 000

　　　　　　——职工教育经费　　3 200

　贷：银行存款　　10 200

【例 6-11】天安公司 2×16 年 5 月支付社会保险费 6 800 元和住房公积金 4 700 元。

借：应付职工薪酬——社会保险费　　6 800

　　　　　　——住房公积金　　4 700

　贷：银行存款　　11 500

【例 6-12】接例 6-7，天安公司 2×16 年“五一”发放自产的洗发用品给职工。

借：应付职工薪酬——非货币福利　　32 760

　贷：主营业务收入　　28 000

　　应交税费——应交增值税(销项税额)　　4 760

【例 6-13】接例 6-8，天安公司 2×16 年 5 月为行政管理人员提供单位公寓 5 间免费居住，每月应计提折旧费用 2 000 元。

借：应付职工薪酬——非货币福利　　2 000

　贷：累计折旧　　2 000

(五)其他应付款

其他应付款是指企业除应付票据、应付账款、预收账款、应付职工薪酬、应付利息、应付股利、应交税费、长期应付款等经营活动以外的其他各项应付、暂收的款项。该账户可按其他应付款的项目和对方单位(或个人)进行明细核算。

企业发生的各种应付和暂收款项借记“银行存款”“管理费用”等账户，贷记“其他应付款”账户。支付时，借记“其他应付款”账户，贷记“银行存款”账户。

【例 6-14】天安公司对外出租包装物一批，对方交来保证金 3 000 元，已存入银行。

借：银行存款　　3 000

　贷：其他应付款——存入保证金　　3 000

当租入方按期归还包装物时，天安公司应当退回押金。

借：其他应付款——存入保证金　　3 000

　　贷：银行存款　　3 000

三、金额视经营情况而定的流动负债核算

在企业的生产经营活动中，有些负债需要视经营情况而定，这些负债需要到期末计算出损益后方可确定，如应交税费、应付股利等。

（一）应交税费

应交税费是指企业按照税法等规定计算应缴纳的各种税费，包括增值税、消费税、所得税、资源税、土地增值税、城市维护建设税、房产税、土地使用税、车船税、教育费附加、矿产资源补偿费等。该账户贷方登记企业应缴纳的各种税费，借方登记实际缴纳的税费，贷方余额表示企业尚未缴纳的税费，借方余额反映企业多交或尚未抵扣的税费。

企业的税费分为费用和税金。费用主要包含教育费附加、矿产资源补偿费等。税金可分为流转税、所得税和其他税种。流转税是指对单位和个人在商品生产、经营和流通环节计征的一种税，主要包括增值税和消费税等；所得税是指对企业全年生产经营所得和其他所得计征的一种税；其他税是指流转税和所得税以外的税种。由于企业发生的缴纳税费行为和实际缴纳在时间上的差异，应交而未交的税费构成企业的一项负债。企业计算出应交而未交的税费时，应借记有关会计账户，贷记“应交税费”账户；实际缴纳时，借记“应交税费”账户，贷记“银行存款”账户等。“应交税费”账户可按税种设置明细账。

1. 应交增值税

增值税是以商品（含应税劳务）在流转过程中产生的增值额作为计税依据而征收的一种流转税。从计税原理上说，增值税是对商品生产、流通、劳务服务中多个环节的新增价值或商品的附加值征收的一种流转税，实行价外税，也就是由消费者负担，有增值才征税，没增值不征税。

（1）会计科目及专栏设置。

我国增值税条例将纳税人分为一般纳税人和小规模纳税人，两者的征税办法不同，其会计核算也不同。

一般纳税企业有两个特点：一是企业销售货物或提供劳务可以开具增值税专用发票；二是企业购货取得的增值税专用发票上注明的增值税额可以抵减销项税额。

增值税一般纳税人应当在“应交税费”科目下设置“应交增值税”“未交增值税”“预交增值税”“待抵扣进项税额”“待认证进项税额”“待转销项税额”“增值税留抵税额”“简易计税”“转让金融商品应交增值税”“代扣代交增值税”等明细科目。

增值税一般纳税人应在“应交增值税”明细账内设置“进项税额”“销项税额抵减”“已交税金”“转出未交增值税”“减免税款”“出口抵减内销产品应纳税额”“销项税额”“出口退税”“进项税额转出”“转出多交增值税”等专栏。其中：

“进项税额”专栏记录企业购入货物或接受应税劳务而支付的、按规定准予从销项税

额中抵扣的增值税额。企业购入货物或接受应税劳务支付的进项税额用蓝字登记，退回所购货物应冲销的进项税额用红字登记。

“已交税金”专栏记录企业本月已交的增值税额。企业本月已交的增值税额用蓝字登记，退回本月多交的增值税额用红字登记。

“减免税款”专栏记录企业按规定享受直接减免的增值税款或按规定抵减的增值税应纳税额。

“出口抵减内销产品应纳税额”专栏记录企业按规定的退税率计算的零税率应税服务的当期免抵税额。

“转出未交增值税”专栏记录企业月终转出应交未交的增值税。月终，企业转出当月发生的应交未交的增值税额用蓝字登记。

“销项税额”专栏记录企业销售货物或提供应税行为应收取的增值税额。企业销售货物或提供应税行为应收取的销项税额用蓝字登记，退回销售货物应冲销的销项税额用红字登记。

“销项税额抵减”专栏核算一般纳税人提供应税服务，试点期间按照营业税改征增值税有关规定允许从销售额中扣除其支付给非试点纳税人价款，按规定扣减销售额而减少的销项税额。

“出口退税”专栏记录企业零税率应税服务按规定计算的当期免抵退税额或按规定直接计算的应收出口退税额。零税率应税服务办理退税后发生服务终止而补交已退的税款用红字登记。

“进项税额转出”专栏记录企业的购进货物、在产品、产成品等发生非正常损失以及其他原因而不应从销项税额中抵扣，按规定转出的进项税额。

“转出多交增值税”专栏记录企业月终转出本月多交的增值税。月终，企业转出本月多交的增值税额用蓝字登记。

小规模纳税人只需在“应交税费”科目下设置“应交增值税”明细科目，不需要设置上述专栏及除“转让金融商品应交增值税”“代扣代交增值税”以外的明细科目。

（2）账务处理。

① 采购等业务进项税额允许抵扣的账务处理。一般纳税人购进货物、加工修理修配劳务、服务、无形资产或不动产，按应计入相关成本费用或资产的金额借记“在途物资”或“原材料”“库存商品”“生产成本”“无形资产”“固定资产”“管理费用”等科目，按当月已认证的可抵扣增值税额借记“应交税费——应交增值税（进项税额）”科目，按当月未认证的可抵扣增值税额借记“应交税费——待认证进项税额”科目，按应付或实际支付的金额贷记“应付账款”“应付票据”“银行存款”等科目。

【例 6-15】天安公司 2×16 年 10 月购进原材料一批，取得增值税专用发票，所列价款为 30 000 元，增值税额为 5 100 元，款已支付，材料已验收入库。

借：原材料　　30 000
　　应交税费——应交增值税（进项税额）　　5 100
　　贷：银行存款　　35 100

② 销售业务的账务处理。企业销售货物、加工修理修配劳务、服务、无形资产或不动产，应当按应收或已收的金额借记“应收账款”“应收票据”“银行存款”等科目，按取得的收入金额贷记“主营业务收入”“其他业务收入”“固定资产清理”“工程结算”等科目，按现行增值税制度规定计算的销项税额（或采用简易计税方法计算的应纳增值税额）贷记“应交税费——应交增值税（销项税额）”或“应交税费——简易计税”科目。

【例 6-16】天安公司 2×16 年 10 月销售产品一批，增值税专用发票所列价款为 20 000 元，增值税额为 3 400 元，货款尚未收到。

借：应收账款　　23 400
　贷：主营业务收入　　20 000
　　应交税费——应交增值税（销项税额）　　3 400

③ 小规模纳税企业的账务处理。小规模纳税企业销售货物或提供劳务一般只能开具普通发票，不能开具增值税专用发票。企业开具普通发票的金额为含税销售额，在记录收入时，应还原为不含税销售额，还原公式为“销售额＝含税销售额/（1＋征收率）”。小规模纳税企业购入货物无论是否取得增值税专用发票，所支付的增值税额均不得抵扣，而应计入购入货物的成本。

【例 6-17】某企业为小规模纳税企业，10 月份销售产品一批，开出普通发票金额为 21 200 元，增值税征收率为 3%，货款尚未收到。

借：应收账款　　21 200
　贷：主营业务收入　　20 582. 52
　　应交税费——应交增值税（销项税额）　　617. 48

【例 6-18】某企业为小规模纳税企业，10 月份购进货物一批，取得增值税专用发票，所列价款为 50 000 元，税款为 8 500 元，材料已验收入库，货款尚未支付。

借：原材料　　58 500
　贷：应付账款　　58 500

2. *应交消费税*

为了调节产业结构，正确引导消费方向，国家在普遍征收增值税的基础上，选择部分消费品再征收一道消费税。消费税是指从事生产和进口应税消费品的企业按应税消费品的销售额或应税消费品的数量计算的一种税。

消费税的计算方法有按销售额计税和按销售量计税两种。

按销售额计税的计算公式为：

应纳消费税额＝应税消费品的销售额×消费税税率

上式中的销售额包含向购货方收取的全部价款和价外费用，但不包括增值税额。

按销售量计税的计算公式为：

应纳消费税额＝应税消费品的数量×单位税额

【例 6-19】天安公司 2×16 年 10 月出售摩托车 100 辆，每辆售价 8 000 元（不含税价），消费税税率为 10%，货款已经收到，该企业为一般纳税人。

借：银行存款　　936 000

　贷：主营业务收入　　800 000

　　应交税费——应交增值税（销项税额）　　136 000

借：税金及附加　　80 000

　贷：应交税费——应交消费税　　80 000

3. 应交所得税

所得税是对企业经营所得和其他所得征收的一种税。所得税作为一项费用，在企业当期收益中扣除。企业按一定方法计算的所得税，借记“所得税费用”账户，贷记“应交税费——应交所得税”账户。

拓展阅读

盘点各国奇怪税种

一项新税种——“卧室税”——于2013年4月在英国起征。凡是有一间卧室空置的英国家庭每周将被征收17欧元的税，66万个英国家庭将受到影响。这在英国50个城市引发了抗议活动。对中国人来说，“卧室税”让人听得一头雾水、百思不解，然而，世界上千奇百怪的税种还真不少。

日本“帅哥税”

日本著名经济学家森永卓郎提出，应当对那些长相超出常人的男性征收“帅哥税”，因为他们不但能在工作中得到更好的职位、更高的薪水，在交友恋爱、结婚生子等方面更是占尽便宜，造成了严重的社会不公。

森永卓郎建议，通过经济手段调节先天差异，将帅哥的个人所得税翻一番，而那些相貌不占优势的人个税应减少一至两成。至于何谓帅哥，就由持不同审美观的女性共同裁决。

对牛征收“胀气税”

联合国粮食和农业组织的研究称，18%的温室气体可以追溯到牲畜令人厌恶的“副产品”。丹麦税务委员会甚至更进一步追查元凶，认为一头牛平均每年因打嗝、放屁排放4吨甲烷，而同样的时间里，一辆车的排放量仅为2.7吨二氧化碳。

爱尔兰规定，向每头牛征收18美元的“胀气税”，而丹麦的提案中，这一税款高达110美元。为了解决这一问题，英国科学家为牛设计了一份“环保食谱”，爱尔兰人试图缩短牛的生长周期，德国人则发明了一种阻止牛打嗝的药丸。

世界卫生组织“肥胖税”

2003年，世界卫生组织最早提出建议征收“肥胖税”，以帮助各国民众改善膳食结构，但遭到大部分人反对。2008年2月，英国多家人寿保险公司决定对投保人开征“肥胖税”。

2009 年 4 月,爱尔兰瑞安航空公司开始向超重乘客征税。

阿联酋“外国新娘税”

在阿联酋,男子结婚时要给女方家送上巨额的彩礼,无力支付的男人只好另辟蹊径,娶外国女子为妻。为了控制这一行为,政府规定了一笔数额不菲的“外国新娘税”。

俄罗斯“无子女税”

土地广袤却人口稀少的俄罗斯,自 1987 年起对不生孩子的“丁克”夫妇征收“无子女税”,税率高达月收入的 6%,这些钱被用来补贴产妇和多子女家庭。

“万税之国”美国

在税收制度发达的“万税之国”美国,千奇百怪的税种不计其数。在纽约,切片百吉饼作为食物征一次税,作为精制食品要再征一次税,因而诞生了一个独特的“切片百吉饼税”;缅因州的蓝莓要征收“贵重资源税”;匹兹堡对任何娱乐方式都征收 5% 的“娱乐税”;加利福尼亚州有个小镇规定,凡是住在海滨、面向海洋的居民,每年须缴纳 66～184 美元的“风景税”;在阿肯色州,身体穿环和宠物美容都要征收 6% 的销售税。

(二)应付股利

应付股利是指企业分配的现金或利润。企业与其他单位或个人的合作项目,按协议或合同规定,应支付利润的,也应通过“应付股利”账户核算。企业分配的股票股利不通过本账户核算。“应付股利”账户贷方登记应支付的现金股利或利润,借方登记实际支付的现金股利或利润,贷方余额表示应付未付的现金股利或利润。

企业根据股东大会或类似机构审议批准的利润分配方案,按应支付的现金股利或利润,借记“利润分配——应付现金股利或利润”账户,贷记“应付股利”账户;实际支付现金股利或利润时,借记“应付股利”账户,贷记“银行存款”等账户。

【例 6-20】甲企业按股东大会批准的利润分配方案应付给其他单位投资利润 30 000 元。

借:利润分配——应付现金股利或利润　　30 000
　贷:应付股利　　30 000

甲企业支付股利时:

借:应付股利　　30 000
　贷:银行存款　　30 000

第三节　非流动负债

一、长期负债的确认与计量

长期负债(即非流动负债)是指偿还期在一年或者超过一年的一个营业周期以上的债务,包括企业的长期借款、应付债券、长期应付款等。企业出于生产经营的需要,可能通过举借长期债务的方式来弥补资金的不足,它也是企业从债权人那里筹集到的可供其长期使用的一项资金来源,同企业的流动负债相比具有偿还期长、风险高、数额大、利息多等特点。长期负债一般用于企业固定资产的购建和长期投资。通过长期负债取得的资金与增加所有者权益相比,可保持所有者对企业的控制权和影响力。同时,由于长期负债的利息按规定可作为所得税的减项,因此可获得税收方面的好处,起到财务杠杆的作用。

长期负债按筹措方式不同主要分为长期借款、应付债券、长期应付款、专项应付款等。长期借款是指企业向银行或者其他金融机构借入的期限在一年以上(不含一年)的各项借款。应付债券是指企业为筹集资金对外发行并承诺于一定时期还本付息的一种书面凭证。长期应付款是指企业除长期借款和应付债券以外的其他各种长期应付款项,包括应付融资租入固定资产的租赁费、以分期付款方式购入固定资产等发生的应付款项等。专项应付款是企业取得政府作为企业所有者投入的具有专项或者特定用途的款项。

长期负债在企业生产经营中发挥着重要的作用,会计上对于企业长期负债的确认要注意以下几点:① 长期负债都是由过去的交易和其他经济行为所引起的经济责任(企业应承担的);② 长期负债要用未来的资产或劳务来偿付;③ 长期负债的偿还期应符合规定的标准。对于企业长期负债的会计计量,在以货币为计量单位的前提下,应当按照负债实际发生的数额进行计量。不同项目的计量如下:长期借款应当区分借款性质,按实际发生的数额记账;应付债券在发行时,应当按债券面值记账,债券溢价或折价发行时,实收价款与面值的差额应当单独记账;长期应付款应当按实际发生额记账。

同步讨论

有一句古老的商业格言:“如果你的公司要继续经营下去,公司的资产收益率应大于借款成本率。”

要求:你认为这个观点是否正确?对于那些没有任何负债的公司,这句话的观点是否有意义?

二、长期借款

为了管好用好长期借款,企业应当按规定程序取得贷款,而银行和其他金融机构应切实按有关规定发放贷款,使有限的资金发挥最大效用。

（一）长期借款利息的计算

长期借款的利息通常有单利和复利两种计算方法。单利计息方法是指只按借款本金计算利息，所生利息不再加入本金重复计算利息。复利计息方法是指将本金经过一定时期所生利息加入本金重复计算利息。

（1）单利的计算。

长期借款的单利计算比较简单，其计算公式为：

$$利息=本金\times利率\times期数$$

$$本利和=本金\times(1+利率\times期数)$$

【例 6-21】天安公司向银行借入 3 年期的长期借款 100 000 元，年利率为 6%，每年计息一次，到期还本付息。

每年的利息＝100 000×6%＝6 000（元）

3 年的利息＝100 000×6%×3＝18 000（元）

3 年后的本利和＝100 000×（1＋6%×3）＝118 000（元）

如果长期借款是单利计息，但需分次还本付息，按例 6-21，每年还本付息一次，那么每年归还的本金是相同的，即 33 333 元（100 000/3），每年归还的利息则按年初尚未归还的本金计算。

（2）复利的计算。

长期借款在国外一般按复利计算，其计算公式为：

$$本利和=本金\times(1+利率)^{期数}$$

用字母表示为：

$$F=P(1+i)^n$$

式中，P 代表本金；i 代表利率；n 代表期数；F 代表 n 期末的本利和；$(1+i)^n$ 称为终值系数。

复利的计算通常用 $(F/P, i, n)$ 表示。

【例 6-22】接例 6-21，按复利计算：

3 年后的本利和＝$100\ 000\times(1+6\%)^3=119\ 101.6$（元）

3 年的利息＝119 101.6－100 000＝19 101.6（元）

在会计实际操作上，企业每年的应付利息为：

第 1 年：100 000×6%＝6 000（元）

第 2 年：（100 000＋6 000）×6%＝6 360（元）

第 3 年：（106 000＋6 360）×6%＝6 741.6（元）

企业在计算长期借款的本利和时，可以查阅 1 元终值系数表，如查出利率为 6%、期数为 3 年期的终值系数为 1.191 016，将其代入本利和公式可得：

$F=P(1+i)^n=100\ 000\times1.191\ 016=119\ 101.6$（元）

如果长期借款采用分期付款方式，可以用年金现值的公式计算出每年应付的本金及利息。所谓年金，是指在一定期间内，按相等的间隔期支付相同的金额；现值则是未来一笔或若干笔货币按规定利率，用复利法换算为现在时间的价值。

（二）长期借款的核算

为了反映和监督长期借款的借入、应计利息和归还本息的情况，企业应设“长期借款”账户。该账户贷方登记借款本金的增加额，借方登记借款本金的减少额，贷方余额表示尚未偿还的长期借款。长期借款账户应按贷款单位和贷款种类，分别以“本金”“利息调整”等进行明细核算。

企业借入长期借款时，应按实际收到的金额，借记“银行存款”账户，贷记“长期借款——本金”账户，如存在差额，还应借记“长期借款——利息调整”账户。资产负债表日，应按摊余成本和实际利率计算确定的长期借款的利息费用，借记“在建工程”“制造费用”“财务费用”“研发支出”等账户。按合同利率计算确定的应付未付利息，贷记“长期借款——应计利息”账户（一次还本付息的长期借款），“应付利息”账户（分期付息到期还本的借款），按其差额贷记“长期借款——利息调整”账户；归还的长期借款本金，借记“长期借款——本金”账户，贷记“银行存款”账户。同时，存在利息调整余额的，借记或贷记“在建工程”“制造费用”“研发支出”等账户，贷记或借记“长期借款——利息调整”账户。

【例 6-23】天安公司为购置固定资产年初从银行借款 200 000 元，期限为 3 年，年利率为 8%，按复利计息，每年计息一次，到期一次还本付息，所借款项存入银行。

① 企业从银行取得借款时。

借：银行存款　　200 000

　贷：长期借款——本金　　200 000

② 第 1 年年末计算利息时。

第 1 年利息 = 200 000 × 8% = 16 000（元）

借：财务费用　　16 000

　贷：长期借款——应计利息　　16 000

③ 第 2 年年末计算利息时。

第 2 年利息 =（200 000 + 16 000）× 8% = 17 280（元）

借：财务费用　　17 280

　贷：长期借款——应计利息　　17 280

④ 第 3 年年末计算利息时。

第 3 年利息 =（216 000 + 17 280）× 8% = 18 662. 4（元）

借：财务费用　　18 662. 4

　贷：长期借款——应计利息　　18 662. 4

⑤ 到第 3 年年末偿还本息时。

3 年的利息累计 = 16 000 + 17 280 + 18 662. 4 = 51 942. 4（元）

甲企业应归还的本利和 = 200 000 + 51 942. 4 = 251 942. 4（元）

借：长期借款——本金　　200 000

　　　　　——应计利息　　51 942. 4

　贷：银行存款　　251 942. 4

【例 6-24】天安公司为扩大再生产，于 2×13 年 4 月 1 日向银行借入长期借款 100 000 元，用于扩建新的生产线。该项借款期限为 4 年，年利率为 10%。借款合同规定采用单利，本金到期一次偿还，每年计算并结息一次，预计该工程于 2×16 年 12 月 31 日完工验收。

① 2×13 年 4 月 1 日取得借款时。

借：银行存款　　100 000

　贷：长期借款——本金　　100 000

② 2×13 年 12 月 31 日计算利息时。

资产负债表日应计利息 = 100 000 × 10% × 9 / 12 = 7 500（元）

借：在建工程　　7 500

　贷：应付利息　　7 500

③ 2×14 年 3 月 31 日计算并支付利息时。

2×14 年前 3 个月的利息 = 100 000 × 10% × 3 / 12 = 2 500（元）

借：在建工程　　2 500

　应付利息　　7 500

　贷：银行存款　　10 000

④ 2×14 年 12 月 31 日计算利息时。

资产负债表日应计利息 = 100 000 × 10% × 9 / 12 = 7 500（元）

借：在建工程　　7 500

　贷：应付利息　　7 500

⑤ 2×15 年 3 月 31 日计算并支付利息时。

2×15 年前 3 个月的利息 = 100 000 × 10% × 3 / 12 = 2 500（元）

借：在建工程　　2 500

　应付利息　　7 500

　贷：银行存款　　10 000

⑥ 2×15 年 12 月 31 日计算利息时。

资产负债表日应计利息 = 100 000 × 10% × 9 / 12 = 7 500（元）

借：在建工程　　7 500

　贷：应付利息　　7 500

⑦ 2×16 年 3 月 31 日计算并支付利息时。

2×16 年前 3 个月的利息 = 100 000 × 10% × 3 / 12 = 2 500（元）

借：在建工程　　2 500

　应付利息　　7 500

　贷：银行存款　　10 000

⑧ 2×16 年 12 月 31 日计算利息时。

资产负债表日应计利息 = 100 000 × 10% × 9 / 12 = 7 500（元）

借：在建工程　　7 500

　贷：应付利息　　7 500

⑨ 2×17 年 4 月 1 日，计算利息并归还本金。

2×17 年前 3 个月的利息 = 100 000 × 10% × 3 / 12 = 2 500（元）

借：长期借款——本金	100 000	
财务费用	2 500	
应付利息	7 500	
贷：银行存款		110 000

三、应付债券

（一）应付债券的性质及分类

企业由于生产经营的需要，除向银行或其他金融机构贷款外，还可以通过发行债券来筹集资金。应付债券亦称公司债券，是指企业为筹集长期资金而依照法定程序发行的，约定在一定期限还本付息的有价证券。公司债券本质上是一种债权债务关系的凭证，通常公司债券的票面上应当记载以下主要内容：公司名称、债券面额、债券利率、还本期限和还本方式、利息的支付方式、债券的发行日期。公司债券由于面向社会和公众发行，所以其筹资的范围要比从银行或其他金融机构大得多，而且公司债券依照规定可以上市交易流通，因此是一种较为有效的融资手段。

公司债券可以按是否记名分为记名公司债券和无记名公司债券。记名公司债券是指债券上注明债权人姓名，并在发行公司账簿上进行登记；无记名公司债券是指债券上未注明债权人的姓名，也不在发行公司账簿上登记。

公司债券按有无抵押担保分为抵押公司债券和无抵押公司债券。抵押公司债券是指用一定财产作为公司偿债保证的债券，抵押品可以是动产、不动产，也可以用股票、债券、其他有价证券抵押；无抵押公司债券是指无抵押品作为保证的债券，仅凭公司的信用作为债券的担保。

公司债券按偿还方式可分为一次还本债券和分次还本债券。一次还本债券是指在规定期满时，一次偿还债券本金的债券；分次还本债券是指分期偿还本金的债券。

另外，公司债券按发行方式可分为公募债券和私募债券，按债券发行区域可分为国内债券和国际债券等。

为了反映和监督应付债券的资金收入、归还和付息情况，企业应设置“应付债券”账户。该账户贷方登记应付债券的本息，借方登记归还债券的本息，期末贷方余额反映尚未偿还的长期债券摊余成本。该账户按“面值”“利息调整”“应计利息”等进行明细核算。

（二）应付债券的发行

公司债券可按面值发行，也可溢价或折价发行。企业以面值发行债券时，按票面金额借记“银行存款”“库存现金”等账户，贷记“应付债券——面值”账户。溢价发行债券时，按实际收到款项借记“银行存款”或“库存现金”账户，按债券的面值贷记“应付债券——面值”账户，按实际收到款项与票面金额的差额贷记“应付债券——利息调整”账户。折价发行债券时，按实际收到的款项借记“银行存款”或“库存现金”账户，按实际收到款项与票面金额的差额借记“应付债券——利息调整”账户，按债券的面值贷记“应付债券——面值”账户。

资产负债表日，对于分期付息、一次还本的债券，按摊余成本和实际利率计算确定的债券利息费用借记“在建工程”“制造费用”“财务费用”“研发支出”等账户，按票面利率计算确定的应付未付利息贷记“应付利息”账户，按其差额借记或贷记“应付债券——利息调整”账户。

对于一次还本付息的债券，应于资产负债表日，按摊余成本和实际利率计算确定的债券利息费用借记“在建工程”“制造费用”“财务费用”“研发支出”等账户，按票面利率计算确定的应付未付利息贷记“应付债券——应付利息”账户，按其差额借记或贷记“应付债券——利息调整”账户。

实际利率与票面利率差异较小的，也可以采用票面利率计算确定利息费用。

溢价发行债券，按应摊销的溢价金额借记“应付债券——应付利息”账户，按利息与溢价摊销额的差额借记“在建工程”或“财务费用”账户，按应计利息贷记“应付债券——利息调整”账户。折价发行债券，按应摊销的折价金额与应计利息之和借记“在建工程”或“财务费用”账户，按应摊销的折价金额贷记“应付债券——债券折价”账户，按应计利息贷记“应付债券——应付利息”账户。

1. 公司债券按票面价值发行

【例 6-25】天安公司 2×13 年 1 月 1 日发行 5 年期的公司债券 400 000 元，年利率 10%，每半年付息一次，实际收到的款项存入银行，债券 5 年后到期时一次偿还本金。

① 公司发行债券的利率等于该债券发行时的市场利率 10%，债券按票面全额发行。

借：银行存款	400 000	
贷：应付债券——面值		400 000

② 每次支付利息 20 000 元时。

借：财务费用（400 000×10% ×1/2）	20 000	
贷：银行存款		20 000

2. 公司债券溢价发行及溢价的摊销

【例 6-26】接上例，若债券发行时的市场利率为 8%，该企业按 432 458 元价格溢价发行 400 000 元公司债券，溢价额为 32 458 元。

天安公司发行债券时：

借：银行存款	432 458	
贷：应付债券——面值		400 000
——利息调整		32 458

公司债券溢价发行时多收入的金额将用于补偿自发行日至债券到期日期间多付的利息，并需将现款支付的利息超过实际利息费用的差额作为溢价的摊销。根据“债券面值＋债券溢价（或减债券折价）＝债券到期应收本金的贴现值＋各期债券收取的债券利息的贴现值”计算得出例 6-26 的实际利率为 8%。企业可通过编制公司债券溢价摊销表（表

6-1)来计算摊销过程。

由于债券溢价的逐期摊销，债券溢价逐期减少，当最后一期溢价摊销完毕后，企业债券账面价值和债券面值应相等，“应付债券——利息调整”账户应无余额。

表 6-1 公司债券溢价摊销表

单位：元

付息日期	应付利息(1)	实际利息支出(2)	溢价摊销(3)	未摊销溢价(4)	摊余成本(5)
	面值×10%/2	摊余成本×8%/2	(1)-(2)	上期未摊销溢价-(3)	上期摊余成本-(3)
2×13.1				32 458.00	432 458.00
2×13.6	20 000	17 298.32	2 701.68	29 756.32	429 756.32
2×13.12	20 000	17 190.25	2 809.75	26 946.57	426 946.57
2×14.6	20 000	17 077.86	2 922.14	24 024.43	424 024.43
2×14.12	20 000	16 960.98	3 039.02	20 985.41	420 985.41
2×15.6	20 000	16 839.42	3 160.58	17 824.82	417 824.83
2×15.12	20 000	16 712.99	3 287.01	14 537.82	414 537.82
2×16.6	20 000	16 581.51	3 418.49	11 119.33	411 119.33
2×16.12	20 000	16 444.77	3 555.23	7 654.10	407 654.10
2×17.6	20 000	16 302.56	3 697.44	3 956.66	403 956.66
2×17.12	20 000	16 133.34*	3 866.66	0	400 000.00
合　计	200 000	167 542.00	32 458.00	—	—

* 按照公式计算的余额应为 16 158.27 元（403 956.66×4%），差额 24.93 元（16 158.27－16 133.34）是由计算时小数点保留位数造成的，在最后一年调整。

3. 公司债券折价发行及折价的摊销

【例 6-27】接例 6-25，若债券发行时的市场利率为 12%，公司按 370 562 元价格折价发行 400 000 元公司债券，折价额为 29 438 元。

公司发行债券时：

借：银行存款　　370 562

　　应付债券——利息调整　　29 438

　　贷：应付债券——面值　　400 000

公司债券折价发行时少收入的金额成为预付给债券持有人的一笔利息，用上述公式计算得出例 6-27 的实际利率为 12%。企业可通过编制公司债券折价摊销表（表 6-2）来计算摊销过程。

表 6-2 公司债券折价摊销表

单位：元

付息日期	应付利息(1)	实际利息支出(2)	折价摊销(3)	未摊销折价(4)	摊余成本(5)
	面值×10%/2	摊余成本×12%/2	(2)-(1)	上期未摊销折价-(3)	上期摊余成本-(3)
2×13.1				29 438.00	370 562.00
2×13.6	20 000	22 233.72	2 233.72	27 204.28	372 795.72
2×13.12	20 000	22 367.74	2 367.74	24 836.54	375 163.46

续表

付息日期	应付利息(1)	实际利息支出(2)	折价摊销(3)	未摊销折价(4)	摊余成本(5)
	面值×10%/2	摊余成本×12%/2	(2)-(1)	上期未摊销折价-(3)	上期摊余成本-(3)
2×14.6	20 000	22 509.81	2 509.81	22 326.73	377 673.27
2×14.12	20 000	22 660.40	2 660.40	19 666.33	380 333.67
2×15.6	20 000	22 820.02	2 820.02	16 846.31	383 153.69
2×15.12	20 000	22 989.22	2 989.22	13 857.09	386 142.91
2×16.6	20 000	23 168.57	3 168.57	10 688.52	389 311.48
2×16.12	20 000	23 358.69	3 358.69	7 329.83	392 670.17
2×17.6	20 000	23 560.21	3 560.21	3 769.62	396 230.38
2×17.12	20 000	23 769.62*	3 769.62	0	400 000.00
合 计	200 000	229 440.00	29 440.00	—	—

* 按照公式计算的余额应为 23 773.82 元(396 230.38×6%),差额 4.2 元(23 773.82-23 769.62)是由计算时小数点保留位数造成的,在最后一年调整。

由于债券折价的逐期摊销,债券折价逐期减少,当最后一期折价摊销完毕后,企业债券账面价值和债券面值应相等,“应付债券——利息调整”账户应无余额。

(三)债券偿还的核算

企业债券无论采用何种方式发行,到期均应进行偿还。偿还根据情况可分为一次性偿还、分期偿还和提前偿还。对于一次性偿还,无论是平价、溢价还是折价发行的债券,都应按面值偿还,借记“应付债券——面值”账户,贷记“银行存款”等账户。

【例 6-28】天安公司发行的 400 000 元公司债券已经到期,利息已经付清,用银行存款偿还本金。

借:应付债券——面值　　　400 000

　贷:银行存款　　　400 000

企业按规定分期偿还债券时,应于各期偿还日将偿还部分债券的面值冲减“应付债券”,债券面值、利息支出、债券溢价和折价的摊销额也随之减少。企业可编制债券溢价(或折价)摊销表计算各期还本后的应付债券摊销额。

企业在债券到期日偿还本金和利息的账务处理如下:

借:应付债券——面值

　　　　——应计利息

　贷:银行存款

提前偿还公司债券一般有两种情况:一是通知还本债券,是指在公司债券发行时就规定债券发行单位有提前偿还权,可以通知债权人提前偿还;二是公开上市的债券,发行单位可从证券市场上提前购回债券。提前偿还债券的关键在于确认提前偿还损益。

课后思考题

1. 什么是负债?负债有何特征?

2. 负债如何进行分类？
3. 流动负债如何确认与计量？
4. 金额确定的流动负债包括哪些？如何核算？
5. 金额视经营情况而定的流动负债包括哪些？如何核算？
6. 长期负债如何确认与计量？
7. 长期借款如何核算？
8. 应付债券如何分类及核算？

业务练习题

1. 天利公司 2×14 年 1 月发生下列经济业务：

① 公司根据生产经营需要向银行借款 150 000 元，期限为半年，年利率 5%，按月计提利息，到期一次还本付息。

② 公司采购材料一批，价值 80 000 元，开出并承兑商业汇票，期限为 6 个月，面值为 93 600 元。

③ 公司采购材料一批，价值 60 000 元，增值税 10 200 元，材料已验收入库，款项尚未支付。

④ 公司与 A 公司签订一笔供货合同，金额为 90 000 元。合同规定，A 公司先预付货款的 50%，余款在交货时结清，该商品的增值税税率为 17%。

⑤ 公司 2×14 年 1 月份工资汇总表资料如下：

公司 1 月份应付工资总额	300 000 元
其中：车间生产工人工资	200 000 元
企业管理部门人员工资	50 000 元
在建工程人员工资	30 000 元
医务及福利人员工资	20 000 元

⑥ 公司对外出租包装物一批，对方交来保证金 5 000 元，已存入银行。

⑦ 公司按协议规定计算出应付给其他单位投资利润 65 000 元。

⑧ 公司计算出当月应交的教育费附加为 25 000 元。

要求：根据以上资料编制相应的会计分录。

2. 天利公司发生下列经济业务：

① 公司 2×14 年 6 月向银行借入 3 年期的长期借款 200 000 元，年利率为 5%，每年计息一次，到期一次还本付息。

② 公司为购置固定资产，2×13 年年初从银行借款 400 000 元，期限 3 年，年利率为 6%，按复利计息，每年计息一次，到期一次还本付息，所借款项存入银行。

③ 企业为扩大再生产，于 2×10 年 3 月 1 日向银行借入长期贷款 200 000 元，用于扩建新的生产线。该项借款期限为 5 年，年利率为 8%。借款合同规定采用复利，本金到期一次偿还，每年计算并结息一次，该工程于 2×13 年 12 月 31 日完工验收。

④ 公司2×14年1月1日发行5年期的公司债券600 000元,年利率为8%,每半年付息一次,实际收到的款项存入银行,债券5年后到期时一次偿还本金。

⑤ 若公司上述债券发行时的市场利率为6%,公司溢价发行债券。

⑥ 若公司上述债券发行时的市场利率为10%,公司折价发行债券。

⑦ 若公司发行的600 000元公司债券已经到期,利息已经付清,用银行存款偿还本金。

要求:根据上述资料编制相应的会计分录。

案例分析题

天利股份有限公司准备扩建厂房及更新设备,需要筹集资金2 000 000元,公司正考虑是通过长期负债还是通过发行股票来筹措资金。公司现在没有任何长期负债,其最近一年资产负债表有关数据摘录如表6-3所示。

表6-3　　天利公司资产负债表

2×15年12月31日　　单位:元

资　产		负债及股东权益	
流动资产	100 000	流动负债	46 000
非流动资产	3 000 000	股　本	500 000
		资本公积	500 000
		未分配利润	2 054 000
资产合计	3 100 000	权益合计	3 100 000

该公司最大的股东拥有60%的股权,并且希望继续保持对公司的控制权。该股东同意为了公司的扩张而增加投入,但是他的投入不会超过400 000元。公司股票现在的市价为每股10元。公司现行的投资回报率大概为10%,估计借贷成本为8%,所得税税率为25%,预计该项投资的利润率(税前)可以达到12%。

要求:请你推荐一个比较有利的筹资方案,并说明理由。

第七章

所有者权益

学习目标

1. 掌握所有者权益的概念、性质。
2. 掌握实收资本的会计核算。
3. 理解资本公积的内涵及用途。
4. 掌握留存收益的性质及会计处理。

导入案例

云南白药的股利分配

云南白药集团股份有限公司(以下简称云南白药,股票代码:000538)自1993年改制为股份有限公司以来,营业收入和净利润一直保持稳定增长。2013—2015年的权益分派方案为:2013年度以公司现有总股本6.94亿股为基数,向全体股东每10股派发人民币现金股利5元(含税),并以资本公积金向全体股东每10股转增3股;2014年度以公司现有总股本10.41亿股为基数,向全体股东每10股派发人民币现金股利5元(含税);2015年度以公司现有总股本10.41亿股为基数,向全体股东每10股派发人民币现金股利6元(含税)。该公司在证券市场中建立了良好的声誉,股价稳步上升。表7-1列示了该公司2016年上半年所有者权益有关数据。

表7-1　云南白药所有者权益构成

所有者权益项目	金额/亿元
股　本	10.41
资本公积	12.50
盈余公积	7.70
未分配利润	111.34
所有者权益合计	141.95

案例思考

公司在2016年上半年实现净利润13.88亿元，经营活动产生的现金净流量为20.91亿元。公司在2016年是该维持原有2015年度股利分配政策，还是考虑到公司未来的发展，减少股利的分配呢？

第一节　所有者权益概述

公司的所有者权益亦称股东权益或资本，是指企业资产扣除负债后由所有者享有的剩余权益，来源包括所有者投入的资本、直接计入所有者权益的利得和损失、留存收益等。所有者权益金额取决于资产和负债的计量。从理论上讲，企业资产的来源有两个方面：一是负债；二是投资者投入的资金及其增值，即所有者权益。负债和所有者权益的和等于企业的全部资产。虽然企业负债与所有者权益都是资金的来源渠道，但两者还是存在着区别，主要表现为：

（1）性质不同。企业的负债和所有者权益虽然都构成企业资金的来源，但两者的性质截然不同。负债是企业对债权人因借贷关系或经济法规规定而承担的经济责任，即债务偿还义务，表现为债权人对企业资产或劳务的求偿权；所有者权益是企业投资者对企业净资产的求偿权。负债和所有者权益在企业清算时的顺序并不一致，负债的求偿在先，净资产的求偿在后。

（2）权利不同。从法律权利的角度来看，负债属于债权人权益，只有企业所有者投资形成企业以后才可能出现债权债务关系，因此所有者权益存在在先，而债权人权益存在在后。依据有关法律规定，债权人享有企业资产的优先求偿权，但不能直接参与企业的生产经营管理；所有者作为企业的主人，享有企业的产权，具有企业的决策及经营管理权，或将经营管理委托其他人员代行的权利。

（3）偿还不同。从偿还情况来看，企业的债务无论是长期负债还是流动负债，都有一定的偿还期，并且大部分负债偿还时具有确切的金额。债权人依据协议和法规规定，到期具有索取权，债务人具有无条件偿还的义务。所有者权益则是企业所有者对企业的投资，是企业得以存在的基础，企业并没有偿还的义务。虽然企业的所有者权益可能会因多种原因发生增减变动，但不得任意抽回资本金，可以说所有者权益不存在确切的偿还期及金额。

（4）计量不同。企业的负债一般按实际发生额计量，如《企业会计准则——基本准则》规定，在同时满足以下条件时确认为负债：① 与该义务有关的经济利益很可能会流出企业；② 未来流出的经济利益的金额能够可靠地计量。所有者权益是一个企业总资产与其负债总额的差额，因此其计量及数额在一定程度上要依赖于其他会计要素的计量。

所有者权益是一个广义的概念，内容包括实收资本（或股本）、资本公积（减：库存股）、盈余公积和未分配利润等。实收资本是投资者实际投入企业经营活动的各项财产物资。

投入资本亦称为资本金，它是所有者投入资本的数额及其在实收资本中所占比重，决定了各所有者的权益大小，同时也是所有者分配利润和亏损的依据。投入资本在不同的企业组织形式中有不同的称谓，在股份公司中称为“股本”，在一般企业中称为“实收资本”。资本公积包括资本（或股本）溢价和直接计入所有者权益的利得和损失，是投入资本的一部分，法律规定它可转增资本或用于其他用途。库存股则是企业收购、转让或注销的本公司股份的金额。盈余公积是指按照国家有关规定从利润中提取的公积金。未分配利润是企业留于以后年度分配的利润或待分配利润。

企业所有者权益从性质上应严格区分所有者的投入资本和留存收益。实收资本、资本公积、盈余公积、未分配利润各个项目应当分别设置总账和明细账进行会计核算，并在会计报表中分项列示。如有未弥补亏损，应当作为所有者权益的减项反映。

第二节　实收资本

一、企业组织形式与实收资本

企业组织形式是指企业财产的组织方式，通常分为两类：一类是公司制企业组织形式；另一类是非公司制企业组织形式。公司制企业组织形式包括股份有限公司和有限责任公司；非公司制企业组织形式包括独资企业和合伙企业。实收资本是投资者实际投入企业经营活动的各项财产物资，是企业收到的投资者的实缴出资额。实收资本是企业生产经营资金的主要来源之一，也是各种企业组织形式存在的前提。根据《中华人民共和国民法通则》第三十七条的规定，法人应当拥有必要的财产或者经费。此外，《中华人民共和国公司法》（以下简称《公司法》）也规定，有限责任公司和股份有限公司设立应当达到法定资本（股本）最低限额。

不同企业组织形式的实收资本有所不同。在股份有限公司中实收资本称为“股本”，按照《公司法》的规定，设立股份有限公司应当具备下列条件：① 发起人符合法定人数；② 有符合公司章程规定的个体发起人认购的股本总额或者募集的实收股本总额；③ 股份发行、筹办事项符合法律规定；④ 发起人制定公司章程，采用募集方式设立的需经创立大会通过；⑤ 有公司名称，建立符合股份公司要求的组织机构；⑥ 有公司住所。

股份有限公司的设立可采用发起设立或募集设立的方式。发起设立是指由发起人认购公司应发行的全部股份而设立公司；募集设立是指发起人认购公司应发行股份的一部分，其余部分向社会公开募集或者向特定对象募集而设立公司。股份有限公司采取发起设立方式设立的，注册资本为在公司登记机关登记的全体发起人认购的股本总额。在发起人认购的股份缴足前，不得向他人募集股份。股份有限公司采取募集方式设立的，注册资本为在公司登记机关登记的实收股本总额。法律、行政法规以及国务院决定对股份有限公司注册资本实缴、注册资本最低限额另有规定的，从其规定。

股份有限公司股本的投入可采用多种形式。股东可以用货币出资，也可以用实物、知识产权、土地使用权等可以用货币估价并可以依法转让的非货币财产作价出资，但是法律、行政法规规定不得作为出资的财产除外。对作为出资的非货币财产应当评估作价，核实财产，不得高估或者低估作价。法律、行政法规对评估作价有规定的，从其规定。全体股东的货币出资金额不得低于股份有限公司注册资本的30%。股东应当按期足额缴纳公司章程中规定的各自所认缴的出资额。股东以货币出资的，应当将货币出资足额存入股份有限公司在银行开设的账户；以非货币财产出资的，应当依法办理其财产权的转移手续。

以发起设立方式设立股份有限公司的，发起人应当书面认足公司章程规定其认购的股份并按照公司章程规定缴纳出资。以非货币财产出资的，应当依法办理其财产权的转移手续。发起人不依照前款规定缴纳出资的，应当按照发起人协议承担违约责任。发起人认足公司章程规定的出资后，应当选举董事会和监事会，由董事会向公司登记机关报送公司章程以及法律、行政法规规定的其他文件，申请设立登记。以募集方式设立股份有限公司的，发起人认购的股份不得少于公司总股本的35%。法律、行政法规另有规定的，从其规定。

发行股份的股款缴足后，必须经法定的验资机构验资并出具证明。发起人应当在30日内主持召开公司创立大会，由发起人、认股人参加。发行的股份超过招股说明书规定的截止期限尚未募足的，或者发行股份的股款缴足后，发行人30日内未召开公司创立大会的，认股人可以按照所缴股款并加算银行同期存款利息，要求发起人返还。创立大会应有代表股份总数1/2以上的认股人出席方可举行。发起人、认股人缴纳股款或者交付作为股款的出资后，除未按期募足股份、发起人未按期召开创立大会或者创立大会决议不设立公司的情形外，不得抽回其股本。对有限责任公司依法经批准变更为股份有限公司的，折合的股份总额应当相当于公司净资产额。有限责任公司依法变更为股份有限公司，为增加资本向社会公开募集股份时，应当遵循股份有限公司设立的上述规定，原有限责任公司的债权、债务由变更后的股份有限公司承继。

有限责任公司是由50个以下股东共同出资设立的公司，其设立应具备法定的条件。有限责任公司的注册资本为在公司登记机关登记的全体股东认缴的出资额。法律、行政法规以及国务院决定对有限责任公司注册资本实缴、注册资本最低限额另有规定的，从其规定。股东可以用货币出资，也可以用实物、知识产权、土地使用权等可用货币估价并依法转让的非货币财产作价出资。股东应当足额缴纳公司章程中规定的各自所认购的出资额，股东以货币出资的，应当将货币出资足额存入有限责任公司在银行开设的账户；以非货币财产出资的，应当依法办理其财产权的转移手续。股东不按照规定认缴出资时，除应当向公司足额缴纳外，还应当向已足额缴纳出资的股东承担违约责任。有限责任公司成立后，发现作为出资的实物、工业产权、非专利技术或者土地使用权的实际价额显著低于公司章程所定价额的，应当由交付出资的股东补交其差额，公司设立时的其他股东对其承担连带责任。股东按照出资比例分取股利，公司新增资本时，股东可优先认缴出资，股东在公司登记后不得抽回出资。

无论是股本还是实收资本都是企业生产经营的本钱，根据投资主体不同，实收资本可分为国家资本金、法人资本金、个人资本金和外商资本金。实收资本也是股东承担经济责任和利润分取的标准，对其应区别不同情况进行核算。

拓展阅读

中国股份制的鼻祖

平遥，山西中部的一座古老县城，青色、古朴的高大城墙，大气、方正的建筑风格，无不让人有一种岁月悠远的感觉。山西人正是从这里出发“走西口”，走出了富可敌国的巨商，也走出了中国金融业的雏形。

1823 年，在这里诞生了中国第一家票号——日昇昌。日昇昌，日日升日日，古语意为日新、日又新、日日新等，可见这个名称寓意不凡，其思想深处蕴含着中国儒商的智慧，同时这个名字也表达了一种美好的愿望，即希望这个新兴产业能蒸蒸日上、欣欣向荣。

为了更好地经营和管理商号，首先要做到的就是实现所有权和经营权的分离。据潜心研究晋商会计十数载的山西省财政税务专科学校副校长赵丽生教授考证，山西商号实现所有权和经营权分离至少有 300 年的历史。人们普遍认为两权分离是西方市场经济发展的产物，实际上 300 年前的晋商商号就是两权分离的实践者。明清时期，许多商号的投资者基本是自己投资自己经营起家的，但当资本积累到一定程度、经营达到一定规模的时候，投资者没有精力料理全部业务，就需要采用委托代理的形式聘用经营管理人员，出让资本经营权，实行所有权与经营权的分离。当时的掌柜实际上就相当于我们今天的职业经理人。股东们集资入股，完成了资本的筹集，就不再参与商号的后续管理，而是雇佣掌柜和伙计，由掌柜和伙计作为东家经济活动的受托人，实际掌控经济活动的过程和结果，对东家负责。如当时，日昇昌票号的东家是平遥达蒲村的李大全，大掌柜是雷履泰；蔚泰厚票号的东家是介休北贾村的侯荫昌，聘用的掌柜是日昇昌票号原来的二掌柜毛鸿翙。

晋商时代，商号一般设大掌柜、二掌柜、三掌柜、账房、柜员和学徒等人。大掌柜、二掌柜和三掌柜由东家直接出面雇佣，大掌柜主持全面工作，二掌柜实则为财务副总，三掌柜主管行政工作。

在山西的商号中还有一个规矩，“三爷”即东家的姑爷、少爷、舅爷不准进入商号，因此，明清晋商有许多百年老店。这些百年老店之所以能够基业长青，就是因为规避了家族式管理，没有产生家族式企业可能产生的问题。在雇佣伙计的时候，一般要雇佣有保人作保的知根知底的本地人，这样就可以对其家庭和为人有非常深入的了解，便于选择。

《晋商经营之道》一书中披露了一份太谷贠氏志成信商号在同治十二年（公元 1873 年）所立股份制商号的合约。该合约共涉及银股股东 21 人，银股为 17 股，每股 2 000 两，共筹银股 34 000 两；身股股东 8 人，共计身股 6 股，全部股份合计 23 股。

如此完整的一份股份制合约让我们清晰地看到，在清朝时期晋商已经成为股份制经营的较早实践者。对于具有敏锐商业触觉的晋商而言，依靠单个资本积累的缓慢和狭隘完全可以通过股份制的形式克服掉。据考证，晋商使用股份制的形式创建商号，要远早于西方，大概萌芽于明代，大兴于清代，距今足足有 300 余年。

在晋商所开的商号中，一般东家往往多达数人、数十人，而票号由于所需资本庞大，更是出资者众。在晋商中，投资者即持股人一般称为“东家”，实际上就是现在所说的“股东”的意思，这些人并不参与票号的日常管理，仅仅是作为票号的出资人，有资格对票号的掌柜进行选择和任免，并在一个会计周期结束后按照股份进行分红。

实际上，当时晋商所实行的这种股份制更像是我们现今所说的“普通合伙制”，即东家对商号承担无限责任，“亏东家不亏伙计”。一旦商号倒闭，所有的负债全部都由东家来偿还；若出现资不抵债的情况，则由东家的其他财产进行偿还。当然，东家也有“抽股”的自由，即退出投资，只需按股清算账目即可。

为了商号的发展壮大以及充分调动掌柜和伙计们的积极性，晋商还实行“倍股”“厚成”等做法，以保证商号具有充足的流动性资金。如“倍股”就是在股东分红时，要提留一定比例的红利充作流动资金，而“厚成”则是折扣部分资产，使商号实际财产超过账面资产等。

股份制无疑带动了山西票号的蓬勃发展，从1823年日昇昌票号建立到1853年，山西平遥有票号14家，祁县有2家，太谷有2家，一共18家，晋商被推为中国十大商帮之首。

二、非股份有限公司投入资本的核算

为了核算非股份有限公司企业实际收到的投资者投入的资本，应当设置“实收资本”账户。在“实收资本”账户中，贷方登记企业收到投资者投入的各种形式的投资，借方登记按规定减少的投资，贷方余额反映企业的实有资本。该账户按投资者设置明细账。

企业接受投资者投入的资本，借记“银行存款”“其他应收款”“固定资产”“无形资产”“长期股权投资”等账户；按其在注册资本中所占份额，贷记“实收资本”账户；按其差额，贷记“资本公积——资本溢价”账户。

经股东大会或类似机构决议，用资本公积转增资本，应在办理增资手续后，借记“资本公积”账户，贷记“实收资本”账户。

1. 货币形式的投资

企业收到投资者以货币形式投入的资本，应以实际收到的金额或存入企业开户银行的金额，借记“银行存款”等账户；按投资合同或协议约定的投资者在企业注册资本中所占份额的部分，贷记“实收资本”账户；企业实际收到存入开户银行的金额超过投资者在企业注册资本中所占份额的部分，贷记“资本公积——资本溢价”账户。

【例7-1】天安公司收到A公司投资100 000元，已经存入银行。

借：银行存款　　100 000

　　贷：实收资本——A公司　　100 000

【例7-2】天安公司收到国家投资50 000元，已收到银行收账通知单。

借：银行存款　　50 000

　　贷：实收资本——国家资本　　50 000

2. **实物形式的投资**

根据有关规定，投资者可以实物的形式对外进行投资，如以原材料、房屋、建筑物、机器设备等进行出资。投资者以实物进行出资的，应经过相互协商，并按规定对出资实物进行评估作价，核实财产，依法办理财产权的转移手续，以企业实际收到实物的日期作为会计记账日期。公司成立后，如果发现作为出资的实物的实际价额显著低于公司章程所定价额，则应当由交付出资的股东补交其差额。

【例 7-3】天安公司收到大地公司投入的原材料一批，按其在注册资本中所占的份额确认为 80 000 元。

借：原材料　　　　80 000

　　贷：实收资本——大地公司　　　　80 000

【例 7-4】天安公司收到华欣公司投入的机器设备一套，该套机器设备原值为 750 000 元，按其在注册资本中所占的份额确认为 600 000 元。

借：固定资产　　　　750 000

　　贷：实收资本——华欣公司　　　　600 000

　　　　资本公积——资本溢价　　　　150 000

3. **无形资产等其他形式的投资**

企业接受无形资产投资时，应按合同、协议规定的金额和日期入账，如以工业产权、非专利技术或者土地使用权投资，必须进行评估作价。企业在收到无形资产时，按确认的价值借记"无形资产"账户，贷记"实收资本"账户。

【例 7-5】天安公司收到华欣公司工业产权投资，按其在注册资本中所占的份额确认为 140 000 元。

借：无形资产　　　　140 000

　　贷：实收资本——华欣公司　　　　140 000

三、股份有限公司投入资本的核算

股份有限公司是指其全部资本分为等额股份，股东以其所持股份为限对公司承担责任，公司以其全部资产为限对公司债务承担责任的一种企业组织形式。公司股东作为出资者按投入公司的资本额享有所有者的资产收益、重大决策和选择管理者等权利；公司享有股东投资所形成的全部法人财产权，依法享有民事权利，承担民事责任。股份有限公司的注册资本为在公司登记机关登记的实收股本总额，股份有限公司注册资本最低限额应符合法定要求。

股份有限公司无论是发起设立还是募集设立，都应建立合理的治理结构。股东大会是公司的权力机构，拥有选举董事、决定公司经营方针和投资计划、审议批准公司的年度预算方案、对发行公司债券做出决定等权力。股份有限公司应设置董事会，按照《公司法》的规定，董事会成员为 5～19 人。董事会对股东大会负责，行使下列职权：召集股东大会，并向股东大会报告工作；执行股东大会的决议；决定公司的经营计划和投资方案；制订公司的年度财务预算方案、决算方案;制订公司的利润分配方案和弥补亏损方案;决定公司增加或者减少注册资本以及发行公司债券的方案;制订公司合并、分立、解散或者变更公司形式的方案;决定公司内部管理机构的设置;决定聘任或者解聘公司经理及其报酬事项,并根据经理的提名决定聘任或者解聘公司副经理、财务负责人及其报酬事项;制定公司的基本管理制度;公司章程规定的其他职权。

按照规定,股份有限公司应设置监事会,监事会成员不得少于3人。监事需由股东代表和适当比例的公司职工代表组成,其中职工代表的比例不得低于1/3,具体比例由公司章程规定。董事、高级管理人员不得兼任监事。监事会拥有以下权力:检查公司财务;对董事、高级管理人员执行公司职务的行为进行监督,对违反法律、行政法规、公司章程或者股东大会决议的董事、高级管理人员提出罢免的建议;当董事、高级管理人员的行为损害公司的利益时,要求董事、高级管理人员给予纠正;提议召开临时股东大会,在董事会不履行《公司法》规定的召集和主持股东大会职责时召集和主持股东大会;向股东大会提出提案;依照有关规定,对董事、高级管理人员提起诉讼;公司章程规定的其他职权。

为了对股份有限公司的投入资本进行核算,应当设置"股本""资本公积"等账户。"股本"账户核算按照公司章程规定由股东投入公司的股本。公司发行股票,在收到货币资金等资产时按实际收到的金额借记"银行存款"等账户,按股票面值和核定的股份总额的乘积计算的金额贷记"股本"账户,按其差额贷记"资本公积——股本溢价"账户。"股本"账户应按普通股和优先股设置明细账进行明细核算。

【例7-6】天安股份有限公司发行普通股股票200 000股,每股面值8元,按面值发行。

借:银行存款	1 600 000	
贷:股本——普通股		1 600 000

【例7-7】如果上例股票以每股10元的价格溢价发行,收到股款时:

借:银行存款	2 000 000	
贷:股本——普通股		1 600 000
资本公积——股本溢价		400 000

公司发行的可转换公司债券按规定转为股票时,按可转换公司债券的金额借记"应付债券——可转换公司债券(面值、利息调整)"账户,按"资本公积——其他资本公积"账户中属于该项可转换公司债券的权益成分的金额借记"资本公积——其他资本公积"账户,按股票面值和转换的股数计算的股票面值总额贷记"股本"账户,按其差额借记"资本公积——股本溢价"账户。如有现金支付的不可转换债券,还应贷记"银行存款"等账户。

以权益结算的股份支付换取职工或其他方提供服务的,应在行权日,按根据实际行权情况确定的金额借记"资本公积——其他资本公积"账户,按应计入实收资本或股本的金额贷记"实收资本"或"股本"账户。

股份有限公司股东大会批准的利润分配方案中应分配的股票股利,应在办理增资手续后,借记"利润分配"账户,贷记"股本"账户。

股份有限公司采用收购本公司股票方式减资的,按股票面值和注销股数计算的股票面值总额借记"股本"账户,按所注销库存股的账面余额贷记"库存股"账户,按其差额借记“资本公积——股本溢价”账户，股本溢价不足冲减的应借记“盈余公积”“利润分配——未分配利润”账户；购回股票支付的价款低于面值总额的，应按股票面值总额借记“股本”账户，按所注销库存股的账面余额贷记“库存股”账户，按其差额贷记“资本公积——股本溢价”账户。

第三节　资本公积

资本公积是指投资者或其他人（或单位）投入，所有权归属于投资者，但不构成实收资本的那部分资本或者资产。资本公积从形成来源看，有投资者投入的资本金额超过法定注册资本的部分，或者其他人（或单位）投入的不形成实收资本的资产的转化形式。它不是由企业经营实现净利润转化而来的，从本质上讲属于投入资本的范畴，为企业所有者所享有。

资本公积与实收资本虽然都属于投入资本范畴，但两者又有区别。首先，实收资本一般是由投资者根据国家法律、法规及相关规定和企业投资者之间的协议、合同、公司章程等法律性文件的规定投入企业，属于法定资本，它与企业的注册资本相一致，因此实收资本在来源、金额、投入方式、期限等方面都有比较严格的限制；资本公积有其特定来源，主要来源于资本（或股本）溢价，是企业投资者实缴资本超过股票面值或注册资本的部分，只是由于法律的规定而没有直接以资本的名义出现，其中某些来源形成的资本公积并不需要原投资者投入，如企业接受捐赠形成的资本公积。其次，实收资本是投资者为谋求价值增值、追求财富最大化目标投入的，以最大的投资回报为目的；资本公积虽然也是企业投资者为了企业回报而投入的，但回报利益并不由其单独享有，而且有些资本公积，如“企业接受捐赠”并不谋求投资回报。最后，实收资本属于原始资本投入，在会计上一般保持不变；资本公积中除投资者投入形成的部分外，还有企业经营过程中由于某种原因形成的不需要直接支出而形成的增值。

为了核算资本公积，企业应当设置“资本公积”账户，该账户贷方登记资本公积的增加额，借方登记资本公积的减少额，期末余额在贷方，反映企业实有的资本公积金余额。“资本公积”账户应当分设“资本溢价（股本溢价）”“其他资本公积”进行明细核算。

一、资本溢价（股本溢价）形成的资本公积

投资者依据其出资额而享有相应的权利，但当企业有新的投资者加入时，为使原企业所有者的权益不受损害，新的投资者并不一定完全按其出资数额增加其实收资本。这是因为，企业创立时的投入资本与后来持续经营期间的资金在时间价值及获利能力上并不完全一致，再加上企业在正常的生产经营过程中可能会产生留存收益，这些留存收益是原投资者的投入资本和努力经营所致，因此新的投资者要想获得与原投资者同样的资本权利，就应当付出大于原投资者的出资额，并将其大于的部分即资本溢价作为资本公积处理。

企业接受投资者投入的资本、可转换公司债券持有人行使转换权利、将债务转为资本

等形成的资本公积，借记有关账户，贷记“实收资本（或股本）”“资本公积（资本溢价或股本溢价）”等账户。

与发行权益性证券直接相关的手续费、佣金等交易费用，借记“资本公积——股本溢价”账户，贷记“银行存款”等账户。

经股东大会或类似机构决议，用资本公积转增资本，借记“资本公积（资本溢价或股本溢价）”账户，贷记“实收资本（或股本）”账户。

同一控制下控股合并形成的长期股权投资，在合并日按取得被合并方所有者权益账面价值的份额借记“长期股权投资”账户，按享有被投资单位已宣告但尚未发放的现金股利或利润借记“应付股利”账户，按支付的合并对价的账面价值贷记有关资产账户或借记有关负债账户，按其差额贷记“资本公积（资本溢价或股本溢价）”账户。为借方差额的，借记“资本公积（资本溢价或股本溢价）”账户。资本公积（资本溢价或股本溢价）不足冲减的，借记“盈余公积”“利润分配——未分配利润”账户。

【例 7-8】某企业依据协议成为甲企业的新增投资者，新投资者出资 240 000 元，其中 200 000 元作为实收资本，另外 40 000 元作为资本溢价，款项已经存入银行。

借：银行存款	240 000	
贷：实收资本		200 000
资本公积		40 000

同步讨论

万源油品公司的所有者权益合计金额为 1.2 亿元，其中实收资本 8 000 万元，盈余公积 1 800 万元，未分配利润 2 200 万元。公司的主要资产包括 1 个大型油库和 36 座加油站，其账面价值为 1.8 亿元，公允价值为 2.4 亿元。现东盛公司欲出资加盟万源油品公司，并要求占该公司注册资本的 20%。公司其他投资人同意在东盛公司投资后将公司注册资本增加到 1 亿元，并同意东盛公司在增资之后的万源油品公司中持有 20% 的股份。

要求：

（1）如果你是万源油品公司的原始投资人，你认为在这种情况下东盛公司至少应投入多少资本，你的权益才能得到合理的保护？

（2）如果万源油品公司经评估有自创商誉 8 000 万元，其他条件不变，你认为东盛公司需要投入多少资本才能在万源油品公司注册资本中占有 20% 的比例？

（3）如果东盛公司以公司品牌作价入股，其他条件不变，该品牌为国际名牌，经评估价值 1.2 亿元，这项业务对万源油品公司的所有者权益有什么影响？

二、其他原因形成的资本公积

长期股权投资采用权益法核算的，在持股比例不变的情况下，被投资单位除净损益以外所有者权益的其他变动，企业按持股比例计算应享有的份额，借记或贷记“长期股权投资——其他权益变动”账户，贷记或借记“资本公积——其他资本公积”账户。处置采用权益法核算的长期股权投资，还应结转原计入资本公积的相关金额，借记或贷记“资本公积——其他资本公积”账户，贷记或借记“投资收益”账户。

以权益结算的股份支付换取职工或其他方提供服务的，应按照确定的金额，借记“管理费用”等账户，贷记“资本公积——其他资本公积”账户。在行权日，应按实际行权的权益工具数量计算确定的金额，借记“资本公积——其他资本公积”账户，按计入实收资本或股本的金额贷记“实收资本（或股本）”账户，按其差额贷记“资本公积（资本溢价或股本溢价）”账户。

将持有至到期投资重分类为可供出售金融资产，或将可供出售金融资产重分类为持有至到期投资的，按照“持有至到期投资”“可供出售金融资产”等账户的相关规定进行处理，相应调整资本公积。将可供出售金融资产重分类为采用成本或摊余成本计量的金融资产的，对于原计入资本公积的相关金额，还应分不同情况进行处理：有固定到期日的，应在该项金融资产的剩余期限内，在资产负债表日，按采用实际利率法计算确定的摊销金额，借记或贷记“资本公积——其他资本公积”账户，贷记或借记“投资收益”账户；没有固定到期日的，应在处置该项金融资产时，借记或贷记“资本公积——其他资本公积”账户，贷记或借记“投资收益”账户。可供出售金融资产的后续计量，按照“可供出售金融资产”账户的相关规定进行处理，相应调整资本公积。

三、库存股的核算

库存股是指公司将已经发行出去的股票从市场中买回，存放于公司，而尚未再出售或注销的股票。它的特性和未发行的股票类似，没有投票权或是分配股利的权利，而且公司解散时也不能变现。库存股的主要功效包括：可以维持股票的流通性；可以防止公司被恶意并购；可供公司作为股票选择权及其他权益证券使用；不让有异议的股东阻挠公司重大决策；公司可利用库存股制度进行资本结构的调整。

为了核算企业收购、转让或注销的本公司股份金额，应设置“库存股”账户。该账户的借方登记企业收购的本公司股份金额，贷方登记转让或注销的本公司股份金额，期末余额在借方，反映企业持有尚未转让或注销的本公司股份金额。

企业为减少注册资本、奖励本公司职工，或因对股东大会做出的公司合并、分立决议持有异议等而收购本公司股份的，应按实际支付的金额借记“库存股”账户，贷记“银行存款”等账户，同时做备查登记。

将收购的股份奖励给本公司职工属于以权益结算的股份支付，如有实际收到的金额，借记“银行存款”账户，按根据职工获取奖励股份的实际情况确定的金额借记“资本公积——其他资本公积”账户，按奖励库存股的账面余额贷记“库存股”账户，按其差额贷记或借记“资本公积——股本溢价”账户。

转让库存股，应按实际收到的金额借记“银行存款”等账户，按转让库存股的账面余额贷记“库存股”账户，按其差额贷记或借记“资本公积——股本溢价”账户。股本溢价不足冲减的，应借记“盈余公积”“利润分配——未分配利润”账户。

注销库存股，应按股票面值和注销股数计算的股票面值总额借记“股本”账户，按注销库存股的账户余额贷记“库存股”账户，按其差额借记“资本公积——股本溢价”账户。股本溢价不足冲减的，应借记“盈余公积”“利润分配——未分配利润”账户。

第四节 留存收益

一、留存收益的构成

留存收益亦称留存利润、保留盈余，是指企业从历年实现利润中提取或形成的留于企业内部的积累。它是企业通过生产经营活动所实现的净利润而未向投资者分配的部分，包括盈余公积和未分配利润。盈余公积是指企业按照国家有关规定从净利润中提取的积累资金；未分配利润则是企业留于以后年度分配的利润或待分配利润。留存收益与实收资本及资本公积共同构成了所有者权益，它是所有者权益重要的组成部分。

企业的生产经营需要投入资本，而投入资本的目的从微观上讲就是要获得利率和进行扩大再生产，投资者的出资通过生产经营活动不仅要做到资本保全，还要力争盈利。企业盈利扣除按规定上缴国家的税金，称为净利润或税后利润。税后利润可以依规定程序，按协议、合同及公司章程进行分配。在进行分配时，国家规定企业的净利润首先要按一定标准提取法定盈余公积，然后再向投资者分配利润，作为投资的回报。企业按规定提取盈余公积以及向投资者分配利润后，剩余的利润就形成了未分配利润。这部分属于投资者的利润是企业长期生产经营的积累，主要用于以盈补亏、转增资本等。

从利润上讲，留存收益属于所有者权益，企业的所有者权益支配该部分资金。但是为了维护债权人和职工的权益，更有利于企业持续经营和扩大再生产，盈余公积和未分配利润被留于企业，用于专门的用途或以后年度进行分配。

二、盈余公积核算

盈余公积是指从税后利润中提取的具有专门用途的资金。盈余公积从内容上来看包括法定盈余公积、任意盈余公积、储备基金和企业发展基金等，其中法定盈余公积和任意盈余公积可统称为一般盈余公积。公司制企业按照税后利润的10%提取法定盈余公积，非公司制的企业可超过10%的标准，但当法定盈余公积累计额达到注册资本的50%时，可不再提取；任意盈余公积主要是按股东大会或其他企业权力机构的决议来提取。

企业提取的法定盈余公积和任意盈余公积具体用于以下三个方面：

（1）弥补亏损。企业在生产经营过程中可能发生亏损，当发生亏损时应当自行弥补。企业弥补亏损的资金来源：一是用以后年度税前利润弥补，但按税法有关规定，税前利润弥补不得超过5年；二是超过税法规定的弥补期限，仍未补足的部分可以用以后年度税后利润弥补；三是用企业的盈余公积弥补。企业用盈余公积弥补亏损时，一般由董事会提议，经股东大会批准后方可进行。

（2）转增资本。企业可依据股东大会（或者股东）决议将提取的盈余公积用于转增实收资本或股本。在转增资本时应注意以下三点：一是转增资本要先办理增资手续，企业增资要到原登记机关办理变更登记手续后方可进行转账；二是要按股东原有持股比例派送新股或者增加每股面值；三是法定盈余公积转增资本后，所留存的该项公积金不得少于注册资本的25%。

（3）派送新股。经股东大会决议，企业可以用盈余公积派送新股。

为了核算盈余公积的提取和使用情况，企业应当设置“盈余公积”账户，该账户贷方登记盈余公积的增加额，借方登记盈余公积的减少额，余额在贷方，表示企业期末的盈余公积数额。有关盈余公积的会计处理如下：

① 企业按规定提取法定盈余公积。

借：利润分配——提取法定盈余公积

　　贷：盈余公积——法定盈余公积

② 企业按规定提取任意盈余公积。

借：利润分配——提取任意盈余公积

　　贷：盈余公积——任意盈余公积

③ 企业用盈余公积弥补亏损。

借：盈余公积

　　贷：利润分配——盈余公积补亏

④ 企业根据股东决议，按原投资比例用盈余公积金转增资本。

借：盈余公积

　　贷：实收资本（或股本）

⑤ 企业经股东大会决议，用盈余公积派送新股。

借：盈余公积

　　贷：股本

同步讨论

股票股利是公司向其股东派送的本公司股票，在我国证券市场俗称“送股”。股票股利的来源是未分配利润，理论上这种额外派送的股票并不增加股东价值。例如，有4名股东，每人拥有10万股股票，每个股东拥有25%的股权（10/40）。如果公司向股东每10股派送1股股票，每个股东仍拥有25%的股权（11/44）。对每个股东而言，除了股票数量外，其他不变。

在我国证券市场，还有一种所谓的利润分配，即转股，就是将资本公积转增股本，它也会增加原有股东的持股数。

现金股利则是从未分配利润中直接以现金方式向股东分派股利，即派现。

要求：分析转股是否是一种利润分配行为，并说明理由。如果你是公司的股东，送股、转股和派现你更欢迎哪一种？为什么？

三、未分配利润核算

未分配利润是指企业留于以后年度分配的利润或待分配的利润，它是企业所有者权益的重要组成部分，这部分净利润既没有分配给投资者，也没有被指定专门的用途。未分配利润用公式表示为：

期末未分配利润＝期初未分配利润＋本期实现的税后利润－提取的盈余公积－分配的利润

为了核算企业的未分配利润情况，应在“利润分配”账户下设置“未分配利润”明细账户。会计年度终了，企业将当年实现的利润由“本年利润”账户转入“利润分配——未分配利润”账户，并将“利润分配”账户下其他明细账户的余额全部结转至“未分配利润”明细账户。结转后，如果“未分配利润”明细账户为贷方余额，则表示企业尚未进行分配的利润；如果为借方余额，则表示企业尚未弥补的亏损。

未分配利润作为待分配和待指定用途的净利润，企业将来可将其用于符合规定的方面，如用于转增资本、弥补亏损、支付投资者利润等。

① 企业结转本年利润。

借：本年利润

　　贷：利润分配——未分配利润

② 将“利润分配”账户下其他明细账户的余额结转到“利润分配——未分配利润”明细账户。

借：利润分配——未分配利润

　　贷：利润分配——提取法定盈余公积

　　　　　　　　——提取任意盈余公积

　　　　　　　　——应付现金股利或利润

　　　　　　　　——盈余公积补亏

课后思考题

1. 什么是所有者权益？它与负债有何区别？
2. 股份有限公司投入资本有何规定？如何核算？
3. 非股份有限公司企业实收资本有何规定？如何核算？
4. 资本公积如何核算？
5. 盈余公积如何核算？
6. 留存收益包括什么内容？如何核算？

业务练习题

1. 天利公司2×16年1月发生下列经济业务：

① 天利公司收到A公司投资350 000元，已经存入银行；

② 天利公司收到国家投资65 000元，已收到银行收账通知单；

③ 天利公司收到大维公司投入原材料一批，按其在注册资本中所占的份额确认为100 000元；

④ 天利公司收到华兴公司投入的机器设备一套，该套机器设备原值为950 000元，按其在注册资本中所占的份额确认为500 000元；

⑤ 天利公司收到华隆公司工业产权投资，按其在注册资本中所占的份额确认为340 000元；

⑥ 某企业依据协议成为天利公司的新增投资者，出资555 000元，其中300 000元作为实收资本，另外255 000元作为资本溢价，款项已经存入银行。

要求：根据以上经济业务编制会计分录。

2. 天利公司注册资本为1 000万元，2×09年发生经营性亏损500万元。2×09年后，连续5年税前补亏400万元。2×15年实现利润400万元，企业决定用税后利润弥补亏损，然后按税后利润的10%提取法定盈余公积金，提取后的剩余净利润全部作为企业将来发展资金，不再向投资者分配利润。

要求：(1) 计算2×15年天利公司应交所得税。

(2) 编制天利公司与缴纳所得税及留存收益相关的会计分录。

案例分析题

天利公司2×15年12月31日资产负债表上的股东权益部分如表7-2所示。

表7-2　　天利公司股东权益

项　目	金额/元
股　本	1 000 000
资本公积(股本溢价)	600 000
盈余公积	800 000
未分配利润	500 000
股东权益	2 900 000

天利公司在过去3年内，每年每股发放现金股利0.1元。考虑今后的现金需求，公司宣告并发放股票股利200 000股。在股票股利发放后不久，公司又宣告发放现金股利每股0.15元。

证券投资者张平在几年前曾以每股30元购得该公司普通股1 000股。

要求：

(1) 分析天利公司发放股票股利前后净资产是否有变化,并说明理由。

(2) 分析张平今年收到的现金股利与以前年度收到的现金股利是否一样。

(3) 在发放股票股利的当天,股票的每股市价从30元跌至25元,请分析张平是否有损失。

第八章

费用与成本

学习目标

1. 掌握费用与成本的概念、分类。
2. 掌握成本与费用的关系。
3. 掌握期间费用的核算。
4. 掌握成本计算。

导入案例

奶粉成本的正确打开方式

一罐品质可靠、配方合理的婴幼儿奶粉，其生产过程极为复杂。从奶源的选择，配方的研发，制作过程中的杀菌、消毒、粉化、干燥，到灌装、保鲜、包装、运输，每道程序都需要严格的标准和过硬的技术，每道程序都对一罐奶粉的品质有很大影响，都需要奶粉生产商投入大量成本。这些成本有的是看得到的原料和生产工艺成本，有的是看不到的研发成本。一罐高品质的奶粉背后，是奶粉生产商开发优质奶源地、提高生产工艺技术和不断创新研发配方所投入的大量成本。只有肯下成本的奶粉才是更安全、更放心、更可靠的好奶粉。

案例思考

1. 一罐优质可靠的奶粉，究竟包含了哪些成本？
2. 为什么不同的奶粉品牌有不同的价格？
3. 为什么大牌的奶粉价格比普通的奶粉要贵一些？

第一节　费用与成本概述

一、费用的概念

企业生产经营的过程同时也是资金耗费的过程。企业在生产经营过程中，由于生产产品或提供劳务，必然会耗费一定的人力、物力和财力，而其中可以对象化的费用就形成了成本。如在工业企业，生产一定种类、一定数量的产品必然要产生各种耗费，包括生产产品的直接材料、直接人工和制造费用等，会计上将在一定时期内所发生的生产费用按产品品种加以对象化就形成了生产成本。

费用是一个与收入相对应的概念，也可以说是企业为取得收入而预先进行的垫付，在会计上表现为资产的减少或负债的增加。我们可以从不同的角度对费用加以定义。国际会计准则委员会在《编制和呈报财务报表的结构》中将费用表述为：费用是指会计期间内经济利益的减少，其形式表现为因资产流出、资产消耗或是发生负债而引起的权益减少，但不包括与对权益参与者分配有关的权益减少。美国财务会计准则委员会在其第6号财务会计概念公告中将费用定义为：一个主体在某一期间由于销售或生产货物，或从事构成该主体不断进行的主要经营活动的其他业务而发生的现金流出或其他资产的耗用或债务的承担（或兼而有之）。我国《企业会计准则——基本准则》将费用定义为：费用是企业在日常活动中发生的、会导致所有者权益减少的、与向所有者分配利润无关的经济利益的总流出。

通过以上的费用概念可以看出，虽然人们对费用定义的角度有所不同，但一项支出要成为费用必须具备以下几个方面的特征：① 费用是为取得收入而进行的一种垫付；② 费用会导致企业资产的减少或负债的增加；③ 费用属于期间性概念，同一定时期相联系。可以说，企业在一定期间内所发生的费用是企业资源的减少，它最终会减少所有者权益。

二、费用的分类

为了更好地核算和管理企业的费用，可以依据不同的标准对其进行分类。

1. 按费用的经济内容分类

企业在一定期间内所发生的费用，按其经济内容的不同，主要可分为劳动对象耗费、劳动手段耗费和活劳动耗费三大类。具体来讲，包括以下各项：

（1）外购材料。企业为生产经营而耗用的一切从外单位购入的原材料、辅助材料、包装物、修理用备件、低值易耗品等。

（2）外购燃料。企业为生产经营而耗用的一切从外单位购入的各种固体、液体和气体燃料。

（3）外购动力。企业为生产经营而耗用的一切从外单位购入的各种动力。

（4）职工薪酬。企业计入生产成本和期间费用的职工工资、职工福利、住房公积金、工会经费、职工教育经费、非货币性福利、辞退福利以及股份支付等。

(5) 折旧费。企业按照规定计算提取的固定资产折旧费。

(6) 利息费用。企业借款利息减去存款利息后的差额计入费用的部分。

(7) 其他费用。上述各项费用之外的费用,如直接作为期间费用支付的税金、保险费、办公费、租赁费、差旅费等。

2. 按费用的经济功能分类

企业的费用按经济功能可分为成本费用和期间费用两大类。

(1) 成本费用。它是指从事经营业务发生的、能够直接计入产品成本的费用。成本费用包括直接费用和间接费用。直接费用是为生产产品而直接消耗的材料、人工费用等;间接费用则是与生产产品相关,但不能直接计入产品成本,而应分配计入的各项费用。计入成本的费用具体包括:① 直接材料,是指企业在生产过程中用于构成产品实体及有助于形成产品的各种原料、主要材料、外购半成品、燃料等;② 直接人工,是指直接从事产品生产的人的工资及奖金以及按生产工人工资总额计算提取的职工福利费等;③ 其他直接费用,是指企业发生的除直接材料和直接人工以外的与生产商品或提供劳务有直接关系的费用;④ 制造费用,是指各生产单位(包括车间、分厂)为组织和管理生产所发生的管理人员的工资和福利费、固定资产折旧费、办公费、差旅费、水电费等。

(2) 期间费用。它是指企业在生产经营过程中支出的、与产品生产无直接联系的各项费用。期间费用虽然与产品生产没有直接关系,但同会计期间却直接相关,包括:① 管理费用,是指企业为组织和管理生产经营所发生的各项费用;② 财务费用,是指企业为筹集生产经营所需资金等而发生的筹资费用;③ 销售费用,是指企业在销售商品和材料、提供劳务的过程中发生的各种费用。

三、成本及其与费用的关系

1. 成本的概念

成本是人们比较生产活动中所费与所得的一个价值范畴。众所周知,物质产品的生产是人类赖以生存的基础,成本是指进行产品的生产所耗费的经济资源的货币表现及其对象化。成本综合地反映了产品生产中所消耗的物化劳动和活劳动。成本有理论成本与实际成本之分。理论成本是指在正常生产、合理经营条件下的社会平均成本,即生产商品的价值中物化劳动价值和活劳动价值的货币表现。实际成本是指按有关制度规定的成本开支标准和范围,根据生产过程中实际消耗的物化劳动的转移价值和活劳动所创造的价值中应纳入成本范围的那部分价值计算出的成本。

在会计上,成本主要指生产成本和劳务成本,是对象化的费用。生产成本是指企业为生产一定种类和数量的产品所发生的各项生产费用的总和;劳务成本是指企业对外提供劳务发生的各种相关支出。从成本的性质来看:第一,企业的成本必然会同一定种类和数量的产品相联系;第二,成本是为了取得经济资源(或者销售收入)所付出的价值牺牲;第三,成本是为了实现其特定目的而付出的一种必然耗费。

成本在企业生产经营及管理中发挥着重要作用，主要表现在以下几个方面：① 成本是企业生产耗费的补偿尺度；② 成本是企业及国家制定产品价格的重要依据；③ 成本是会计上的重要指标，是企业计算盈亏和考核经营成果的根据；④ 成本是企业进行生产经营决策的重要依据。

2. 成本与费用的关系

企业生产经营的目的是获得较好的经济效益，追求利润的极大化。这一目的的达成要通过企业向社会提供产品或劳务来实现。在企业的生产经营过程中，资产（或称资金）的消耗不可避免。但是，企业所有资金的耗费均有其一定的经济目的，就是要获得高于所耗费资金的收入。从某种意义上来讲，费用是一种资金的垫付。因此，在对费用、成本进行确认与计量时，应当充分认识到费用和成本的经济性质。

（1）费用和成本是同收入相联系的。取得收入并获利是企业生产经营的目的，而收入的取得是以企业垫付资金，耗费一定的人力、财力、物力为前提条件的。因此，企业在生产经营中的各种耗费是为取得收入而付出的必要代价。企业对象化的费用形成的生产成本与收入也存在着一定的联系。企业的产品成本经过产品销售首先获得补偿。

（2）费用和成本是与企业支出相区别的。费用及成本是企业为获得收入而预先做出的一种资金垫付，它通过企业的生产经营活动得到收回，从而又投入资金循环之中。支出则不同，它是企业现金的流出。这种流出的现金是否能够收回和得到补偿对支出来说并不重要，其中的一部分可能会收回，而另一部分则可能退出企业。支出不仅包括补偿性费用，也包括非补偿性费用。

费用与成本存在着密切的关系，企业在一定时期计算的费用是成本计算的基础和前提。一般来说，费用以当期实际支出作为计算的标准，它与一定的会计期间相联系，而成本与一定数量及种类的产品相联系。在一个会计期间内，企业所发生的费用可能已经计入了前期产品成本或需计入以后期间的成本，而计入成本的费用可能在前期已经支付或需要以后期间支付。从数量上来看，一定期间的费用额可能大于、等于或小于当期计算的成本。

拓展阅读

成本费用的控制

企业成本费用控制的目的在于将成本费用控制在企业预定的水平上。企业成本费用的控制是一个复杂的系统，涉及成本费用控制主体的划分及进而所带来的责任的归属，涉及成本费用控制目标提出的科学性与合理性及进而所带来的成本控制的有效性，涉及成本费用控制组织结构中不同控制层次的权利与责任的界定，涉及成本费用控制过程中各部门工作的协调，涉及进行成本费用控制所需信息的反馈内容及速度，涉及根据企业的实际情况的变化对控制标准的调整及差异的纠正等。因此，只有建立一个充满弹性的成本费用控制系统，掌握成本费用控制的关键点，才能使企业对成本费用进行有效的规划与控制。根据控制论的基本原理，控制是对客观对象，按照一定标准，借助信息，对其施加影响以实现目标的过程。控制的共性规律是控制主体对受控客体采取一定的控制方式，借助于控制组织系统，利用信息反馈系统，实现预定的目标。成本费用控制系统的建立与运行应该符合这一基本规律。

第二节　费用的核算

一、费用的确认与计量

1. 费用的确认标准

企业在生产经营过程中耗费的各项资产（或称资金），依据什么样的标准将其确认为费用是一项非常重要的工作，它直接关系企业在一定会计期间的损益计算和最终的财务成果。《企业会计准则——基本准则》规定：费用只有在经济利益很可能流出从而导致企业资产减少或者负债增加，且经济利益的流出额能够可靠计量时才能予以确认。企业为生产产品、提供劳务等发生的可归属于产品成本、劳务成本等的费用，应当在确认产品销售收入、劳务收入等时，将已销售产品、已提供劳务的成本等计入当期损益。

企业发生的支出不产生经济利益的，或者即使能够产生经济利益但不符合或者不再符合资产确认条件的，应当在发生时确认为费用，计入当期损益。企业发生的交易或者事项导致其承担了一项负债而又不确认为一项资产的，应当在发生时确认为费用，计入当期损益。为了正确地对费用进行会计确认和计量，应当合理地确定其确认的标准。费用的确认标准主要包括权责发生制、配比标准和划分收益性支出与资本性支出标准三项。

（1）权责发生制。按照权责发生制的原则来确认某一会计期间的费用是正确计算费用的前提条件。它是一个单位确认收入和费用的标准。在持续经营和会计分期的会计核算基本前提下，企业所发生的人力、财力、物力消耗都可以通过资金运动的特有形式表现出来，并要求将企业的各种耗费在进行确认的基础上，分别归属于某一特定的会计期间，这样就产生了费用应当在何时给予确认以及归属于哪个会计期间的问题。会计上对此问题有两种标准可供选择，即权责发生制和收付实现制。为了准确和科学地对费用等会计要素进行核算，会计上一般采用权责发生制原则作为费用的确认标准。在采用这一标准进行会计确认时，应当对费用进行合理分析，有的费用支付虽然发生在本会计期间，但从其归属来看不一定属于本期，如预付的下年度报刊费、保险费等；还有的费用虽然不是发生在本期，但从其归属来看应当属于本会计期间，如将于期末一次性支付的银行借款利息等。在这里必须明确，企业在本会计期间所发生的资产（或资金）耗费，并不一定就要在本期进行支付；反之，企业在某一会计期间的支出也并不一定就都应当作为本期的费用。费用的确认必须遵循权责发生制的原则，以经济的权益和责任的发生，即以应收应付作为标准来进行划分。

（2）配比标准。企业要想生存并获得发展，就必须取得必要的收入，而收入的取得又要以企业资产的耗费(转化成费用和成本)为前提。企业的费用与收入之间存在着一种因果关系,收入是结果,费用是形成这一结果的原因。也就是说,收入是费用和成本的一种天然追求结果,而费用又是收入形成的必然原因。因此,在会计上必须将收入与费用进行配比。如果不将两者进行配比,那么收入与费用均将失去其本质含义。配比原则是会计上确认费用和成本的一项重要标准,只有将收入与费用进行配比,才能计算出特定会计期间的盈利(收入大于费用)或亏损(收入小于费用)。在进行费用的具体确认时,一定要注意费用与收入的因果性,保持收入与费用在会计期间上的一致,对于为几个会计期间的收入而付出的费用项目,应当按照受益期间进行合理的分配,计入各自的会计期间。可以说,企业费用确认的核心问题就是确定其归属期间,对收入与费用进行合理的配比。

(3) 划分收益性支出与资本性支出标准。收益性支出是指资金的支付效益仅与本会计年度相关,而资本性支出是指资金的支付效益与若干个会计年度相关。这一标准实际上是权责发生制和配比原则的具体化,在进行费用的确认时也必须遵循该标准,按照受益原则对费用进行归集、分配,并计入相关的会计期间。

2. 费用的计量

企业资产种类的多样性和周转性质的不同,使得企业的资金耗费也具有多种多样的形式。为了更好地对费用和成本进行核算,在明确费用和成本的性质及确认标准的基础上,还应当进一步解决费用的计量问题,以便将其准确地计入相应的会计期间。

在采用实际成本(历史成本或原始成本)会计原则的前提下,企业费用应当按照实际发生额进行计量。在现实经济活动中,费用的计量大致可分为两种情况:一种情况是费用的发生额有确切的数量,可以准确地加以计量;另一种情况是费用的发生额不够确切,在某种程度上不能进行准确的计量。会计上,对于这两种情况都应当按照实际成本的原则标准科学地进行计量。在大多数情况下,费用发生伴随着企业资产(如现金、银行存款等)的实际支付,这时企业费用发生的金额不仅可以有一个确切的数量,而且可以取得证明这项费用发生的有关原始凭证。对于这部分费用,企业应当以当时的实际发生额为依据进行计量。

在企业生产经营过程中,还有一部分费用在发生时虽然金额明确,并且取得了有关原始凭证,但是费用的受益期间不仅涉及本会计期间,也涉及其他会计期间,这时对费用的计量就应当按照权责发生制和配比原则,采用一定的标准将发生的费用在受益期间内进行合理的分摊。在这种情况下,费用的发生额虽然是客观真实的,也可以进行验证,但是费用的分摊标准却带有一定的人为因素,因此,科学且合理地确定分摊标准是极为重要的。除此之外,还有一种情况,就是费用的发生数额不够确切,并且无法得到验证,如企业每个会计期间应当提取折旧费。从理论上讲,固定资产的折旧费应当是固定资产在使用过程中所发生的价值转移,由于使用年限、未来残值以及将来所要发生的固定资产清理费用等不确定因素的存在,这些固定资产被转移的价值很难在技术上加以精确的测定,因此会计上一般通过合理预计的方法,利用计算公式来对这部分费用进行确定计量。在这种情况下,折旧方法的选择以及使用年限、未来残值等要素的预计就不可避免地带有一定的主观因素。在实际操作中应当尽可能地采用科学且合理的方法对费用进行计量。

二、期间费用的核算

期间费用与产品生产没有直接关系，不能计入产品成本，但同会计期间却直接相关，在当期损益中准予扣除。期间费用具体包括管理费用、财务费用、销售费用等。

1. 管理费用的核算

管理费用是指企业为组织和管理生产经营所发生的各项费用。它包括企业在筹建期间发生的开办费、董事会和行政管理部门在企业的经营管理中发生的或者应由企业统一负担的公司经费（包括行政管理部门职工工资及福利费、物料消耗、低值易耗品摊销、办公费和差旅费等）、工会经费、董事会费（包括董事会成员津贴、会议费和差旅费等）、聘请中介机构费、咨询费（含顾问费）、诉讼费、业务招待费、技术转让费、矿产资源补偿费、研究费用、排污费等。

企业为了核算发生的各项管理费用，应当设置“管理费用”账户。该账户借方登记当期发生的各项管理费用数额，贷方登记转入“本年利润”的管理费用数额，该账户结转后应无余额。“管理费用”账户应当按费用项目设置明细分类账，进行明细分类核算。

【例 8-1】天安公司 2×16 年 9 月 1 日支付业务招待费 3 000 元。

借：管理费用——业务招待费	3 000	
贷：银行存款		3 000

【例 8-2】天安公司 2×16 年 9 月 16 日缴纳车船税 8 000 元。

借：管理费用——车船税	8 000	
贷：银行存款		8 000

拓展阅读

巴菲特：最讨厌管理费用增长

在所有的费用增长中，巴菲特最讨厌管理费用的增长，可以说是深恶痛绝。他用管理费用占营业利润的比率来分析企业的管理费用是否过高。他认为管理费用占营业利润的比率超过 10% 是不可忍受的，这相当于公司业务抽了 1/10 的税，不但损害公司盈利，而且还毁损了企业价值。

2. 财务费用的核算

财务费用是指企业为筹集生产经营所需资金等而发生的筹资费用，包括利息支出（减利息收入）、汇兑损益以及相关的手续费、企业发生的现金折扣或收到的现金折扣等。企业为了核算其发生的财务费用，应当设置“财务费用”账户。该账户借方登记各项财务费用的发生数额，贷方登记应冲销的财务费用和转入“本年利润”账户的财务费用数额，该账户结转后应无余额。企业发生的财务费用借记“财务费用”账户，贷记“银行存款”“未确认融资费用”等账户；发生应冲销财务费用的利息收入、汇兑损益、现金折扣，借记“银行存款”“应付账款”等账户，贷记“财务费用”账户。企业“财务费用”账户应当按费用项目来专门设置明细分类账户，进行明细分类核算。

【例 8-3】天安公司本月按规定预提短期借款利息 3 000 元。

借：财务费用——利息支出　　3 000

　　贷：应付利息　　3 000

【例 8-4】天安公司接到银行通知，本月存款利息为 1 000 元。

借：银行存款　　1 000

　　贷：财务费用　　1 000

3. 销售费用的核算

销售费用是指企业销售商品和材料、提供劳务的过程中发生的各种费用，包括保险费、包装费、展览费和广告费、商品维修费、预计产品质量保证损失、运输费、装卸费等以及为销售商品而专设的销售机构(含销售网点、售后服务网点等)的职工薪酬、业务费、折旧费等经营费用。企业发生的与专设销售机构相关的固定资产修理费用等后续支出，也在本账户核算。

为了核算企业销售商品过程中发生的费用，企业应设置“销售费用”账户。该账户借方登记发生的各项销售费用，贷方登记结转至“本年利润”账户的各项销售费用，该账户结转后应无余额。“销售费用”账户应按费用项目设置明细账。

【例 8-5】天安公司 2×16 年 9 月 15 日支付产品广告费 9 000 元。

借：销售费用　　9 000

　　贷：银行存款　　9 000

【例 8-6】天安公司将本月发生的 22 500 元产品销售费用进行结转。

借：本年利润　　22 500

　　贷：销售费用　　22 500

第三节　成本的核算

产品成本是对象化了的费用。在企业里需要对象化的费用就是生产费用。将生产费用按一定种类和数量的产品进行汇集就形成了产品成本。按照实际成本原则，产品成本的计量同费用一样，应当采用实际成本(即历史成本或原始成本)为标准。即使企业在日常核算中采用定额成本或计划成本进行计量，也应当合理计算成本差异，在月终编制会计报表时将其调整为实际成本。企业生产工艺错综复杂，产品种类、规格多种多样，以及成本计算自身的固有特点，决定了产品成本计算是一种技术性很强的工作，必须按照规定的程序和要求进行。以最为典型的工业企业生产成本为例，其一般程序包括以下几个方面。

一、确定生产成本核算对象

成本核算对象是指各项生产费用的承担者。具体来讲，由于企业生产工艺和经营项目不同，企业成本核算对象也不相同。它既可以是产品、工程项目，也可以是劳务；既可以是产成品，也可以是半成品。成本核算对象的选择和确定是对生产费用进行汇集和分配的前提条件，各单位应当根据企业自身特点和管理的需要合理确定成本核算对象。一般来说，成本核算对象划分得越细，生产费用汇集和分配的精确度就越高，所提供的会计信息也就越详细。但是，这样一来成本计算的费用和工作量也相应地增大了。所以，企业在选择成本核算对象时一定要做全面考虑，权衡利弊，从实际情况出发。

二、确定生产成本计算期

企业生产成本核算对象确定后，还应当解决何时和多长时间计算一次产品生产成本的问题。产品生产成本计算期的确定实质上也就决定了企业生产费用汇集和分配的时间。在这里必须说明的一点就是，生产费用是指在一定会计期间所发生的耗费，而产品生产成本是指生产一定数量产品而发生的耗费。生产费用对应的是会计期间，而产品生产成本对应的是某种产品。通常人们所讲的产品生产成本，一般是指产成品成本，是产品制造完工后凝结于产品当中的所有生产费用，而这些生产费用可能属于一个或几个会计期间。因此，在实行会计分期和权责发生制的前提下，企业必须从权责发生制的原则出发，按会计期间汇集和分配生产费用，但这样有可能导致生产费用的汇集和分配期间同产品的生产周期不一致。从理论上讲，产品生产成本应当同产品的生产周期保持一致，但是企业产品品种的多样性和生产周期的不确定性使得企业很难按照产品生产周期来计算产品生产成本。当然，并不排除有些企业可以按生产周期来确定产品生产成本计算期，如造船、大型工程等单件小批量生产企业。在会计实际操作过程中，企业产品生产成本一般是以"月份"作为计算周期的，这样虽然同生产周期不同，但是它与会计报告的期间是一致的，便于进行期间考核。

三、确定产品成本项目

产品成本项目是对生产费用按其经济用途所进行的分类。企业在确定了成本核算对象和成本计算期之后，还应当根据生产特点和管理的需要，确定产品成本项目，以便提供除总成本和单位成本以外的其他成本资料。企业也只有对构成产品成本的生产费用进行合理的分类，才能对生产费用做出科学的分析并实施必要的控制，达到降低成本、提高经济效益的目的。在实际工作中，由于企业自身生产所具有的特点，各个单位具体的成本构成项目可能也会有所不同。另外，成本项目设置的详细程度也会影响到核算的成本。因此，确定成本项目要从多方面、全方位进行考虑，尽可能做到成本项目设置既合理又科学，既简明又实用，以利于更好地对产品成本进行核算。在工业企业里，产品成本（在制造成本法前提下)实际上是为生产而耗费的直接费用和间接费用之和,因此产品成本项目的设置可以分为直接材料、直接人工和制造费用三个部分。

四、生产费用的汇集与分配

企业产品成本计算的过程也就是生产费用汇集(即归集)和分配的过程。企业在一定时期内所发生的所有生产费用,在进行计算处理时可以分为两个步骤。第一步是按照一定的标准(如按经济用途或列支方式等)对生产费用按产品计算对象进行汇集。工业企业一般将生产费用汇集为直接费用、间接费用。直接费用是直接为生产产品而发生的费用,间接费用是为生产产品而发生的各种共同性费用。第二步是对生产费用在分类的基础上进行合理的分配。直接费用可以直接计入某种产品成本,因而不存在什么分配的问题,但是间接费用是为生产产品而发生的共同性费用,应当按照配比原则将这部分费用在受益产品之间进行合理的分配。间接费用的分配不仅要在不同产品成本核算对象之间进行,还应在同一成本核算对象的完工产品和在产品之间进行。但不管是哪种分配,均应当按照配比原则进行。另外,企业在进行生产费用汇集和分配时,还应当依据会计制度对生产费用的合法性、合理性进行审核,在审核无误的基础上记入有关会计账户。

五、成本计算

(1) 选择产品成本计算方法。产品成本计算是指对产品生产过程中所发生的各种费用按照财务会计制度的规定进行审核、汇集、分配及计算的过程。企业产品成本计算是一项技术性较强的工作,所以必须按照一定的程序和方法进行,经过多步骤、多层次的费用汇集、分配才能最终计算出产品成本。由于各个企业具有不同的生产特点和成本管理要求,这决定了各个企业具有不同的成本计算对象和产品成本计算方法。企业在正确选择产品成本计算方法时应当注意以下几个方面:首先要注意企业生产工艺特点,看是单步骤生产还是多步骤生产;其次要注意企业生产组织形式,看是大量生产、成批生产还是单件生产;最后要注意企业成本管理的要求,看是只考核总指标还是也考核总指标下面的分指标。根据企业这些不同的特点和要求,产品成本计算的方法主要有品种法、分批法、分步法等。企业可结合自身特点从中选择一种或几种方法,但为了保证成本核算资料的可比性和稳定性,财务会计制度规定,其成本计算方法一经选定,若没有特殊情况,原则上不许任意变更。成本核算的详细情况将在“成本会计学”中进行介绍。

(2) 编制产品生产成本计算表。产品生产成本计算表是按成本计算对象和具体的成本项目,计算产品生产总成本和单位成本的一种计算表。通过该表,可以按照成本计算对象进行成本的归集和分配。

现将上述成本计算程序概括如图 8-1 所示。

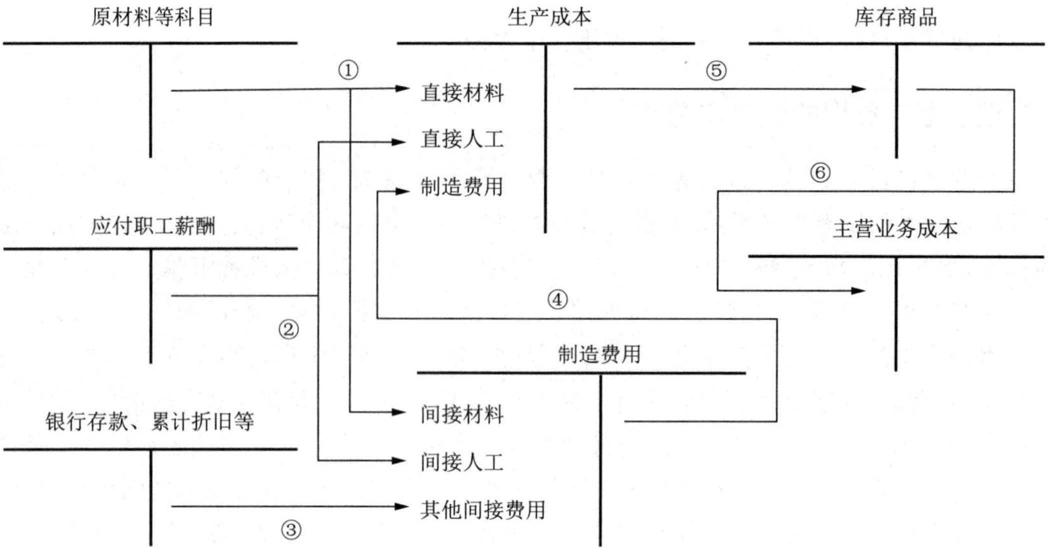

① 材料成本的归集、分配；② 人工成本的归集、分配；③ 其他间接费用的分配；
④ 制造费用的分配；⑤ 产成品成本的结转；⑥ 已销产成品成本的结转

图 8-1 成本计算流程

课后思考题

1. 什么是费用？费用如何分类？
2. 什么是成本？费用与成本有何关系？
3. 费用如何确认与计量？
4. 期间费用包括什么内容？如何进行核算？
5. 成本计算的基本程序是什么？
6. 费用如何进行归集与分配？
7. 成本计算的基本方法包括哪些？各种方法有何特点？

业务练习题

天利公司 2×16 年 5 月发生下列有关经济业务：

① 5 月 15 日支付业务招待费 6 000 元；
② 5 月 16 日缴纳社会保险费 9 000 元；
③ 本月按规定预提生产周转借款利息 4 000 元；
④ 接到银行通知，本月存款利息为 2 500 元；
⑤ 5 月 15 日支付产品广告费 10 000 元；
⑥ 将本月发生的 13 500 元销售费用进行结转。

要求：根据上述经济业务编制会计分录。

案例分析题

2016 年 7 月 15 日国家统计局的数据显示,2016 年上半年,全国网上零售额 22 367 亿元,同比增长 28.2%。其中,实物商品网上零售额 18 143 亿元,增长 26.6%,占社会消费品零售总额的比重为 11.6%。电商市场份额进一步增加。

而随后,中华全国商业信息中心 7 月 18 日发布的数据显示,2016 年上半年,全国百家重点大型零售企业零售额累计同比下降 3.2%,增速与上年同期相比回落了 3.8 个百分点。其中,6 月份零售额同比下降 1.1%,相比上年同月回落了 3.7 个百分点。

要求:(1) 请从成本和费用的角度分析实体店受到电商冲击的原因。

(2) 请分析面对电商的冲击实体店应何去何从。

第九章

收入与利润

学习目标

1. 掌握收入的概念、性质及分类。
2. 掌握收入的会计核算。
3. 掌握利润的概念、性质及构成。
4. 掌握利润的计算及分配。
5. 了解各种税金及其会计处理。

导入案例

宝信软件公司收入的确认

上海宝信软件股份有限公司(证券代码:600845)成立于2000年4月,于2001年4月上市。公司总部位于上海浦东张江高科技园区,注册资本2.6亿元人民币,是上海宝钢集团公司控股的上市软件企业。宝信软件着力构筑“工程—产品—服务”的产业链,在企业信息化、过程自动化和城市信息化三个领域具有领先优势。公司属信息行业,主营业务包括:① 计算机、自动化、网络通信系统及软硬件产品的研究、设计、开发、制造、集成及相应的外包、维修、咨询等服务;② 智能交通、智能建筑、机电一体化系统及产品的研究、设计、开发、制造、销售;③ 在许可经营范围内的公共安全防范工程及信息系统安全工程的设计、施工和维修。

案例思考

宝信软件公司的软件开发、服务外包、系统集成和智能交通等业务的收入应该怎样予以确认呢?

第一节 收入与利润概述

一、收入的性质及分类

收入是会计对象要素之一，亦称营业收入。关于收入的概念目前尚不统一。我国2017年7月修订并颁布的《企业会计准则第14号——收入》将收入定义为：收入是指企业在日常活动中形成的、会导致所有者权益增加的、与所有者投入资本无关的经济利益的总流入。会计准则所涉及的收入包括销售商品收入、提供劳务收入和让渡资产使用权收入。企业代第三方或客户收取的款项应当作为负债处理，不应当确认为收入。《国际会计准则第18号——收入》（1993年12月修订）中对收入的表述为：收入是指企业在一定的期间内，由正常经营活动所产生的经济利益的流入总额。该流入仅指引起权益增加的部分，而不包括企业投资者出资引起的部分。虽然人们对收入定义的角度和详细程度不同，但作为会计对象的收入要素一般具有以下基本特征：

（1）收入是企业资产的增加或负债的减少。伴随着企业收入的实现，往往引起企业资产的增加或负债的减少，这种资产的增加或负债的减少最终表现为企业经济利益的流入，会引起所有者权益的增加。

（2）收入是在企业经营过程中取得的。企业的收入是从其日常生产经营活动中产生的，如销售产品、提供劳务等。企业的偶发事项虽然也可能会带来经济利益，但这种经济利益所表现出来的收入不是企业日常的生产经营所得，如出售固定资产取得的收入就不能作为企业收入进行确认与计量。

（3）收入是企业费用先期垫付的回报。企业的收入不仅是所有者权益的增加，还是企业先期垫付费用的一种回报。可以说，企业在生产经营中的各项耗费是为了获得收入而支付的，任何一项收入必然有其费用与之对应，任何一笔费用都要求回报收入。会计上的收入与费用配比原则也充分说明了这一点。

（4）收入不包括为第三方或客户代收的款项。企业的收入是在销售产品、提供劳务及让渡资产使用权等日常活动中形成的经济利益的总流入。它包括基本业务收入和其他业务收入。这些收入从性质上来说都属于本企业，而不包括为第三方或客户代收的款项。

图9-1列示了收入的分类情况，从中可以看出，收入分为营业收入和营业外收入。营业收入是与企业正常生产经营活动直接相关的，它的发生具有经常性和可预见性。营业外收入与企业的正常生产经营活动没有直接的关系，它的发生具有非经常性和难以预见性。此外，公允价值变动收益和投资收益也属于广义收入的范畴。

营业收入通常又划分为主营业务收入和其他业务收入。主营业务收入是指企业通过主要生产经营活动所取得的收入。在工业企业里主要包括销售产品、自制半成品、代制品、代修品，以及提供工业性劳务等取得的收入。其他业务收入是指主营业务以外的、企业附带经营的业务所取得的收入，如工业企业出售原材料、出租固定资产、出租包装物、转让技术、提供非工业性劳务等业务取得的收入。

企业收入的主要取得形式包括销售商品收入、提供劳务收入和让渡资产使用权收入。

- 企业收入构成
  - 营业收入
    - 主营业务收入
      - 销售产品（商品）收入
      - 提供劳务收入
      - 其他主营业务收入
    - 其他业务收入
      - 包装物出租收入
      - 代购代销收入
  - 公允价值变动收益
    - 交易性金融资产公允价值变动收益
    - 其他资产公允价值变动收益
  - 投资收益
    - 股利收入
    - 利息收入
    - 投资转让收入
  - 营业外收入

图 9-1　收入分类图

二、利润的概念

利润是指企业在一定会计期间的经营成果。利润包括收入减去费用后的净额、直接计入当期利润的利得和损失等。其计算公式如下：

$$收入 - 费用 + 利得 - 损失 = 利润$$

作为市场主体的企业，从微观上来看，其生产经营的目的主要是通过生产经营活动以获得利润，并希望利润最大化。利润这一会计指标反映了一个企业在一定时期的经济效益。企业的投资者、经营者、所有权人以及国家对利润指标都极为重视，因为它较全面地反映了企业的经营成果，是各利害关系者对利润进行分配的前提和基础，也是潜在投资者投资的依据。另外，利润还是企业进行预测、决策、考核、分析的重要手段，例如企业经营者的受托经济责任往往通过利润指标的完成而得到解除，国家也要依据企业实现的利润进行征税。应该说，利润是受各方关注的一项指标，因此正确计算和分配利润是一项重要的会计工作。

第二节　收入的核算

一、营业收入的确认

企业营业收入的确认主要包括两个方面：一是时间的确认，即在何时确认为营业收入；二是金额的确认，即在会计上记录的金额。

企业应当在履行了合同中的履约义务，即在客户取得相关商品控制权时确认收入。取得相关商品控制权，是指能够主导该商品的使用并从中获得几乎全部的经济利益。

当企业与客户之间的合同同时满足下列条件时，企业应当在客户取得相关商品控制权时确认收入：

（1）合同各方已批准该合同并承诺将履行各自义务。

（2）该合同明确了合同各方与所转让商品或提供劳务相关的权利和义务。

（3）该合同有明确的与所转让商品或劳务相关的支付条款。

（4）该合同具有商业实质，即履行该合同将改变企业未来现金流量的风险、时间分布或金额。

（5）企业因向客户转让商品或劳务而有权取得的对价很可能收回。

在判断客户是否已取得商品控制权时，企业应当考虑下列迹象：

（1）企业就该商品享有现时收款权利，即客户就该商品负有现时付款义务。

（2）企业已将该商品的法定所有权转移给客户，即客户已拥有该商品的法定所有权。

（3）企业已将该商品实物转移给客户，即客户已实物占有该商品。

（4）企业已将该商品所有权上的主要风险和报酬转移给客户，即客户已取得该商品所有权上的主要风险和报酬。

（5）客户已接受该商品。

（6）其他表明客户已取得商品控制权的迹象。

同步讨论

近年来大型购物中心积极推行的礼品卡业务受到消费者的青睐，特别是那些计划在传统节假日或者有特殊意义的纪念日给他人赠送礼品的客户，购买礼品卡既可以减少他们购物过程的辛苦，又可以避免所购礼品不适合收礼人需要的尴尬。礼品卡的销售在方便客户的同时，也产生了会计问题。

思考：企业应在何时确认收入？

企业与同一客户（或该客户的关联方）同时订立或在相近时间内先后订立的两份或多份合同，在满足下列条件之一时，应当合并为一份合同进行会计处理：

（1）该两份或多份合同基于同一商业目的而订立并构成一揽子交易。

（2）该两份或多份合同中的一份合同的对价金额取决于其他合同的定价或履行情况。

（3）该两份或多份合同中所承诺的商品（或每份合同中所承诺的部分商品）构成单项履约义务。

履约义务是指合同中企业向客户转让可明确区分商品的承诺。履约义务既包括合同中明确的承诺，也包括由于企业已公开宣布的政策、特定声明或以往的习惯做法等导致合同订立时客户合理预期企业将履行的承诺。企业为履行合同而应开展的初始活动，通常不构成履约义务,除非该活动向客户转让了承诺的商品。

同步讨论

2×16 年 12 月 1 日,天安公司推出预缴话费送手机活动,客户只需预缴话费 5 000 元,即可免费获得市价为 2 400 元、成本为 1 700 元的手机一部,并从参加活动的当月起未来 24 个月内每月享受价值 150 元、成本为 90 元的通话服务。当月共有 10 万名客户参与了此项活动。

思考:应如何确认收入?

二、营业收入的计量

企业应当按照分摊至各单项履约义务的交易价格计量收入。交易价格是指企业因向客户转让商品而预期有权收取的对价金额。企业代第三方收取的款项以及企业预期将退还给客户的款项,应当作为负债进行会计处理,不计入交易价格。

企业应当根据合同条款,并结合其以往的习惯做法确定交易价格。在确定交易价格时,企业应当考虑可变对价、合同中存在的重大融资成分、非现金对价、应付客户对价等因素的影响。

合同中存在可变对价的,企业应当按照期望值或最可能发生金额确定可变对价的最佳估计数,但包含可变对价的交易价格应当不超过在相关不确定性消除时累计已确认收入极可能不会发生重大转回的金额。企业在评估累计已确认收入是否极可能不会发生重大转回时,应当同时考虑收入转回的可能性及其比重。

三、营业收入的核算

(一)主营业务收入

为了核算营业收入,企业应设置“主营业务收入”“主营业务成本”“税金及附加”“发出商品”“销售费用”等账户。

主营业务收入是指企业经常性的主要业务所产生的收入。“主营业务收入”账户的贷方登记企业实现的主营业务收入,借方登记期末结转至“本年利润”账户的主营业务收入以及因销货退回或销售折让而冲减的主营业务收入,期末结账后该账户应无余额。“主营业务收入”账户应按主营业务的种类设置明细账。

“主营业务成本”账户用来核算企业因销售商品、提供劳务等日常活动而发生的实际成本。该账户的借方登记企业销售产品或劳务的实际成本,贷方登记期末结转至“本年利润”账户的主营业务成本及因退货而冲减的主营业务成本,期末结账后该账户应无余额。“主营业务成本”账户应按主营业务的种类设置明细账。

“税金及附加”账户用来核算企业经营活动发生的消费税、城市维护建设税、资源税和教育费附加及房产税、土地使用税、车船使用税、印花税等相关税费。该账户的借方登记企业按规定计算确定的与经营活动相关的税费，贷方登记期末结转至“本年利润”账户的相关税费，期末结账后该账户应无余额。

“发出商品”账户核算企业未满足收入确认条件但已发出商品的实际成本(或进价)或计划成本(或售价)。该账户的借方登记企业未满足收入确认条件但已发出商品的实际成本(或进价)或计划成本(或售价)，贷方登记发出商品满足确认条件的结转成本和发出商品发生退回的实际成本(或进价)或计划成本(或售价)，期末余额在借方，反映企业发出商品的实际成本(或进价)或计划成本(或售价)。“发出商品”账户可按购货单位、商品类别和品种进行明细核算。

采取支付手续费方式委托其他单位代销的商品，也可以单独设置“委托代销商品”账户进行核算。

1. 通常情况下商品销售收入的账务处理

通常，商品销售收入的金额应根据企业购货方签订的合同或协议金额确定，无合同协议的，应按购销双方都同意或都能接受的价格确定。企业在销售过程中代收的款项不应作为销售收入处理，企业确定产品销售收入金额时，不考虑各种预计可能发生的折扣、折让。现金折扣在实际发生时作为当期财务费用。销售折让在发生时直接冲减当期收入。企业实现销售收入时，借记“银行存款”“应收账款”“应收票据”等账户，按应收取的增值税贷记“应交税费——应交增值税(销项税额)”账户，按确定的金额贷记“主营业务收入”账户。

【例 9-1】天安公司销售产品一批，增值税专用发票上注明售价为 12 000 元，增值税额 20 400 元，款项已经收到，存入银行。

借：银行存款　　140 400
　　贷：主营业务收入　　120 000
　　　　应交税费——应交增值税(销项税额)　　20 400

2. 具有融资性质的分期收款销售商品的处理

企业在销售商品时，有时会采用分期收款的方式，如分期收款发出商品，即商品已经交付，贷款分期收回(通常超过 3 年)。如果延期收取的货款具有融资性质，其实质是企业向购货方提供信贷，则企业应当按照应收的合同或协议价款的公允价值确定收入金额。应收的合同或协议价款的公允价值，通常应当按照其未来现金流量的现值或现销价格计算确定。应收的合同或协议价款的公允价值之间的差额，应当在合同或协议期间内，按照应收款项的摊余成本和实际利率计算确定的金额进行摊销，作为财务费用的扣减处理。其中，实际利率是指具有类似信用的各企业发行类似工具的现实利率，或者将应收的合同或协议价款折算为商品现销价格的折现率等。

应收的合同或协议价款与公允价值之间的差额，按照实际利率法摊销和直线法摊销相差不大的，也可以采用直线法进行摊销。

【例 9-2】天安公司于 2×13 年 1 月 1 日采用分期收款方式向乙公司销售一套大型设

备，合同约定的价格为 1 000 万元，分 5 次于每年 12 月 31 日等额收取。该大型设备成本为 780 万元，在现销方式下，该大型设备的销售价格为 800 万元。天安公司发出商品时开出增值税专用发票，注明的增值税额为 170 万元，并于当天收到增值税额 170 万元。

根据有关资料，天安公司应当确认的商品销售收入为 800 万元。

根据公式，未来 5 年收款的现值 = 现销方式下应收款项金额，即

$$200（P/A,r,5）+170=800+170$$

运用内插法，计算得出 $r=7.93\%$。

每期计入财务费用的金额如表 9-1 所示。

表 9-1　　财务费用计算表

单位：万元

时　间	未收本金 ①=上期①－上期④	财务费用 ②=①×7.93%	收现总额 ③	已收本金 ④=③－②
2×13 年 1 月 1 日	800			
2×13 年 12 月 31 日	800	63.44	200	136.56
2×14 年 12 月 31 日	663.44	52.61	200	147.39
2×15 年 12 月 31 日	516.05	40.925	200	159.075
2×16 年 12 月 31 日	356.975	28.31	200	171.69
2×17 年 12 月 31 日	185.285	14.715	200	185.285
总　额		200	1 000	800

根据上表的计算结果，天安公司各期账务处理如下：

① 2×13 年 1 月 1 日销售实现。

借：长期应收款　　10 000 000

　　银行存款　　1 700 000

　　贷：主营业务收入　　8 000 000

　　　　应交税费——应交增值税（销项税额）　　1 700 000

　　　　未实现融资收益　　2 000 000

同时：

借：主营业务成本　　7 800 000

　　贷：库存商品　　7 800 000

② 2×13 年 12 月 31 日收取货款。

借：银行存款　　2 000 000

　　贷：长期应收款　　2 000 000

借：未实现融资收益　　634 400

　　贷：财务费用　　634 400

③ 2×14 年 12 月 31 日收取货款。

借：银行存款 2 000 000
　　贷：长期应收款 2 000 000
借：未实现融资收益 526 100
　　贷：财务费用 526 100

④ 2×15 年 12 月 31 日收取货款。

借：银行存款 2 000 000
　　贷：长期应收款 2 000 000
借：未实现融资收益 409 250
　　贷：财务费用 409 250

⑤ 2×16 年 12 月 31 日收取货款。

借：银行存款 2 000 000
　　贷：长期应收款 2 000 000
借：未实现融资收益 283 100
　　贷：财务费用 283 100

⑥ 2×17 年 12 月 31 日收取货款。

借：银行存款 2 000 000
　　贷：长期应收款 2 000 000
借：未实现融资收益 147 150
　　贷：财务费用 147 150

3. 销售商品涉及现金折扣、商业折扣、销售折让的处理

企业在商品销售过程中经常会发生销售折扣和销售折让。其中，销售折扣又包括商业折扣和现金折扣。商业折扣是指企业按照标明的商品零售价格开出发票，然后在此基础上给流通领域中批发、零售环节一定的折扣；现金折扣是指企业允许购货方在一定期限内支付货款，但为了鼓励购货方尽快付款，往往在合同中规定一个信用期限，如果在信用期限内付款可享受一定的折扣。现金折扣实质上是企业为了扩大销售和尽快收回投资而支付的一项费用。我国《企业会计准则第 14 号——收入》中规定，现金折扣确认为当期费用，作为“财务费用”处理。现金折扣通常写成“2/10、1/20、N/30”等方式，意思是购货者在 10 天内付款给予 2%的折扣，20 天内付款给予 1%的折扣，30 天内付款则不能享受折扣。

【例 9-3】天安公司于 2×16 年 9 月 10 日销售商品一批，增值税专用发票上注明售价 50 000 元，增值税额 8 500 元。企业在购销合同中规定现金折扣条件为“2/10、1/20、N/30”。

① 2×16 年 9 月 10 日销售收入实现。

借：应收账款 58 500
　　贷：主营业务收入 50 000
　　　　应交税费——应交增值税（销项税额） 8 500

② 购货方于 2×16 年 9 月 18 日将上述货款付清，按规定应享受 2%的折扣，实际付款 57 330 元。

借：银行存款　　57 330
　　财务费用　　1 170
　　贷：应收账款　　58 500

销售折让是指企业在销售商品后，由于商品在外观、质量上不能满足购货者的要求，经购销方协商，同意在商品售价上给予一定减让的行为。企业发生销售折让时应作为产品销售收入的减项冲减主营业务收入。

【例 9-4】天安公司销售商品一批，增值税专用发票上注明售价为 60 000 元，增值税额为 10 200 元。到货后，购货方发现商品存在质量问题，要求在价格上给予 10%的折让。

① 销售实现。

借：应收账款　　70 200
　　贷：主营业务收入　　60 000
　　　　应交税费——应交增值税（销项税额）　　10 200

② 发生折让。

借：主营业务收入　　6 000
　　应交税费——应交增值税（销项税额）　　1 020
　　贷：应收账款　　7 020

③ 实际收到款项。

借：银行存款　　63 180
　　贷：应收账款　　63 180

4. 销售退回及附有销售退回条件的销售的处理

企业出售的产品可能由于各种原因不符合客户的要求，购买者要求部分或者全部退货，这种行为称为销售退回。

对于未确认收入的售出商品发生退回的，企业应按已记入“发出商品”账户的商品成本金额，借记“库存商品”账户，贷记“发出商品”账户。对于已确认收入的售出商品发生退回的，企业一般应在发生时冲减当期销售商品收入，同时冲减当期销售商品成本。

【例 9-5】天安公司 2×16 年 9 月 12 日销售 A 产品 1 000 件，单价 100 元，单位成本 80 元，增值税专用发票上注明售价为 100 000 元，增值税额为 17 000 元，购货方尚未付款。因该批产品有质量问题，购货方于当月 22 日退货。

① 公司销售商品。

借：应收账款　　117 000
　　贷：主营业务收入　　100 000
　　　　应交税费——应交增值税（销项税额）　　17 000

② 当月销售商品被退回。

借：主营业务收入　　100 000
　　应交税费——应交增值税（销项税额）　　17 000
　　贷：应收账款　　117 000

如果购货方已经付清款项，应当贷记“银行存款”账户。另外，如果企业在销售商品后已经结转了成本，在发生退货时，还要冲减主营业务成本，并增加库存。

企业在商品销售后不仅要对销售收入进行核算，还要结转已销商品的销售成本。销售成本是指已销商品的生产成本或已提供的劳务成本及其他销售业务的成本。为了简化会计核算，企业往往在月末时才结转已销商品的成本。企业在计算已销商品的销售成本时有多种方法，如先进先出法、加权平均法、移动加权平均法等。

【例 9-6】天安公司月末计算已销 A、B、C 三种商品的实际成本分别为 80 000 元、90 000 元和 70 000 元。

天安公司月末结转已销 A、B、C 商品的成本时：

借：主营业务成本	240 000	
贷：库存商品——A		80 000
——B		90 000
——C		70 000

拓展阅读

如何判断上市公司制造了虚假销售收入

上市公司是否制造了虚假销售收入，通常可以通过对以下指标的计算进行判断：

（1）（应收账款＋应收票据）/ 流动资产。这一指标如果过大，则说明企业的利润质量较低，有利润操纵的嫌疑。

（2）应收账款周转率和应收账款回收期。这两个指标都用来反映应收账款的质量，应与同行企业进行对比，如果周转率较低或回收期较长，说明应收账款收回得较慢，有虚增应收账款的可能。

（3）应收账款增长率。企业在某一年的应收账款如果出现大幅度上涨，应引起足够的关注。

（4）（营业收入增加值－应收账款增加值－应收票据增加值）/ 营业收入。这一指标检测的是企业增加的营业收入中有多大的比例来自应收项目的增加。这一指标值越大，说明增加的收入带来的现金流越多，利润质量越高；反之，则说明增加的收入没有带来更多的现金流，利润质量不高。

（5）（营业收入＋销售现金流）/ 销售现金流。这一指标检测的是营业收入与销售现金流的对应关系。该指标数值越大，说明营业收入带来现金流的能力越弱，虚构收入的可能性越大。

（二）其他业务收入

企业在生产经营过程中，除主营业务收入外还会发生一些其他业务收入和其他业务成本，这部分收支是企业生产经营过程中的零星收支，也是企业利润的一个组成部分。其他业务收入是指企业除主营业务收入以外的材料销售、代购代销、固定资产出租、包装物出售及出租、技术转让等业务取得的收入。其他业务成本是指除主营业务成本以外的其他销售或其他业务所发生的成本,包括销售材料、提供劳务等而发生的相关成本、费用以及相关税金及附加等。

为了核算企业的其他销售,企业应设置"其他业务收入"和"其他业务成本"等账户。

"其他业务收入"账户用来核算企业主营业务收入外发生的其他业务收入。本账户的贷方登记企业取得的其他销售收入,借方登记期末结转至"本年利润"账户的收入额,结转后该账户应无余额。

"其他业务成本"账户用来核算其他销售或其他劳务所发生的支出。本账户的借方登记各项其他业务所发生的成本、费用、税金及附加,贷方登记期末结转至"本年利润"账户的数额,该账户结转后一般无余额。

"其他业务收入"与"其他业务成本"账户应按业务种类,如材料销售、代购代销、包装物出租等设置明细账。

【例 9-7】天安公司销售不需用材料一批,增值税专用发票上注明售价为 40 000 元,增值税额为 6 800 元。款项已经收到并存入银行,该批材料成本为 35 000 元。

① 天安公司销售材料,收取货款。

借:银行存款	46 800	
贷:其他业务收入——材料销售		40 000
应交税费——应交增值税(销项税额)		6 800

② 月末结转上述已销材料成本。

借:其他业务成本——材料销售	35 000	
贷:原材料		35 000

第三节　利润及其分配核算

一、利润的核算

(一)利润的计算

利润是企业经营成果的综合表现,是企业会计核算的重要组成部分。利润可通过相关计算公式分步计算确定,计算公式如下:

利润总额=营业利润+营业外收入-营业外支出

营业利润=营业收入-营业成本-税金及附加-销售费用-管理费用-财务费用-资产减值损失+公允价值变动损益+投资收益(-投资损失)

上述公式中的"营业外收入"是指企业发生的与其日常活动无直接关系的各项利得,主要包括非流动资产处置利得、盘盈利得、罚没利得、捐赠利得、确实无法支付而按规定程序经批准后转作营业外收入的应付款项等。

上述公式中的"营业外支出"是指企业发生的与其日常活动无直接关系的各项损失，主要包括非流动资产处置损失、盘亏损失、罚款支出、公益性捐赠支出、非常损失等。

上述公式中的"资产减值损失"是指企业计提各项资产减值准备所形成的损失。

上述公式中的"公允价值变动损益"是指企业交易性金融资产、交易性金融负债，以及采用公允价值模式计量的投资性房地产、衍生工具、套期保值业务等公允价值变动形成的应计入当期损益的利得或损失。

净利润(税后利润)＝利润总额－所得税费用

同步讨论

利润有可能大于营业收入吗?

(二)营业外收支

营业外收支是指与企业生产经营无直接关系的各项收入和支出。企业的营业外收支虽然同生产经营无太多关系，但也是会计主体所发生的收支行为，并且直接影响到企业的利润。

1. 营业外收入

营业外收入是指与企业生产经营无直接关系的各项收入，主要包括非流动资产处置利得、非货币性资产交换利得、债务重组利得、政府补助、盘盈利得、捐赠利得等。这部分收入不需要企业经营资金的耗费，因此不需要将收入与费用进行配比。

为了核算营业外收入，企业应设置"营业外收入"账户。该账户的贷方登记企业当期发生的营业外收入，借方登记期末结转至"本年利润"账户的数额，该账户期末结转后应无余额。该账户可按营业外收入项目进行明细核算。

【例 9-8】2×13 年 9 月，天安公司按照有关规定为其自主创新的某高新技术项目申报政府财政贴息，申报材料中表明该项目 2×13 年 3 月启动，预计共需投入资金 1 000 万元，项日期 2.5 年，已投入资金 300 万元，项目尚需新增投资 700 万元，其中计划贷款 400 万元，已与银行签订贷款协议，协议规定贷款年利率 6%，贷款期 2 年。

经审核，2×13 年 11 月政府批准拨付天安公司贴息资金 35 万元，分别在 2×14 年 10 月和 2×15 年 10 月支付 15 万元和 20 万元。

① 2×14 年 10 月，实际收到贴息贷款 15 万元。

借：银行存款　　150 000

　　贷：递延收益　　150 000

② 2×14 年 10 月起，在项目期内分配递延收益(假设按月分配)。

借：递延收益　　12 500

　　贷：营业外收入　　12 500

③ 2×15 年 10 月，实际收到贴息贷款 20 万元。

借：银行存款　　200 000

　　贷：递延收益　　200 000

2. 营业外支出

营业外支出是指不属于企业生产经营费用、与企业生产经营活动无直接关系，但应从企业实现的利润总额中扣除的支出。营业外支出包括非流动资产处置损失、非货币性资产交换损失、债务重组损失、公共性捐赠支出、非常损失、盘亏损失等。

为了核算营业外支出，企业应设置“营业外支出”账户。该账户的借方登记企业当期发生的营业外支出，贷方登记期末结转至“本年利润”账户的数额，该账户期末结转后应无余额。该账户可按支出项目进行明细核算。

【例 9-9】天安公司在进行固定资产清查时，发现短缺设备一台，该设备原值 40 000 元，已提取折旧 20 000 元。

① 发现短缺设备。

借：待处理财产损溢——待处理固定资产损溢　　20 000

　　累计折旧　　20 000

　　贷：固定资产　　40 000

② 待批准后将盘亏转入营业外支出。

借：营业外支出　　20 000

　　贷：待处理财产损溢——待处理固定资产损溢　　20 000

（三）收入、费用的结转与利润的确定

为了正确核算企业当期实现的净利润（或发生的净亏损），应当设置“本年利润”账户。企业期（月）末结转利润时，应将各损益类账户的金额转入该账户，结转各类损益类账户。结转后该账户的贷方余额为当期实现的净利润，借方余额为当期发生的净亏损。年度终了，应将本年收入和支出相抵后结出的本年实现的净利润转入“利润分配”账户，借记“本年利润”账户，贷记“利润分配——未分配利润”账户；如为净亏损，则做相反的会计分录。结转后“本年利润”账户应无余额。

【例 9-10】天安公司 2×16 年 12 月末年度结算时，各损益类账户的余额如表 9-2 所示。

表 9-2　　天安公司各损益类账户余额

单位：元

账户名称	结账前余额（借方）	结账前余额（贷方）
主营业务收入		2 500 000
主营业务成本	1 500 000	
税金及附加	75 000	
销售费用	100 000	
管理费用	400 000	

续表

账户名称	结账前余额(借方)	结账前余额(贷方)
财务费用	300 000	
其他业务收入		1 000 000
其他业务成本	800 000	
投资收益		90 000
营业外收入		800 000
营业外支出	700 000	

① 根据上述资料,会计期末将收入类账户余额全部结转至“本年利润”账户。

借:主营业务收入　　2 500 000
　其他业务收入　　1 000 000
　投资收益　　90 000
　营业外收入　　800 000
　贷:本年利润　　4 390 000

② 根据上述资料,会计期末将成本费用类账户余额全部结转至“本年利润”账户。

借:本年利润　　3 875 000
　贷:主营业务成本　　1 500 000
　　税金及附加　　75 000
　　销售费用　　100 000
　　管理费用　　400 000
　　财务费用　　300 000
　　其他业务成本　　800 000
　　营业外支出　　700 000

③ 根据上述资料,计算本年利润(所得税前)。

本年利润 = 本年利润贷方发生额 − 本年利润借方发生额
　　= 4 390 000 − 3 875 000 = 515 000（元）

④ 天安公司本年度会计上的税前利润与按税法计算的应纳税所得额相同,所得税税率为 25%,计算应交所得税。

应交所得税 = 515 000 × 25% = 128 750（元）

借:所得税费用　　128 750
　贷:应交税费——应交所得税　　128 750

⑤ 将“所得税费用”账户余额结转至“本年利润”账户,并计算税后净利润。

借:本年利润　　128 750
　贷:所得税费用　　128 750

企业净利润 = 515 000 − 128 750 = 386 250（元）

⑥ 将企业实现的净利润从“本年利润”账户结转至“利润分配——未分配利润”账户。

借：本年利润　　　　　　　　　　　　　　386 250

　　贷：利润分配——未分配利润　　　　　　　　386 250

拓展阅读

企业会计利润与经济利润的区别

经济利润是经济学家所持的利润概念。虽然经济学家的利润也是收入减去成本后的差额，但是经济学家对利润有严格的定义。对会计师而言，利润＝总收入－总成本，然而对经济学家而言，这一结果高估了利润。原因在于：经济收入不同于会计收入，经济成本不同于会计成本，因此经济利润也就不同于会计利润。

经济成本不仅包括会计上实际支付的成本，还包括机会成本，即企业为将资源从其他生产机会中吸引过来而必须向资源提供者支付的报酬。这些报酬可以是显性的，也可以是隐性的。我们把企业向那些为其提供资源的非企业所有者所做的货币支付称为显性成本，企业使用自己拥有的资源的成本称为隐性成本。

无论是外部资源（如债务资本）还是自有资源（如股东资本）都是有成本的，股东投入资本所要的回报不亚于债权人的利息和雇员的工资要求。对企业而言，隐性成本是将自己所拥有的资源用在其他最好用途上能获得的利润。会计师不确认隐性成本，不列入利润表的减项。理由是：没有客观的办法计算隐性成本，会计师不愿意做没有根据的估计。

举例：王某是某公司销售部经理，年薪 8 万元，存入银行可得利息 0.5 万元。现决定开一百货超市，将自己所拥有的一店面作为超市营业用房，原店面房租收入 3 万元，还需要雇用 5 名员工。经营 1 年后，账目如下：总收入为 25 万元，总成本费用为 10 万元，包括经营成本 6 万元、雇员工资 3 万元、水电杂费 1 万元，计算出会计利润为 15 万元。

但是这一会计利润不能准确显示企业的经济状况，因为它忽略了隐性成本：王某提供了金融资本、店面和劳动力，发生了隐性成本（放弃的收入）。经济利润应在会计利润的基础上减去所有的隐性成本 11.5 万元，包括放弃的薪金收入 8 万元、放弃的利息收入 0.5 万元和放弃的租金收入 3 万元，最后计算出来的经济利润为 3.5 万元。

经济学家和会计师的“利润”概念意义不同，会计利润＝总收入－显性成本，经济利润＝会计利润－隐性成本＝总收入－所有投入的机会成本。

如果企业的总收入超过了全部的经济成本，剩余部分归企业所有，则这一剩余被称为经济利润，即纯利。会计利润与经济利润的差异还应考虑会计计量基础的不一致：计算会计利润是以权责发生制为基础的，而计算经济利润则把权责发生制与收付实现制（现金流量法）有机地结合和统一起来。现代企业建立以价值管理为核心的财务管理体系，经济利润法已成为越来越热门的理财思想。它的诱人之处在于：以经济利润为企业目标，既可以推动价值创造的观念深入企业上下，又与企业股东和债权人要求比资本成本更高的收益目标相一致，从而有助于实现企业价值和股东财富最大化。

二、利润分配的核算

（一）利润分配的程序

企业实现的利润应按规定的程序和标准进行分配。按照现行规定，企业可用缴纳所得税前的利润弥补亏损。具体做法是企业发生年度亏损时，可用下一年度的利润弥补；下一年度不足弥补的，可以在5年内用所得税前利润延续弥补；超过5年的不得用所得税前的利润再进行弥补，但仍可用税后利润继续弥补。在会计核算上，无论是用税前利润弥补亏损还是用税后利润弥补亏损都不必编制会计分录，因为企业发生的亏损在进行结账时已经全部记入了“利润分配——未分配利润”账户的借方。

企业在按规定用税前利润弥补亏损后，应按税法的规定计算缴纳所得税。企业所得税后的利润称为税后利润或净利润。依据《中华人民共和国公司法》等的有关规定，税后利润的分配顺序为：

（1）支付违反税收及国家规定的各项罚金、滞纳金，以及被没收的财产损失。

（2）税后补亏（超过5年期限的以前年度亏损），公司的法定公积金不足以弥补以前年度亏损的，在提取法定公积金之前，应当先用当年利润弥补亏损。

（3）提取法定盈余公积。根据现行《中华人民共和国公司法》规定，公司分配当年税后利润时，应当提取利润的10%列入公司法定盈余公积。公司法定盈余公积累计额为公司注册资本的50%以上时，可以不再提取。

（4）提取任意盈余公积。公司从税后利润中提取法定盈余公积后，经股东会或者股东大会决议，还可以从税后利润中提取任意盈余公积。

（5）向投资者分配利润。公司按上述分配程序分配后，剩余利润加上以前年度未分配利润，减本期不作分配的利润数额，按出资比例等标准向投资者分配利润。

经上述分配程序后形成的公司期末未分配利润留待以后进行利润分配。

（二）利润分配的会计处理

为了核算企业的利润分配情况，企业应设置“利润分配”“盈余公积”“应付股利”等账户。

“利润分配”账户用来核算企业利润的分配（或亏损的弥补）和历年分配（或弥补后的余额）。本账户应当分“提取法定盈余公积”“提取任意盈余公积”“应付现金股利或利润”“转作股本的股利”“盈余公积补亏”和“未分配利润”等进行明细核算。

【例9-11】天安企业本期按税法计算的应纳税所得额为900 000元，该企业按25%计算缴纳所得税。缴纳所得税后按下列金额和顺序进行利润分配：① 按税后利润的10%计提法定盈余公积；② 股东决议，按税后利润的5%计提任意盈余公积；③ 向投资者分配利润200 000元。会计处理如下：

① 按25%计算缴纳所得税。

借：所得税费用　　225 000

　　贷：应交税费——应交所得税　　225 000

② 按税后利润的10%计提法定盈余公积67 500元［(900 000－225 000)×10%］。

借：利润分配——提取法定盈余公积　　67 500

　　贷：盈余公积——法定盈余公积　　67 500

③ 经股东决议，按税后利润的5%计提任意盈余公积。

借：利润分配——提取任意盈余公积　　33 750

　　贷：盈余公积——任意盈余公积　　33 750

④ 向投资者分配利润200 000元。

借：利润分配——应付股利　　200 000

　　贷：应付股利　　200 000

经过以上对利润的分配，企业本期期末未分配利润余额为373 750元(675 000－67 500－33 750－200 000)。

课后思考题

1. 什么是收入？收入有何特征？
2. 营业收入如何确认？
3. 主营业务收入如何进行核算？
4. 企业利润如何确定？
5. 企业所得税如何进行核算？
6. 企业利润分配的程序有何规定？
7. 利润分配如何进行核算？

业务练习题

1. 天利公司发生下列经济业务：

① 天利公司销售产品一批，增值税专用发票上注明售价为225 500元，增值税税率为17%，款项已经收到，存入银行。

② 天利公司向A公司采用商业汇票的方式销售产品一批，货物价款为100 000元，增值税税率为17%。

③ 天利公司销售给A公司设备一台，价款共计200 000元，分5次收款，每次收取1/5，增值税税率为17%，设备成本为150 000元。

④ 天利公司于2×13年11月10日销售商品一批，增值税专用发票上注明售价为800 000元，增值税税率为17%。公司在购销合同中规定现金折扣条件为“2/10、1/20、N/30”。

⑤ 天利公司销售商品一批，增值税专用发票上注明售价为90 000元，增值税税率为17%。到货后，购货方发现商品存在质量问题，要求在价格上给予20%的折让。

⑥ 天利公司销售不需用材料一批，增值税专用发票上注明价款为60 000元，增值税税率为17%，款项已经收到并存入银行，该批材料成本为46 000元。

要求：根据以上经济业务编制相应的会计分录。

2. 天利公司2×16年12月末年度结算时，各损益类账户的余额如表9-3所示。

表9-3　　各损益类账户余额

单位：元

账户名称	结账前余额（借方）	结账前余额（贷方）
主营业务收入		3 600 000
主营业务成本	2 000 000	
税金及附加	180 000	
销售费用	150 000	
管理费用	450 000	
财务费用	350 000	
其他业务收入		1 100 000
其他业务成本	900 000	
投资收益		95 000
营业外收入		750 000
营业外支出	650 000	

要求：

（1）根据上述资料，进行收入与成本费用的年末结转，并计算本年利润。

（2）假定该企业应纳税所得额与会计计算的利润相等，所得税税率为25%，请计算该企业应缴纳的所得税额。

（3）将企业本年实现的净利润结转到“利润分配——未分配利润”账户。

案例分析题

天利房地产公司在多年前开发建设了商品房小区，附带建造了自用办公楼，所有商品房均已售罄。2×16年受国家房地产宏观调控影响，利润未能达到预期目标，考虑到公司正在新建办公楼，公司决定出售在用的办公楼，以确认利润。但由于新建的办公楼预计要在2年后才能投入使用，因此在出售在用办公楼时与购买方约定，出售办公楼的价款在2×16年12月份交付，办公楼要在2年后交割。

对于这一交易，公司管理层在会计处理上发生了分歧。

第一种意见认为，可以将收到的价款确认为收入，其会计处理如下：

借：银行存款

　　累计折旧

　　贷：固定资产

　　　　营业外收入

第二种意见认为，可以认定办公楼已出售并确认收益，但鉴于办公楼尚可使用2年，应该将内含的未来办公楼租金的现值加上2×16年12月份约定支付的价款确认为办公楼的收入，同时将差额在以后2年转为租金费用。其会计分录如下：

① 2×16 年 12 月收到价款时。

借:银行存款

　累计折旧

　递延费用

　贷:固定资产

　　营业外收入

② 2×17 年和 2×18 年将递延费用转为租金费用时。

借:管理费用——房租

　贷:递延费用

第三种意见认为,既然办公楼在 2 年以后才交付,本质上收入并没有实现,收到的价款应当视为预收款。其会计分录如下:

① 收到价款时。

借:银行存款

　贷:预收账款

② 交付办公楼时。

借:预收账款

　累计折旧

　贷:固定资产

　　营业外收入

要求:请问你同意哪一种观点?为什么?

第十章

财务报表

学习目标

1. 理解财务报表的概念和作用。
2. 掌握资产负债表的编制方法。
3. 掌握利润表的编制方法。
4. 了解现金流量表的编制方法。
5. 了解所有者权益变动表的基本内容。

导入案例

巴菲特重视财务报表

曾经有记者问巴菲特:"我应该怎么学习股票投资呢?"巴菲特回答说:"看上市公司的年报。"但是,美国有那么多家上市公司,又经过了那么多年,上市公司的年报岂不是太多了?巴菲特就淡淡地告诉他:"很简单,按照字母顺序,从第一家公司的年报开始看起。"这也许有些夸张,对于常人来说几乎匪夷所思,但巴菲特的确把他的大部分时间都用来阅读上市公司年报、行业资料等这些基本面的分析上。正是因为能透视财务报表,才有巴菲特在股票投资上的巨大成功。

案例思考

1. 财务报表由哪些内容构成?
2. 为什么投资者要关注企业的财务报表?
3. 财务报表给我们传递了哪些信息?

第一节　财务报表概述

财务会计的基本职能是向会计信息使用者提供决策有用信息。会计信息使用者主要包括股东、债权人、政府部门、企业管理层、内部员工、供应商、客户、社会中介等。财务报表作为会计的最终成果，能够向会计信息使用者反映企业的财务状况、经营成果、现金流量等信息。

一、财务报表的组成及种类

（一）财务报表的组成

财务报表又称为财务报告，是企业提供的反映企业某一特定日期的财务状况和某一会计期间经营成果、现金流量等会计信息的文件。

财务报表包括“四表一注”，即资产负债表、利润表、现金流量表、所有者权益（或股东权益）变动表和附注。附注是对资产负债表、利润表、现金流量表和所有者权益变动表等报表中列示项目的进一步说明及对未能在报表中列示项目的说明等。

财务报表的作用表现在：向会计信息使用者提供决策有用信息；为实行企业的内部控制和会计监督提供依据；为评价企业的经营业绩、改善经营管理提供依据。

（二）财务报表的种类

（1）财务报表按反映的经济内容不同可分为财务状况报表和经营成果报表。财务状况报表反映会计主体在一定日期或一定时期的财务状况，包括资产负债表、现金流量表和所有者权益变动表。经营成果报表反映会计主体在一定时期内的收入、费用和经营成果。利润表揭示企业实现的收入、发生的费用及利润形成情况，就是反映经营成果的报表。

（2）财务报表按报送对象不同可分为外送报表和内部报表。外送报表是会计主体按照有关法规编制的对外公开报送的财务报表，包括资产负债表、利润表、现金流量表和所有者权益变动表。内部报表是会计主体根据企业自身需要编制的财务报表，不必对外公开，仅限于会计主体内部使用，如销售分析表、成本分析表、经营费用表等。

（3）财务报表按编制时间不同可分为中期财务报表和年度财务报表。中期财务报表是短于一个完整会计年度的财务报表，如月报、季报、半年报等。中期财务报表至少应包括资产负债表、利润表、现金流量表和附注。与年度财务报表相比，中期财务报表中的附注披露的内容可适当简化。

（4）财务报表按编制单位不同可分为个别财务报表和合并财务报表。个别财务报表是由企业在自身会计核算基础上对账簿记录进行加工而编制的财务报表，主要反映企业自身的财务状况、经营成果和现金流量情况。合并财务报表是以母公司和子公司组成的企业集团为一个会计主体，根据母公司和所属子公司的财务报表，由母公司编制的综合反映企业集团经营成果、财务状况及现金流量变动等情况的财务报表。

二、财务报表的基本要求

（一）财务报表的质量要求

可靠性是会计信息质量的首要要求。企业的会计核算应当以实际发生的交易或事项为依据，如实反映企业的财务状况、经营成果和现金流量。企业应遵循可靠性的要求，编制和提供真实、完整的财务报表。

财务报表的真实性是指财务报表要真实地反映企业经济业务的实际发生情况，不能人为地扭曲，以使会计信息使用者通过财务报表了解企业真实的财务状况、经营成果和现金流量等情况。

财务报表的完整性是指企业提供的财务报表要符合规定的格式和内容要求，不得漏报或者任意取舍，以使会计信息使用者全面地了解企业的整体状况。

（二）财务报表的时间要求

按照及时性的要求，企业应及时向会计信息使用者提供财务报表。因此，企业应按照法律法规的规定，在结账日进行结账，其中年度结账日为每年的12月31日，半年度、季度、月度结账日分别为每半年、每季、每月的最后一天。月度财务报表应于月度终了后6天内（节假日顺延，下同）对外提供，季度财务报表应于季度终了后15天内对外提供，半年度财务报表应于年度中期结束后60天内（相当于两个连续的月份）对外提供，年度财务报表应于年度终了后的4个月内对外提供。

（三）财务报表的形式要求

企业对外提供的财务报表应当依次编定页数，加具封面，装订成册，加盖公章。封面上应当注明企业名称、企业统一代码、组织形式、地址、报表所属年度或者月份、报出日期，并由企业负责人和主管会计工作的负责人、会计机构负责人（会计主管人员）签名并盖章；设置总会计师的企业，还应由总会计师签名并盖章。

（四）财务报表的编制要求

在编制财务报表的过程中，应遵守下列财务报表编制的要求：

（1）企业在编制年度财务报表前，应当全面清查资产、核实债务，包括往来款项、存货、投资、固定资产、在建工程等。在年度中间，应根据具体情况对各项财产物资和往来款项进行重点抽查、轮流清查或者定期清查。企业清查、核实后，应当将清查、核实的结果及其处理办法向企业的董事会或者相应机构报告，并根据国家会计制度的规定进行相应的会计处理。企业在编制财务报表前，除应当全面清查资产、核实债务外，还要做好结账和对账工作，并检查会计核算中可能存在的各种需要调整的事项。

（2）企业在编制财务报表时，应当按照企业会计准则规定的财务报表的格式和内容，根据会计账簿记录和其他相关资料编制财务报表，做到内容完整、数字真实、计算准确，不得漏报或者任意取舍。财务报表之间、财务报表各项目之间，凡有对应关系的数字，应当相互一致，财务报表中本期与上期的有关数字应当相互衔接。财务报表附注和财务情况说明书应当对财务报表中需要说明的事项做出真实、完整的说明。

拓展阅读

四张财务报表

任何复杂的企业，通过帕乔利密码的转换，都能利用四张财务报表叙述它的财务情况。许多企业人士喜欢膜拜“四面佛”，据说能保佑企业财运亨通。事实上，每个企业本来就“供奉”着四张财务报表，不妨将其视为引导竞争及管理活动的“四面佛”。

这四张财务报表分别为：

(1) 资产负债表(Balance Sheet)：它描述的是在某一特定时点，企业的资产、负债及所有者权益(或股东权益)的关系。简单地说，资产负债表建立在以下恒等式关系上：资产＝负债＋所有者权益。这个恒等式关系要求企业同时掌握资金的来源(负债和所有者权益)与资金用途(如何将资金分配到各种资产上)。资产负债表是了解企业财务结构最重要的利器。

(2) 利润表(Statement of Income)：它解释企业在某段期间内财富(股东权益)如何因各种经济活动的影响发生变化。简单地说，净利润(Net Income)或净损失(Net Loss)等于收入扣除各项费用。利润表是衡量企业经营业绩最重要的依据。

(3) 现金流量表(Statement of Cash Flow)：它解释某特定期间内，企业的现金如何因经营活动、投资活动及筹资活动发生变化。现金流量表可以弥补利润表在衡量企业绩效时面临的盲点，从另一个角度检验企业的经营成果。现金流量表是评估企业能否持续存活及竞争的最核心工具。

(4) 所有者权益(或股东权益)变动表(Statement of Stockholders' Equity)：它解释某一特定期间内，所有者权益(或股东权益)如何因经营的盈亏(净利润或净亏损)、现金股利的发放等经济活动而发生变化。它是说明管理层是否公平对待股东的最重要信息。

第二节　资产负债表

一、资产负债表的结构和内容

资产负债表是反映企业在某一特定日期财务状况的报表。资产负债表属于静态报表。通过资产负债表，可以提供企业在某一特定日期资产的总额及其结构，表明企业拥有或控制的资源及其分布情况；可以提供企业在某一特定日期的负债总额及其结构，表明企业未来需要用多少资产或劳务清偿债务以及清偿时间；可以反映企业所有者在某一特定日期所拥有的权益，据此判断资本保值、增值情况以及对负债的保障程度。

(一)资产负债表的结构

资产负债表一般有表首、正表两部分。其中，表首概括地说明报表名称、编制单位、编制日期、报表编号、货币名称、计量单位等；正表则列示了用以说明企业财务状况的各个项目。我国的资产负债表采用账户式，左边列示资产，右边列示负债和所有者权益。资产负债表中资产总计等于负债和所有者权益总计。

资产负债表采取了资产总额和负债与所有者权益总额相平衡的对照结构。因此，资产负债表的项目应当分为资产、负债和所有者权益三类。

（1）资产类项目。资产类项目按流动性或资产变现能力的强弱分为流动资产和非流动资产两类，并分项列示。流动资产项目包括货币资金、交易性金融资产、应收票据、应收账款、预付款项、其他应收款、存货等；非流动资产项目包括可供出售金融资产、长期股权投资、投资性房地产、固定资产等。

（2）负债类项目。负债类项目按其偿还期限的长短分为流动负债和非流动负债两类，并分项列示。流动负债项目包括短期借款、应付票据、应付账款、预收款项、应付职工薪酬、应交税费等；非流动负债项目主要包括长期借款、应付债券等。

（3）所有者权益类项目。所有者权益类项目按其来源一般分为实收资本、资本公积、盈余公积、未分配利润等项目。

为了提高资产负债表的利用效率，资产负债表在设计时采用了前后期对比方式编列，表中各项目不仅列出了期末数，还列出了年初数，相当于两年期的资产负债表（亦称比较资产负债表），报表使用者利用期末数与年初数的比较可以了解企业财务状况变动情况以及企业经营发展趋势。

（二）资产负债表的内容

资产负债表一般有报告式和账户式两种格式。

（1）报告式资产负债表，亦称垂直式资产负债表，是将资产、负债和所有权益项目采用垂直分列的形式排列于表格的上下两段。具体形式分为两种：一种是按照“资产＝负债＋所有者权益”的等式垂直排列，另一种是按照“资产－负债＝所有者权益”的等式垂直排列。两种形式对比如表 10-1 所示。

表 10-1　　报告式资产负债表比较（简式）

资产＝负债＋所有者权益	资产－负债＝所有者权益
资　产	资　产
流动资产	流动资产
非流动资产	非流动资产
资产合计	资产合计
负　债	减：负债
流动负债	流动负债
非流动负债	非流动负债
负债合计	负债合计
所有者权益	所有者权益
实收资本	实收资本
盈余公积	盈余公积
未分配利润	未分配利润
所有者权益合计	所有者权益合计
负债及所有者权益合计	

报告式资产负债表与账户式资产负债表的编制基础是相似的，在实务中，这两种格式都被采用，特别是在美国和中国香港多数采用报告式。但当资产、负债及所有者权益各项目的明细内容较多时，报告式资产负债表过于冗长，不便于传递和使用。

（2）账户式资产负债表，是将资产类项目排列在表的左方，负债类和所有者权益类项目排列在表的右方。我国企业会计准则要求采用账户式资产负债表，因为账户式资产负债表反映资产、负债和所有者权益的关系比较直观，提供的会计信息清晰明了。我国资产负债表的基本格式如表10-2所示。

表10-2　　资产负债表

编制单位：　　年　月　日　　单位：元

资　产	期末余额	年初余额	负债和所有者权益	期末余额	年初余额
流动资产			流动负债		
货币资金			短期借款		
交易性金融资产			交易性金融负债		
应收票据			应付票据		
应收账款			应付账款		
预付款项			预收款项		
应收利息			应付职工薪酬		
应收股利			应交税费		
其他应收款			应付利息		
存　货			应付股利		
持有待售资产			其他应付款		
一年内到期的非流动资产			持有待售负债		
其他流动资产			一年内到期的非流动负债		
流动资产合计			其他流动负债		
非流动资产			流动负债合计		
可供出售金融资产			非流动负债		
持有至到期投资			长期借款		
长期应收款			应付债券		
长期股权投资			长期应付款		
投资性房地产			专项应付款		
固定资产			预计负债		
在建工程			递延所得税负债		
工程物质			其他非流动负债		
固定资产清理			非流动负债合计		
生产性生物资产			负债合计		
油气资产			所有者权益（或股东权益）		

续表

资　产	期末余额	年初余额	负债和所有者权益	期末余额	年初余额
无形资产			实收资本(或股本)		
开发支出			资本公积		
商　誉			减:库存股		
长期待摊费用			盈余公积		
递延所得税资产			未分配利润		
其他非流动资产			所有者权益(或股东权益)合计		
非流动资产合计					
资产合计			负债及所有者权益合计		

拓展阅读

1995年2月27日,有着223年历史、在全球范围内管理着270多亿英镑资产的英国巴林银行宣告破产。是什么原因使这家老牌银行走向末路呢?除了银行的内部控制有问题以外,还有一个很重要的原因——这家银行的董事长比德•巴林不重视资产负债表。在一次演讲中,他曾经说过这样一句话:若以为揭露更多的资产负债表的数据就能够增进对一个集团的了解,那真是幼稚无知了。具有讽刺意味的是,他发表这番"高论"之后不到1年的时间,巴林银行就破产了,这是他绝对没有想到的。因为他不重视对资产负债表的阅读,使银行付出了惨痛的代价。

二、资产负债表编制的基本方法

(一)"期末余额"栏的填列方法

资产负债表"期末余额"栏内各项数字一般应根据资产、负债和所有者权益类科目的期末余额填列。

(1)根据总账科目的余额填列。如"工程物资""固定资产清理""递延所得税资产""短期借款""应付票据""应付职工薪酬""应交税费""应付利息""应付股利""其他应付款""专项应付款""预计负债""递延所得税负债""实收资本(或股本)""资本公积""库存股""盈余公积"等项目应根据有关总账科目的余额填列。

(2)根据多个总账科目的余额计算填列。如"货币资金"项目,应根据"库存现金""银行存款""其他货币资金"三个总账科目借方余额的合计数填列。

(3)根据明细账科目余额计算填列。如"研发支出"项目,应根据"研发支出"科目中所属的"资本化支出"明细科目期末余额填列;"应付账款"项目,应根据"应付账款"

和“预付账款”两个科目所属的相关明细科目的期末贷方余额合计数填列;“预收款项”项目,应根据“预收账款”和“应收账款”科目所属各明细科目的期末贷方余额合计数填列;“一年内到期的非流动资产”“一年内到期的非流动负债”项目,应根据有关非流动资产或负债项目的明细科目余额分析填列;“未分配利润”项目,应根据“利润分配”科目中所属的“未分配利润”明细科目期末余额填列。

(4)根据总账科目和明细账科目余额分析计算填列。如“长期借款”项目,应根据“长期借款”总账科目余额,扣除“长期借款”科目所属的明细科目中将在资产负债表日起一年内到期且企业不能自主地将清偿义务延期的长期借款后的金额计算填列;“长期待摊费用”项目,应根据“长期待摊费用”科目的期末余额,减去将于一年内(含一年)摊销的数额后的金额填列;“其他非流动资产”项目,应根据有关科目的期末余额,减去将于一年内(含一年)到期偿还数额后的金额填列。

(5)根据有关科目余额减去其备抵科目余额后的净额填列。如“长期股权投资”“在建工程”“商誉”项目,应根据相关科目的期末余额填列,已计提减值准备的,还应扣减相应的减值准备;“固定资产”“无形资产”“投资性房地产”“生产性生物资产”“油气资产”项目,应根据相关科目的期末余额扣减相应的累计折旧(摊销、折耗)填列,已计提减值准备的还应扣减相应的减值准备,采用公允价值计量的上述资产应根据相关科目的期末余额填列;“长期应收款”项目,应根据“长期应收款”科目的期末余额,减去相应的“未实现融资收益”科目和“坏账准备”科目所属相关明细科目期末余额后的金额填列;“长期应付款”项目,应根据“长期应付款”科目的期末余额,减去相应的“未实现融资费用”科目期末余额后的金额填列。

(6)综合运用上述填列方法分析填列。如“应收票据”“应收利息”“应收股利”“其他应收款”项目,应根据相关科目的期末余额,减去“坏账准备”科目中有关坏账准备期末余额后的金额填列;“应收账款”项目,应根据“应收账款”和“预收账款”科目所属各明细科目的期末借方余额合计数,减去“坏账准备”科目中有关应收账款计提的坏账准备期末余额后的金额填列;“预付款项”项目,应根据“预付账款”和“应付账款”科目所属各明细科目的期末借方余额合计数,减去“坏账准备”科目中有关预付款项计提的坏账准备期末余额后的金额填列;“存货”项目,应根据“材料采购”“原材料”“发出商品”“库存商品”“周转材料”“委托加工物资”“生产成本”“受托代销商品”等科目期末余额合计,减去“受托代销商品款”“存货跌价准备”科目期末余额后的金额填列,材料采用计划成本核算以及库存商品采用计划成本核算或售价核算的企业,还应按加或减材料成本差异、商品进销差价后的金额填列。

(二)“年初余额”栏的填列方法

资产负债表的“年初余额”栏通常根据上年末有关项目的期末余额填列,且与上年末资产负债表“期末余额”栏一致。如果企业上年度资产负债表规定的项目名称和内容与本年度不一致,应当对上年末资产负债表相关项目的名称和数字按照本年度的规定进行调整,填入“年初余额”栏。

同步讨论

天安公司2×16年12月31日部分资产、负债及所有者权益账户结账后余额如表10-3所示。

表10-3　　总账账户余额

单位：元

账户名称	借方余额	账户名称	贷方余额
库存现金	5 200	短期借款	60 000
银行存款	41 000	应付账款	49 000
其他货币资金	5 000	应交税费	37 000
应收票据	67 000	长期借款	450 000
应收账款	320 000	坏账准备	13 600
原材料	70 000	实收资本	620 000
周转材料	2 400	未分配利润	164 000
库存商品	88 000	累计折旧	91 000
固定资产	840 000	累计摊销	5 000
无形资产	51 000		
借方合计	1 489 600	贷方合计	1 489 600

要求回答下列问题：

（1）资产负债表中“货币资金”“应收账款”“存货”项目的金额分别是多少？

（2）资产负债表中“固定资产”“无形资产”项目的金额分别是多少？

（3）资产负债表中“流动资产合计”“流动负债合计”项目的金额分别是多少？

（三）资产负债表各项目的具体填列

1. 资产项目的具体填列说明

（1）“货币资金”项目，反映企业库存现金、银行结算户存款、外埠存款、银行汇票存款、银行本票存款、信用卡存款、信用证保证金存款等的合计数。本项目应根据“库存现金”“银行存款”“其他货币资金”科目期末余额的合计数填列。

（2）“交易性金融资产”项目，反映企业持有的以公允价值计量且其变动计入当期损益的以交易为目的所持有的债券投资、股票投资、基金投资、权证投资等金融资产。本项目应当根据“交易性金融资产”科目的期末余额填列。

（3）“应收票据”项目，反映企业因销售商品、提供劳务等而收到的商业汇票，包括银行承兑汇票和商业承兑汇票。本项目应根据“应收票据”科目的期末余额，减去“坏账准备”科目中有关应收票据计提的坏账准备期末余额后的金额填列。

（4）“应收账款”项目，反映企业因销售商品、提供劳务等经营活动应收取的款项。本项目根据“应收账款”和“预收账款”科目所属各明细科目的期末借方余额合计减去“坏账准备”科目中有关应收账款计提的坏账准备期末余额后的金额填列。如“应收账款”科目所属明细科目期末有贷方余额的，应在本表“预收款项”项目内填列。

（5）“预付款项”项目，反映企业按照购货合同规定预付给供应单位的款项等。本项目应根据“预付账款”和“应付账款”科目所属各明细科目的期末借方余额合计数，减去“坏账准备”科目中有关预付款项计提的坏账准备期末余额后的金额填列。如“预付账款”科目所属各明细科目期末有贷方余额的，应在资产负债表“应付账款”项目内填列。

（6）“应收利息”项目，反映企业应收取的债券投资等的利息。本项目应根据“应收利息”科目的期末余额，减去“坏账准备”科目中有关应收利息计提的坏账准备期末余额后的金额填列。

（7）“应收股利”项目，反映企业应收取的现金股利和应收取其他单位分配的利润。本项目应根据“应收股利”科目的期末余额，减去“坏账准备”科目中有关应收股利计提的坏账准备期末余额后的金额填列。

（8）“其他应收款”项目，反映企业除应收票据、应收账款、预付账款、应收股利、应收利息等经营活动以外的其他各种应收、暂付的款项。本项目应根据“其他应收款”科目的期末余额，减去“坏账准备”科目中有关其他应收款计提的坏账准备期末余额后的金额填列。

（9）“存货”项目，反映企业期末在库、在途和在加工中的各种存货的可变现净值。本项目应根据“材料采购”“原材料”“库存商品”“周转材料”“委托加工物资”“委托代销商品”“生产成本”等科目的期末余额合计，减去“受托代销商品款”“存货跌价准备”科目期末余额后的金额填列。材料采用计划成本核算，以及库存商品采用计划成本核算或售价核算的企业，还应按加或减材料成本差异、商品进销差价后的金额填列。

（10）“持有待售资产”项目，反映资产负债表日划分为持有待售类别的非流动资产及划分为持有待售类别的处置组中的流动资产和非流动资产期末账面价值。

（11）“一年内到期的非流动资产”项目，反映企业将于一年内到期的非流动资产项目金额。本项目应根据有关科目的期末余额填列。

（12）“长期股权投资”项目，反映企业持有的对子公司、联营企业和合营企业的长期股权投资。本项目应根据“长期股权投资”科目的期末余额，减去“长期股权投资减值准备”科目的期末余额后的金额填列。

（13）“固定资产”项目，反映企业各种固定资产原价减去累计折旧和累计减值准备后的净额。本项目应根据“固定资产”科目的期末余额，减去“累计折旧”和“固定资产减值准备”科目期末余额后的金额填列。

（14）“在建工程”项目，反映企业期末各项未完工程的实际支出，包括交付安装的设备价值、未完建筑安装工程已经耗用的材料、工资和费用支出、预付出包工程的价款等的可收回金额。本项目应根据“在建工程”科目的期末余额，减去“在建工程减值准备”科目期末余额后的金额填列。

（15）“工程物资”项目，反映企业尚未使用的各项工程物资的实际成本。本项目应根据“工程物资”科目的期末余额填列。

（16）“固定资产清理”项目，反映企业因出售、毁损、报废等原因转入清理但尚未清理完毕的固定资产的净值，以及固定资产清理过程中所发生的清理费用和变价收入等各项金额的差额。本项目应根据“固定资产清理”科目的期末借方余额填列，如“固定资产清理”科目期末为贷方余额，以“－”号填列。

（17）“无形资产”项目，反映企业持有的无形资产，包括专利权、非专利技术、商标权、著作权、土地使用权等。本项目应根据“无形资产”的期末余额，减去“累计摊销”和“无形资产减值准备”科目期末余额后的金额填列。

（18）“开发支出”项目，反映企业开发无形资产过程中能够资本化形成无形资产成本的支出部分。本项目应当根据“研发支出”科目中所属的“资本化支出”明细科目期末余额填列。

（19）“长期待摊费用”项目，反映企业已经发生但应由本期和以后各期负担的分摊期限在一年以上的各项费用。长期待摊费用中在一年内（含一年）摊销的部分，在资产负债表“一年内到期的非流动资产”项目填列。本项目应根据“长期待摊费用”科目的期末余额减去将于一年内（含一年）摊销的数额后的金额填列。

（20）“其他非流动资产”项目，反映企业除长期股权投资、固定资产、在建工程、工程物资、无形资产等以外的其他非流动资产。本项目应根据有关科目的期末余额填列。

2. 负债项目的具体填列说明

（1）“短期借款”项目，反映企业向银行或其他金融机构等借入的期限在一年以下（含一年）的款项。本项目应根据“短期借款”科目的期末余额填列。

（2）“交易性金融负债”项目，反映企业承担的以公允价值计量且其变动计入当期损益的以交易为目的所持有的金融负债。本项目应根据“交易性金融负债”科目的期末余额填列。

（3）“应付票据”项目，反映企业购买材料、商品和接受劳务供应等而开出、承兑的商业汇票，包括银行承兑汇票和商业承兑汇票。本项目应根据“应付票据”科目的期末余额填列。

（4）“应付账款”项目，反映企业因购买材料、商品和接受劳务供应等经营活动应支付的款项。本项目应根据“应付账款”和“预付账款”科目所属各明细科目的期末贷方余额合计数填列；若“应付账款”科目所属明细科目期末有借方余额的，应在资产负债表“预付款项”项目内填列。

（5）“预收款项”项目，反映企业按照购货合同规定预付给供应单位的款项。本项目应根据“预收账款”和“应收账款”科目所属各明细科目的期末贷方余额合计数填列。若“预收账款”科目所属各明细科目期末有借方余额，应在资产负债表“应收账款”项目内填列。

（6）“应付职工薪酬”项目，反映企业根据有关规定应付给职工的工资、职工福利、社会保险费、住房公积金、工会经费、职工教育经费、非货币性福利、辞退福利等各种薪酬。外商投资企业按规定从净利润中提取的职工奖励及福利基金也在本项目列示。

（7）“应交税费”项目，反映企业按照税法规定计算应缴纳的各种税费，包括增值税、消费税、所得税、资源税、土地增值税、城市维护建设税、房产税、土地使用税、车船使用税、教育费附加、矿产资源补偿费等。企业代扣代交的个人所得税也通过本项目列示。企业所缴纳的税金不需要预计应交数的，如印花税、耕地占用税等，不在本项目列示。本项目应根据“应交税费”科目的期末贷方余额填列；若“应交税费”科目期末为借方余额，应以“－”号填列。

（8）“应付利息”项目，反映企业按照规定应当支付的利息，包括分期付息到期还本的长期借款应支付的利息、企业发行的企业债券应支付的利息等。本项目应当根据“应付利息”科目的期末余额填列。

（9）“应付股利”项目，反映企业分配的现金股利或利润。企业分配的股票股利不通过本项目列示。本项目应根据“应付股利”科目的期末余额填列。

（10）“其他应付款”项目，反映企业除应付票据、应付账款、预收款项、应付职工薪酬、应付股利、应付利息、应交税费等经营活动以外的其他各项应付、暂收的款项。本项目应根据“其他应付款”科目的期末余额填列。

（11）“持有待售负债”项目，反映资产负债表日划分为持有待售类别的负债及划分为持有待售类别的处置组中的负债的期末账面价值。

（12）“一年内到期的非流动负债”项目，反映企业非流动负债中将于资产负债表日后一年内到期部分的金额，如将于一年内偿还的长期借款。本项目应根据有关科目的期末余额填列。

（13）“其他流动负债”项目，反映企业除短期借款、交易性金融负债、应付票据、应付账款、应付职工薪酬、应交税费等流动负债以外的其他流动负债。本项目应根据有关科目的期末余额填列。

（14）“长期借款”项目，反映企业向银行或其他金融机构借入的期限在一年以上（不含一年）的各项借款。本项目应根据“长期借款”科目的期末余额填列。

（15）“应付债券”项目，反映企业为筹集长期资金而发行的债券本金和利息。本项目应根据“应付债券”科目的期末余额填列。

（16）“长期应付款”项目，反映企业除长期借款和应付债券以外的其他各种长期应付款项。本项目应根据“长期应付款”科目的期末余额，减去相应的“未确认融资费用”科目期末余额后的金额填列。

（17）“专项应付款”项目，反映企业取得政府作为企业所有者投入的具有专项或特定用途的款项。本项目应根据“专项应付款”科目的期末余额填列。

（18）“预计负债”项目，反映企业确认的对外提供担保、未决诉讼、产品质量保证、重组义务、亏损性合同等预计负债。本项目应根据“预计负债”科目的期末余额填列。

（19）“递延所得税负债”项目，反映企业确认的应纳税暂时性差异产生的所得税负债。本项目应根据“递延所得税负债”科目的期末余额填列。

（20）“其他非流动负债”项目，反映企业除长期借款、应付债券等负债以外的其他非流动负债。本项目应根据有关科目的期末余额减去将于一年内（含一年）到期偿还数额后的余额填列。非流动负债各项目中将于一年内（含一年）到期的非流动负债，应在“一年内到期的非流动负债”项目内单独反映。

3. 所有者权益项目的列报说明

（1）“实收资本（或股本）”项目，反映企业各投资者实际投入的资本（或股本）总额。本项目应根据“实收资本”（或“股本”）科目的期末余额填列。

（2）“资本公积”项目，反映企业资本公积的期末余额。本项目应根据“资本公积”科目的期末余额填列。

（3）“库存股”项目，反映企业持有尚未转让或注销的本公司股份金额。本项目应根据“库存股”科目的期末余额填列。

（4）“盈余公积”项目，反映企业盈余公积的期末余额。本项目应根据“盈余公积”科目的期末余额填列。

（5）“未分配利润”项目，反映企业尚未分配的利润。本项目应根据“本年利润”科目和“利润分配”科目的余额计算填列。未弥补的亏损在本项目内以“－”号填列。

【例 10-1】天安公司 2×16 年 12 月 31 日有关账户余额如表 10-4 所示，要求填列资产负债表有关项目（表 10-5）。

表 10-4 科目汇总表

单位：元

总 账	借 方	贷 方	总 账	借 方	贷 方
库存现金	2 000		无形资产	60 000	
银行存款	34 000		累计摊销		6 000
应收账款	60 000		短期借款		120 000
坏账准备		3 000	应付账款		20 000
预付账款	2 000		应交税费		120 000
原材料	54 000		长期借款		60 000
生产成本	16 000		其中：一年内到期的长期借款		20 000
库存商品	4 000		实收资本		440 000
固定资产	800 000		盈余公积		63 000
累计折旧		120 000	未分配利润		80 000

资产负债表项目计算过程：

货币资金＝库存现金＋银行存款＝2 000＋34 000＝ 36 000（元）

应收账款＝应收账款（借方）－坏账准备＝60 000－3 000＝57 000（元）

存货＝原材料＋生产成本＋库存商品＝54 000＋16 000＋4 000＝74 000（元）

固定资产＝固定资产（借方）－累计折旧＝800 000－120 000＝680 000（元）

无形资产＝无形资产（借方）－累计摊销＝60 000－6 000＝54 000（元）

一年内到期的非流动负债＝一年内到期的长期借款＝20 000（元）

长期借款＝长期借款（贷方）－一年内到期的长期借款＝60 000－20 000＝40 000（元）

表 10-5　　资产负债表（简表）

单位：元

资　产	期末数	负债及所有者权益	期末数
货币资金	36 000	短期借款	120 000
应收账款	57 000	应付账款	20 000
预付账款	2 000	应交税费	120 000
存　货	74 000	一年内到期的非流动负债	20 000
固定资产	680 000	长期借款	40 000
无形资产	54 000	实收资本	440 000
		盈余公积	63 000
		未分配利润	80 000
资产总计	903 000	负债及所有者权益总计	903 000

第三节　利润表

一、利润表的内容和格式

利润表是反映企业在一定会计期间经营成果的财务报表。利润表属于动态报表。通过利润表，可以反映企业一定会计期间的收入实现情况和费用耗费情况，可以根据经营成果判断企业资本保值、增值情况。

利润表按利润形成进行排列，其格式有单步式和多步式两种。单步式利润表是将当期所有的收入列在一起，然后将所有的费用列在一起，两者相减得出当期净损益。多步式利润表是对当期的收入、费用、支出项目按功能加以归类，按利润形成的主要环节列示一些中间性的利润指标，如营业利润、利润总额、净利润，分步计算当期净损益。我国企业会计准则规定利润表采用多步式，具体格式如表 10-6 所示。

表 10-6　　利润表

编制单位：　　年　　单位：元

项　目	本年金额	上年金额
一、营业收入		
减：营业成本		
税金及附加		

续表

项　目	本年金额	上年金额
销售费用		
管理费用		
财务费用		
资产减值损失		
加:公允价值变动净收益(损失以"-"号填列)		
投资收益(损失以"-"号填列)		
其中:对联营企业和合营企业投资的收益		
资产处置收益(损失以"-"号填列)		
其他收益		
二、营业利润(亏损以"-"号填列)		
加:营业外收入		
减:营业外支出		
其中:非流动资产处置损失		
三、利润总额(亏损以"-"号填列)		
减:所得税费用		
四、净利润(净亏损以"-"号填列)		
(一)持续经营净利润(净亏损以"-"号填列)		
(二)终止经营净利润(净亏损以"-"号填列)		
五、其他综合收益		
六、综合收益总额		
七、每股收益		
(一)基本每股收益		
(二)稀释每股收益		

从表10-6可以看出,多步式利润表净利润的计算过程分为以下几个步骤:

第一步,以营业收入为基础,减去营业成本、税金及附加、销售费用、管理费用、财务费用、资产减值损失,加上公允价值变动净收益(或减去公允价值变动损失)、投资收益(或减去投资损失)、资产处置收益(或减去资产处置损失)和其他收益,计算出营业利润;

第二步,以营业利润为基础,加上营业外收入,减去营业外支出,计算出利润总额;

第三步,以利润总额为基础,减去所得税费用,计算出净利润(或净亏损)。

利润表报表项目之间的关系用公式表示为:

营业利润=营业收入-营业成本-税金及附加-销售费用-管理费用-财务费用-资产减值损失+公允价值变动净收益(-公允价值变动损失)+投资收益(-投资损失)+资产处置收益(-资产处置损失)+其他收益

利润总额＝营业利润＋营业外收入－营业外支出

净利润＝利润总额－所得税费用

拓展阅读

1937年,麦当劳兄弟在美国加州巴赛迪那销售汉堡、热狗、奶昔等25项产品。1940年左右,他们编制了一份简易的利润表,意外地发现80%的生意竟然来自汉堡。虽然三明治或猪排等产品味道很好,但销售平平。麦当劳兄弟于是决定简化产品线,专攻低价且销售量大的产品。他们将产品由25项减少为9项,并将汉堡价格由30美分降低到15美分。此后,麦当劳的销售及获利激增,为后来发展成世界级企业奠定了基础。

二、利润表的编制

(一)"本期金额"栏和"上期金额"栏的填列方法

利润表中的栏目分为"本期金额"栏和"上期金额"栏。

"本期金额"栏根据"营业收入""营业成本""税金及附加""销售费用""管理费用""财务费用""资产减值损失""公允价值变动净收益""营业外收入""营业外支出""所得税费用"等损益类科目的发生额和"资本公积"科目的明细发生额分析填列。其中"营业利润""利润总额""净利润""综合收益总额"项目根据本表中相关项目计算填列。

"上期金额"栏根据上年该期利润表"本期金额"栏内所列数字填列。如果上年该期利润表规定的各个项目的名称和内容同本期不一致,应对上年该期利润表各项目的名称和数字按本期的规定进行调整,填入"上期金额"栏。

(二)利润表具体项目的填列方法

利润表各项目主要根据各损益类科目的发生额分析填列。

(1)"营业收入"项目,反映企业经营主要业务和其他业务所取得的收入总额。本项目应根据"主营业务收入"和"其他业务收入"科目的发生额分析填列。

(2)"营业成本"项目,反映企业经营主要业务和其他业务所发生的实际成本。本项目应根据"主营业务成本"和"其他业务成本"科目的发生额分析填列。

(3)"税金及附加"项目,反映企业经营主要业务应负担的消费税、城市维护建设税、资源税、土地增值税和教育费附加等。本项目应根据"税金及附加"科目的发生额分析填列。

(4)"销售费用"项目,反映企业在销售商品和商业性企业在购入商品的过程中发生的费用。本项目应根据"销售费用"科目的发生额分析填列。

(5)"管理费用"项目,反映企业发生的管理费用。本项目应根据"管理费用"科目的发生额分析填列。

(6)"财务费用"项目,反映企业发生的财务费用。本项目应根据"财务费用"科目的发生额分析填列。

（7）“资产减值损失”项目，反映企业各项资产发生的减值损失。本项目应根据“资产减值损失”科目的发生额分析填列。

（8）“公允价值变动净收益”项目，反映企业应计入当期损益的资产或负债公允价值变动净收益。本项目应根据“公允价值变动损益”科目的发生额分析填列；若为损失，以“－”号填列。

（9）“投资收益”项目，反映企业以各种方式对外投资所取得的收益。本项目应根据“投资收益”科目的发生额分析填列；若为投资损失，以“－”号填列。

（10）“资产处置收益”项目，反映企业出售划分为持有待售的非流动资产（金融工具、长期股权投资和投资性房地产除外）或处置资产组时确认的处置利得或损失，以及处置未划分为持有待售的固定资产、在建工程、生产性生物资产及无形资产而产生的处置利得或损失。债务重组中因处置非流动资产产生的利得或损失和非货币性资产交换产生的利得或损失也包括在这一项目内。

（11）“其他收益”项目，反映计入其他收益的政府补助等。2017年施行的《企业会计准则第16号——政府补助》要求，与企业日常活动相关的政府补助应当按照经济业务实质，计入“其他收益”项目或冲减相关成本费用；与企业日常活动无关的政府补助，仍应当计入“营业外收入”项目。

（12）“营业利润”项目，反映企业实现的营业利润；若为亏损，以“－”填列。

（13）“营业外收入”项目和“营业外支出”项目，反映企业发生的与其生产经营无直接关系的各项收入和支出。这两个项目应分别根据“营业外收入”科目和“营业外支出”科目的发生额分析填列。

（14）“利润总额”项目，反映企业实现的利润总额；若为亏损总额，以“－”号填列。

（15）“所得税费用”项目，反映企业按规定从本期损益中扣除的所得税费用。本项目应根据“所得税费用”科目的发生额分析填列。

（16）“净利润”项目，反映企业实现的净利润；若为净亏损，以“－”号填列。其中“持续经营净利润”和“终止经营净利润”分别反映净利润中与持续经营相关的净利润和与终止经营相关的净利润。

同步讨论

会计要素与会计报表之间的关系

第一章学习了会计要素，现在请你回顾一下：

（1）会计要素有几个？分别是什么？

（2）会计要素之间的关系如何？请用会计等式表示。

（3）收入、费用这两个要素的定义有广义和狭义之分，我国企业会计准则采用的是哪一种定义？

（4）一个企业非日常活动中产生的经济利益流入或流出称为利得或损失吗？收入、费用以及利得、损失是什么关系？

本章学习了资产负债表和利润表，请你思考一下会计要素与会计报表之间的关系，回答以下问题：

（1）会计要素是构成会计报表的基础吗？

（2）在利润表中，有营业收入、营业成本、营业外收入、营业外支出、营业利润、利润总额，这些概念和收入、费用、利得、损失是什么关系？

【例 10-2】天安公司 2×16 年 12 月 31 日有关损益类账户本月发生额如表 10-7 所示，要求编制当月的利润表。

表 10-7 损益类账户本月发生额

单位：元

账户名称	借方发生额	贷方发生额
主营业务收入		480 000
其他业务收入		20 000
主营业务成本	240 000	
其他业务成本	10 000	
税金及附加	2 500	
销售费用	20 000	
管理费用	35 000	
财务费用	15 000	
营业外收入		10 000
营业外支出	7 500	
所得税费用	45 000	

利润表编制过程：

营业收入＝主营业务收入＋其他业务收入＝480 000＋20 000＝500 000（元）

营业成本＝主营业务成本＋其他业务成本＝240 000＋10 000＝250 000（元）

所得税费用＝利润总额×所得税税率＝180 000×25%＝45 000（元）

假定不考虑纳税调整事项，其他项目略，利润表如表 10-8 所示。

表 10-8 利润表

编制单位：天安公司　　　　2×16 年 12 月　　　　单位：元

项　目	本月数	本年累计数（略）
一、营业收入	500 000	

续表

项 目	本月数	本年累计数(略)
减:营业成本	250 000	
税金及附加	2 500	
销售费用	20 000	
管理费用	35 000	
财务费用	15 000	
二、营业利润	177 500	
加:营业外收入	10 000	
减:营业外支出	7 500	
三、利润总额	180 000	
减:所得税费用	45 000	
四、净利润	135 000	

第四节 现金流量表

一、现金流量表的含义及内容

现金流量表是反映企业一定会计期间现金和现金等价物流入和流出情况的报表,属于动态报表。企业编制现金流量表的主要目的,是为会计信息使用者提供企业一定会计期间内现金和现金等价物流入和流出的信息,帮助会计信息使用者了解和评价企业获取现金和现金等价物的能力,衡量企业的财务资源,预期企业未来盈利能力和偿债能力。

在现金流量表中,企业应当按照经营活动、投资活动和筹资活动的现金流量分类分项列示。经营活动的现金流量应当按照其经营活动的现金流入和现金流出的性质分项列示;投资活动的现金流量应当按照其投资活动的现金流入和流出的性质分项列示;筹资活动的现金流量应当按照其筹资活动的现金流入和现金流出的性质分项列示。

(一)经营活动产生的现金流量

经营活动是指企业投资活动和筹资活动以外的所有交易和事项,即除投资活动和筹资活动以外的所有交易和事项都可归属于经营活动。对工商企业而言,经营活动主要包括销售商品、提供劳务、购买商品、接受劳务、支付税费等。

通常情况下,经营活动产生的现金流入项目主要有:销售商品、提供劳务收到的现金,收到的税费返还,收到的其他与经营活动有关的现金。经营活动产生的现金流出项目主要有:购买商品、接受劳务支付的现金,支付给职工以及为职工支付的现金,支付的各项税费,支付的其他与经营活动有关的现金。

(二)投资活动产生的现金流量

投资活动是指企业长期资产的购建和不包括在现金等价物范围内的投资及其处置活动。

通常情况下,投资活动产生的现金流入项目主要有:收回投资收到的现金,取得投资收益收到的现金,处置固定资产、无形资产和其他长期资产收回的现金净额,收到的其他与投资活动有关的现金。投资活动产生的现金流出项目主要有:购建固定资产、无形资产和其他长期资产支付的现金,投资支付的现金,支付的其他与投资活动有关的现金。

(三)筹资活动产生的现金流量

筹资活动是指导致企业资本和债务规模及构成发生变化的活动。

通常情况下,筹资活动产生的现金流入项目主要有:吸收投资收到的现金,取得借款收到的现金,收到的其他与筹资活动有关的现金。筹资活动产生的现金流出项目主要有:偿还债务支付的现金,分配股利、利润或偿付利息支付的现金,支付的其他与筹资活动有关的现金。

现金流量表的格式如表 10-9 所示。

表 10-9　　现金流量表

编制单位:　　年　　单位:元

项　目	本期金额	上期金额
一、经营活动产生的现金流量		
销售商品、提供劳务收到的现金		
收到的税费返还		
收到的其他与经营活动有关的现金		
经营活动现金流入小计		
购买商品、接受劳务支付的现金		
支付给职工以及为职工支付的现金		
支付的各项税费		
支付的其他与经营活动有关的现金		
经营活动现金流出小计		
经营活动产生的现金流量净额		
二、投资活动产生的现金流量		
收回投资收到的现金		
取得投资收益收到的现金		
处置固定资产、无形资产和其他长期资产收回的现金净额		
处置子公司及其他营业单位收到的现金净额		
收到的其他与投资活动有关的现金		
投资活动现金流入小计		

续表

项　目	本期金额	上期金额
购建固定资产、无形资产和其他长期资产支付的现金		
投资支付的现金		
取得子公司及其他营业单位支付的现金净额		
支付的其他与投资活动有关的现金		
投资活动现金流出小计		
投资活动产生的现金流量净额		
三、筹资活动产生的现金流量		
吸收投资收到的现金		
取得借款收到的现金		
收到的其他与筹资活动有关的现金		
筹资活动现金流入小计		
偿还债务支付的现金		
分配股利、利润或偿付利息支付的现金		
支付的其他与筹资活动有关的现金		
筹资活动现金流出小计		
筹资活动产生的现金流量净额		
四、汇率变动对现金及现金等价物的影响		
五、现金及现金等价物净增加		
加：期初现金及现金等价物余额		
六、期末现金及现金等价物余额		

拓展阅读

1975年美国英兰特公司破产引发了国际实务界和理论界对现金管理关注的热潮。英兰特公司是当时美国最大的商品零售公司，1966年至1972年间，年报显示其销售额逐年增加，且其利润在破产前接近2 000万美元。而1970年英兰特公司的企业现金流量呈现负数。英兰特公司破产的原因就在于过于重视会计利润而忽视了现金流的均衡性。英兰特公司破产案说明企业盈利必须辅以良好的现金流入才是最有利的，使企业逐步树立了现金为王的理念。

二、现金流量表的编制

(一)现金流量表的编制基础

现金流量表是以现金及现金等价物为基础编制的,这里的现金包括库存现金、银行存款、其他货币资金、现金等价物。现金等价物是指企业持有的期限短、流动性强,易于转换为已知金额的现金、价值变动风险很小的投资。

(二)现金流量表的编制方法

编制现金流量表时,列报经营活动现金流量的方法有两种:一是直接法;二是间接法。

直接法是指通过现金收入和现金支出的主要类别直接反映来自企业经营活动的现金流量。在实务中,一般是以利润表中的主营业务收入为起算点,调节与经营活动各项目有关的现金及现金等价物增减变动,然后分别计算出各项经营活动的现金流量。

间接法是指以本期净利润为起算点,调整不涉及现金的收入、费用、营业外收支以及应收应付等项目的增减变动,据此计算并列示经营活动的现金流量。

利润表中反映的净利润是按权责发生制确定的,其中有些收入、费用项目并没有实际发生现金流入和现金流出,通过对这些项目的调整,即可将净利润调节为经营活动的现金流量。间接法的原理就在于此。

采用间接法将净利润调节为经营活动的现金流量时,需要调整的项目可分为四大类:① 实际没有支付现金的费用;② 实际没有收到现金的收益;③ 不属于经营活动的损益;④ 经营性应收应付项目的增减变动。

直接法的主要优点是显示了经营活动现金流量的各项流入流出内容。相对间接法而言,直接法更能体现现金流量表的目的,在现金流量表中列示各项现金流入的来源和现金流出的用途,有助于预测未来的经营活动现金流量,更能揭示企业从经营活动中产生现金的偿债能力、进行再投资及支付利润的能力。间接法是在净利润的基础上,调整不涉及现金收支的收入、费用、营业外收支和应收应付等项目,据此确定并列示经营活动现金流量,从而有助于分析影响现金流量的原因及从现金流量角度分析企业净利润的质量。

我国企业会计准则要求企业按直接法编制现金流量表,并在附表中提供间接法将净利润调节为经营活动现金流量的信息,从而兼顾了两种方法的优点。

(三)现金流量表的编制程序

1. 工作底稿法下的程序

采用工作底稿法编制现金流量表,就是以工作底稿为手段,以利润表和资产负债表数据为基础,对每一项目进行分析并编制调整分录,从而编制出现金流量表。在直接法下,整个工作底稿纵向分成三段:第一段是资产负债表项目,分为借方项目和贷方项目两部分;第二段是利润表项目;第三段是现金流量表项目。工作底稿横向分为五栏:在资产负债表部分,第一栏是项目栏,填列资产负债表各项目名称;第二栏是期初数,用来填列资产负债表项目的期初数;第三栏是调整分录的借方;第四栏是调整分录的贷方;第五栏是期末数,用来填列资产负债表项目的期末数。

在利润表和现金流量表部分，第一栏也是项目栏，用来填列利润表和现金流量表项目名称；第二栏空置不填；第三栏、第四栏分别是调整分录的借方和贷方；第五栏是本期数，利润表部分这一栏数字应和本期利润表数字核对相符，现金流量表部分这一栏的数字可直接用来编制正式的现金流量表。

采用工作底稿法编制现金流量表的程序是：

第一步，将资产负债表的年初余额和期末余额过入工作底稿的年初余额栏和期末余额栏。

第二步，对当期业务进行分析并编制调整分录。调整分录大体有以下几类：第一类是涉及利润表中的收入、成本和费用项目以及资产负债表中的资产、负债及所有者权益项目，通过调整，将权责发生制下的收入费用转换为现金基础；第二类是涉及资产负债表和现金流量表中投资、筹资项目，反映投资和筹资活动的现金流量；第三类是涉及利润表和现金流量表中的投资和筹资项目，目的是将利润表中有关投资和筹资方面的收入和费用列入现金流量表投资、筹资现金中去。此外，还有一些调整分录并不涉及现金收入，只是为了核对资产负债表项目的期末、期初变动。

在调整分录中，有关现金和现金等价物的事项，并不直接借记或贷记现金，而是分别记入“经营活动产生的现金流量”“投资活动产生的现金流量”“筹资活动产生的现金流量”有关项目，借记表明现金流入，贷记表明现金流出。

第三步，将调整分录过入工作底稿中的相应部分。

第四步，核对调整分录，借、贷合计应当相等，资产负债表项目期初数加减调整分录中的借、贷金额以后，应当等于期末数。

第五步，根据工作底稿中的现金流量表项目编制正式的现金流量表。

2. T形账户下的程序

T形账户法是指以T形账户为手段，以利润表和资产负债表数据为基础，对每一个项目进行分析并编制调整分录，从而编制出现金流量表。采用T形账户法编制现金流量表的程序如下：

第一步，为所有的非现金项目(包括资产负债表项目和利润表项目)分别开设T形账户，并将各自期末、期初变动数过入这些账户。

第二步，开设一个大的“现金及现金等价物”T形账户，每边分为经营活动、投资活动和筹资活动三部分，左边登记现金流入，右边登记现金流出。与其他账户一样，过入期末、期初变动数。

第三步，以利润表项目为基础，结合资产负债表分析每一个非现金项目的增减变动，并据此编制调整分录。

第四步，将调整分录过入各T形账户并进行核对，该账户借贷相抵后的余额与原先过入的期末、期初变动数应当一致。

第五步，根据大的“现金及现金等价物”T形账户编制正式的现金流量表。

（四）现金流量表补充资料披露的信息

除现金流量表反映的信息外，企业还应在附注中披露将净利润调节为经营活动现金流量、不涉及现金收支的重大投资和筹资活动、现金及现金等价物净变动等信息。

现金流量表补充资料的格式如表10-10所示。

表10-10　　现金流量表补充资料

项　目	本期金额	上期金额
1. 将净利润调节为经营活动现金流量		
净利润		
加：资产减值准备		
固定资产折旧、油气资产折耗、生产性生物资产折旧		
无形资产摊销		
长期待摊费用摊销		
处置固定资产、无形资产和其他长期资产的损失（收益以“－”号填列）		
固定资产报废损失（收益以“－”号填列）		
公允价值变动损失（收益以“－”号填列）		
财务费用（收益以“－”号填列）		
投资损失（收益以“－”号填列）		
递延所得税资产减少（增加以“－”号填列）		
递延所得税负债增加（减少以“－”号填列）		
存货的减少（增加以“－”号填列）		
经营性应收项目的减少（增加以“－”号填列）		
经营性应付项目的增加（减少以“－”号填列）		
其　他		
经营活动产生的现金流量净额		
2. 不涉及现金收支的重大投资和筹资活动		
债务转为资本		
一年内到期的可转换公司债券		
融资租入固定资产		
3. 现金及现金等价物净增加情况		
现金的期末余额		
减：现金的期初余额		
加：现金等价物的期末余额		
减：现金等价物的期初余额		
现金及现金等价物净增加额		

第五节 所有者权益变动表

一、所有者权益变动表的含义及内容

所有者权益变动表是反映构成所有者权益的各组成部分当期的增减变动情况的财务报表。所有者权益变动表不仅包括一定时期所有者权益总量的变动情况，还包括所有者权益增减变动的重要结构性信息，特别是要反映直接计入所有者权益的利得和损失，使报表使用者明确所有者权益增减变动的根源。

所有者权益变动表以矩阵形式列示，具体格式如表 10-11 所示。

表 10-11 所有者权益变动表

编制单位： 年度 单位：元

项目	本年金额						上年金额					
	实收资本（或股本）	资本公积	减：库存股	盈余公积	未分配利润	所有者权益总计	实收资本（或股本）	资本公积	减：库存股	盈余公积	未分配利润	所有者权益总计
一、上年年末余额												
加：会计政策变更												
前期差错更正												
二、本年年初余额												
三、本年增减变动金额（减少以"－"号填列）												
（一）净利润												
（二）直接计入所有者权益的利得和损失												
1. 可供出售金融资产公允价值变动净额												
2. 权益法下被投资单位其他所有者权益变动的影响												
3. 与计入所有者权益项目相关的所得税影响												
4. 其他												
上述（一）和（二）小计												
（三）所有者投入和减少资本												
1. 所有者投入资本												

续表

项目	本年金额						上年金额					
	实收资本（或股本）	资本公积	减：库存股	盈余公积	未分配利润	所有者权益总计	实收资本（或股本）	资本公积	减：库存股	盈余公积	未分配利润	所有者权益总计
2. 股份支付计入所有者权益的金额												
3. 其他												
（四）利润分配												
1. 提取盈余公积												
2. 对所有者（或股东）的分配												
3. 其他												
（五）所有者权益内部结转												
1. 资本公积转增资本（或股本）												
2. 盈余公积转增资本（或股本）												
3. 盈余公积弥补亏损												
4. 其他												
四、本年年末余额												

二、所有者权益变动表的编制要求

（一）"上年年末余额"项目

根据企业上年资产负债表中实收资本（或股本）、资本公积、盈余公积、未分配利润的年末余额填列。

（二）"综合收益总额"项目

在合并所有者权益变动表中还应单独列示归属于母公司所有者的综合收益总额和归属于少数股东的综合收益总额。

（三）"会计政策变更""前期差错更正"项目

分别根据企业采用追溯调整法处理的会计政策变更的累计影响金额和采用追溯重述法处理的会计差错更正的累计影响金额填列。

（四）"本年增减变动金额"项目

（1）"净利润"项目，根据企业当年实现的净利润（净亏损）金额，并对应列入"未分配利润”栏。

(2)“直接计入所有者权益的利得和损失”项目,根据企业当年直接计入所有者权益的利得和损失金额填列。

①“可供出售金融资产公允价值变动净额”项目,根据企业持有的可供出售金融资产当年公允价值变动的金额,并对应列在“资本公积”栏。

②“权益法下被投资单位其他所有者权益变动的影响”项目,根据企业对按照权益法核算的长期股权投资,在被投资单位除当年实现的净损益以外其他所有者权益当年变动中应享有的份额,并对应列在“资本公积”栏。

③“与计入所有权益项目相关的所得税影响”项目,根据企业按照《企业会计准则第18号——所得税》规定应计入所有者权益项目的当年所得税影响金额,并对应列在“资本公积”栏。

(3)“净利润”和“直接计入所有者权益的利得和损失”小计项目,反映企业当年实现的净利润(或净损失)金额及当年直接计入所有者权益的利得和损失金额的合计额。

(4)“所有者投入和减少资本”项目,根据企业当年所有者投入的资本和减少的资本金额填列。

①“所有者投入资本”项目,根据企业接受投资者投入形成的实收资本(或股本)和资本溢价(或股本溢价)金额,并对应列在“实收资本(或股本)”和“资本公积”栏。

②“股份支付计入所有者权益的金额”项目,根据企业处于等待期中的权益结算的股份支付当年计入资本公积的金额,并对应列在“资本公积”栏。

(5)“利润分配”项目,根据企业当年的利润分配金额填列。

①“提取盈余公积”项目,根据企业对所有者(或股东)分配的利润(或股利)金额填列。

②“对所有者(或股东)的分配”项目,根据企业对所有者(或股东)分配的利润(或股利)金额填列。

(6)“所有者权益内部结转”项目,根据企业所有者权益的组成部分之间的增减变动情况填列。

①“资本公积转增资本(或股本)”项目,根据企业以资本公积转增资本或股本的金额填列。

②“盈余公积转增资本(或股本)”项目,根据企业盈余公积转增资本或股本的金额填列。

③“盈余公积弥补亏损”项目,根据企业以盈余公积弥补亏损金额填列。

拓展阅读

财务报表附注

财务报表附注是对资产负债表、利润表、所有者权益变动表和现金流量表等报表中列示项目的文字描述或明细资料,以及对未能在这些报表中列示项目的说明等。

按照《企业会计准则第30号——财务报表列报》的规定,财务报表附注一般披露内容如下：

（1）企业的基本情况。

（2）财务报表的编制基础。

（3）遵循企业会计准则的声明。

（4）重要会计政策和会计估计。

（5）会计政策和会计估计变更以及差错更正的说明。

（6）报表重要项目的说明。

（7）其他需要说明的重要事项。

（8）会计核算基本前提。

（9）或有事项的说明。

（10）资产负债表日后事项的说明。

（11）关联方关系及交易的说明。

（12）企业在附注中披露的其他信息。

课后思考题

1. 什么是财务报表？财务报表编制的基本要求是什么？
2. 资产负债表的基本内容包括什么？如何编制资产负债表？
3. 利润表的结构有哪些形式？其基本内容包括什么？
4. 什么是现金流量表？简述现金流量表的作用。
5. 企业利润与现金流量之间有什么联系与区别？
6. 三大报表之间有什么逻辑关系？

业务练习题

1. 天利公司总分类账户的期初、期末余额如表10-12所示。

表10-12 总分类账户余额

单位：元

账户名称	期初余额		期末余额	
	借方金额	贷方金额	借方金额	贷方金额
库存现金	1 500		300	
银行存款	67 240		185 320	
应收账款	42 000		85 000	
预付账款	0			
其他应收款	5 900		9 600	
原材料	594 700		486 520	
材料采购	0			

续表

账户名称	期初余额		期末余额	
	借方金额	贷方金额	借方金额	贷方金额
生产成本	396 400		319 800	
制造费用				
库存商品	137 000		98 000	
固定资产	1 100 000		3 906 000	
累计折旧		400 000		324 000
短期借款		126 900		333 100
应付账款		89 500		154 000
其他应付款		32 340		1 200
应付职工薪酬		0		0
预收账款		56 000		0
应付利润		20 000		16 000
应交税费		156 000		96 500
实收资本		1 200 000		4 000 000
盈余公积		354 000		70 000
利润分配	9 000			95 740
本年利润		110 000		
合　计	2 434 740	2 434 740	5 090 540	5 090 540

要求:根据上述资料编制资产负债表。

2. 天利公司 2×16 年 3 月发生下列经济业务:

① 销售商品一批,售价为 800 000 元。商品已提供,收回货款 500 000 元存入银行,其余款项尚未收回。

② 销售预收货款的商品一批,售价为 1 000 000 元。预收货款 200 000 元,其余款项收回存入银行。由于对方违反销售合同,按合同规定同时收回违约金 20 000 元存入银行。

③ 收回应收货款 300 000 元存入银行。

④ 以银行存款 50 000 元支付销售商品的运费。

⑤ 以银行存款 100 000 元支付管理费用,计提应由管理部门负担的固定资产折旧 50 000 元。

⑥ 结转商品销售成本 1 100 000 元。

⑦ 以现金 50 000 元捐赠灾区。

⑧ 按照利润总额的 25% 计算本月应交所得税。

⑨ 结转本期损益。

要求:(1) 根据上述经济业务编制会计分录(增值税税率 17%)。

(2) 根据会计分录编制利润表(列示出本月数)。

案例分析题

请从互联网上找一家上市公司的年度报告,回答以下问题:

(1) 在这家公司的资产负债表上,哪项资产的金额最大?为什么公司在这项资产上进行了大笔投资?资产负债表上的项目,哪三项发生了最大的百分比变动?

(2) 该公司利润表上是净利润还是净亏损?净利润或净亏损占营业收入的比重为多少?利润表上的项目,哪三项发生了最大的百分比变动?

(3) 从财务报表附注中选择三项内容,说明它们对信息使用者做出决策有何影响。

(4) 假定你是银行的信贷主管,这家公司要求借一笔相当于总资产 10%的借款,借款期限是 90 天。你认为这家公司有信用风险吗?为什么?

(5) 你认为这家公司的优势和弱势何在?

参考文献

[1] 中华人民共和国财政部．企业会计准则．2018年版．北京：经济科学出版社，2017．

[2] 企业会计准则编审委员会．企业会计准则——应用指南．2017年修订版．上海：立信会计出版社，2017．

[3] 企业会计准则编审委员会．企业会计准则案例讲解．2017年版．上海：立信会计出版社，2017．

[4] 中华人民共和国财政部．小企业会计准则．上海：立信会计出版社，2012．

[5] 徐经长，孙蔓莉，周华．会计学．3版．北京：中国人民大学出版社，2016．

[6] 朱小平，徐泓，周华．初级会计学．7版．北京：中国人民大学出版社，2015．

[7] 刘永泽，陈文铭．会计学．5版．大连：东北财经大学出版社，2016．

[8] 赵德武．会计学．成都：西南财经大学出版社，2014．

[9] 陈信元，戴欣苗，王彩萍，等．会计学．4版．上海：上海财经大学出版社，2013．

[10] 马靖昊．玩的就是会计．杭州：浙江大学出版社，2015．

[11] 安本隆晴．人人都要有会计思维．张婷婷，译．长春：北方妇女儿童出版社，2015．

[12] 马歇尔，麦克马纳斯，维勒．会计学——数字意味着什么．于长春，沈洁，译．北京：人民邮电出版社，2005．

[13] 刘顺仁．财报就像一本故事书．太原：山西人民出版社，2007．

[14] 钟文庆．财务是个真实的谎言．北京：机械工业出版社，2012．

[15] 葛家澍．财务会计理论方法准则探讨．北京：中国财政经济出版社，2002．

[16] 葛家澍，刘峰．会计学导论．2版．上海：立信会计出版社，1999．

[17] 仁和会计．幽默小笑话．（2013-4-15）[2016-11-15]．http://www.whrhkj.com.